Lise Bourbeau

Wow! Ich bin GOTT und du auch

WINDPFERD

Wichtiger Hinweis

Die in diesem Buch beschriebenen Methoden sollen ärztlichen Rat und medizinische sowie psychotherapeutische Behandlung nicht ersetzen. Die in diesem Buch vorgestellten Informationen sind sorgfältig recherchiert und wurden nach bestem Wissen und Gewissen vorgestellt. Dennoch übernehmen Autor und Verlag keinerlei Haftung für Schäden irgendwelcher Art, die direkt oder indirekt aus der Anwendung oder Verwendung der Angaben in diesem Buch entstehen. Sämtliche Informationen in diesem Buch sind für Interessierte zur Weiterbildung gedacht.

Titel der Originalausgabe:
Wow ! Je suis Dieu - Tu l'es aussi

(Version originale 1991 intitulée „Je suis Dieu Wow!")
Erschienen bei *Les Editions E.T.C. Inc.*, Kanada

Aus dem Französischen
von Alexandra Mattstedt

1. Auflage 2021

Umschlaggestaltung entsprechend der Originalausgabe,
freundlicherweise zur Verfügung gestellt von Les Editions E.T.C.
Lektorat: Eva Wagner
Layout: Marx Grafik & ArtWork
Druck: Westermann-Druck Zwickau GmbH

Printed in Germany
ISBN 978-3-86410-326-1
www.windpferd.de

Inhalt

HINWEIS ZUR DEUTSCHEN AUSGABE VON 2021

Wir schreiben jetzt das Jahr 2021. Es ist schon dreißig Jahre her, dass ich dieses Buch geschrieben habe. Manchmal spiele ich mit dem Gedanken, diese Autobiografie fortzusetzen, aber meine Projekte sind so zahlreich, dass ich stattdessen lieber kurz für dich zusammenfasse, was ich seit der Erstveröffentlichung erlebt habe.

Was mein Privatleben angeht, so bin ich immer noch gesund und voller Energie. Jeden Tag bin ich dankbar dafür, dass ich meine Aktivitäten immer noch ohne Unterbrechung fortsetzen kann. Mit meinem Mann Jacques bin ich noch immer verheiratet. Meinen Traum, mit dem Schiff um die Welt zu reisen, haben wir verwirklicht – wir haben mehrere Kreuzfahrten gemacht. WOW, was für schöne Erlebnisse! Auch hier danke ich täglich meinem inneren GOTT, der mir stets hilft, das, was ich will, zu realisieren. Das Verhältnis zu meinen Kindern wird immer schöner und freundschaftlicher. Ich habe acht Enkel im Alter zwischen 21 und 31 Jahren und zwei Urenkelinnen, die mir Freude machen.

Im beruflichen Bereich hat sich einiges ergeben: *Écoute Ton Corps* hat sich zu einer internationalen Schule entwickelt. Unmittelbar nach Fertigstellung dieser Autobiografie habe ich begonnen, in Frankreich zu unterrichten. Seitdem haben das Kursleiterinnen-Team von *Écoute Ton Corps* und ich über 130.000 Personen in 29 Ländern unterrichtet.

Ich habe 26 Bücher geschrieben, die in 23 Sprachen übersetzt worden sind. Mehr als sechseinhalb Millionen Bücher sind weltweit verkauft worden, und darauf bin ich stolz! Seit mehreren Jahren reise ich ständig durch die Welt, um das Unterrichten in all diesen Ländern in Gang zu bringen, und freue mich jedes Mal, wenn ich erkenne, dass überall dort, wo ich hingehe, Menschen ihre Lebensqualität verbessern wollen. Die Lehre von *Écoute Ton Corps* ist bei vielen, unabhängig von ihrer Herkunft, ihrer Kultur, ihrem Alter oder Beruf, sehr beliebt und hat sich in der Praxis als leicht umsetzbar erwiesen.

Die Schule bietet auch eine Berufsausbildung an, die es ihren Schülern ermöglicht, Kursleiter, Dozenten oder persönliche Berater zu werden. Diese Ausbildung ist nicht nur in französischsprachigen Ländern, sondern auch in mehreren anderen Ländern sehr beliebt.

1999 habe ich ein Buch mit dem Titel „Heile die Wunden deiner Seele: Mit der Weisheit des Körpers tiefe emotionale Verletzungen heilen" (Original: *„Les 5 blessures qui empêche d'être soi-même"*) geschrieben. Es fügt meiner Lehre eine weitere tiefe Dimension hinzu. Seit zwanzig Jahren thematisiere ich in allen Kursen und Ausbildungen und in jedem neuen Buch diese fünf Wunden: Vertrauensbruch, Verlassenwerden, Ablehnung, Ungerechtigkeit und Demütigung.

Ich habe auch das Glück, dass meine Tochter Monica regelmäßig bei mir ist, denn sie ist seit vielen Jahren die Geschäftsführende Direktorin von *Écoute Ton Corps.* Unterstützt wird sie von ihrem Ehemann, Jean-Pierre Gagnon, der Geschäftsführer meines Verlags ist. Zu zweit regeln Sie das Ganze meisterhaft, was mir viel Freiraum zum Schreiben und Reisen gibt.

Wie du siehst, gibt es keine Grenzen für das, was du im Leben erreichen kannst. Jeder Schritt führt zu einem weiteren. Ich danke immer wieder meinem inneren GOTT, der für mich der Dirigent unseres Lebens ist – von uns allen. Ständig nehmen neue Projekte Gestalt an, und Jahr für Jahr warten neue Überraschungen auf uns auch jetzt noch, mit achtzig Jahren!

Die Tatsache, dass ich gelernt habe loszulassen, ist bislang das größte Geschenk, das ich mir je selbst gemacht habe. Dieser Grundeinstellung ist es zu verdanken, dass ich mich von meiner Intuition (meinem inneren GOTT) leiten lassen kann. Und es ist noch nicht abgeschlossen, denn ich merke, dass ich jedes Jahr noch ein bisschen mehr loslasse. Außerdem ist es unmöglich zu wissen, wann ein Prozess beendet ist. Das Wichtigste ist, dass jedes Jahr noch angenehmer und glücklicher ist als das vorhergehende. So weiß man, dass man auf dem richtigen Weg ist.

Genau das wünsche ich dir.

Mit Liebe,

Einleitung

Dieses Buch ist meine Biografie. Du fragst dich vielleicht, warum ich es so betitelt habe. Während einer Meditation habe ich in einer Vision den Titel „WOW, ich bin GOTT" wie auch das Coverdesign gesehen. Ich habe alles notiert, obwohl ich mir sagte, ich könne das Buch vorerst nicht schreiben, denn eine solche Idee würde bestimmt sehr schlecht aufgenommen. Andererseits respektiere ich stets meine Intuition und wusste daher: Dieses Buch würde ich eines Tages schreiben müssen, wenn auch erst viel später im Leben. Doch dann, nach einigen Monaten, überlegte ich, es doch schon früher als geplant zu schreiben – vor allem deswegen, weil viele mich auf ein Podest stellten.

Je mehr ich darüber nachdachte, umso mehr setzte sich die Idee, diesen Titel wirklich zu verwenden, in mir fest. Die Vorstellung, meine Lebensgeschichte zu nutzen, um meinen Lesern zu helfen, sich ihres inneren GOTTES bewusst zu werden, gefiel mir. Also startete ich mein Projekt, und der Titel wurde zum roten Faden meiner Biografie. Ich finde es sinnvoll, von mir zu erzählen, damit zu siehst, dass auch ich Wünsche, Stärken und Schwächen habe, genau wie du.

Vielleicht halten manche es für sehr anmaßend zu behaupten, GOTT zu sein, aber das ist es nur dann, wenn man nicht akzeptiert, dass alles, was lebt, dies ebenfalls behaupten kann. In Wirklichkeit ist GOTT eine Energie, die in allem Lebendigen vorhanden ist.

Für die zweite Auflage dieses Buches wurde beschlossen, den Titel *„WOW, ich bin GOTT"* durch den Zusatz *„und du bist* *es auch"* zu erweitern – eine wichtige Nuance, die dir das Gefühl vermitteln soll, dass auch du „Wow, ich bin GOTT!", sagen kannst.

Das Ziel dieses Buches ist also, dich dabei zu unterstützen, dir der Allgegenwart deines inneren GOTTES bewusst zu werden. GOTT ist stets aktiv und präsent – in uns allen. Das müssen wir erkennen. Ich habe viele Jahre des Nachforschens gebraucht, um mir dessen bewusst zu werden. Heute weiß ich, dass alles, was ich seit meiner Kindheit erlebt habe, das Werk meines inneren GOTTES ist, der mich stets führt, damit ich immer mehr in Liebe lebe. Schon seit meinen frühen Kindertagen gab er mir Hinweise, dass ich eines Tages nicht nur den Wunsch haben würde, überall in meinem eigenen Dasein Liebe zu leben, sondern sie auch andere lehren würde, um meinen eigenen Lernprozess zu beschleunigen. So erfuhr ich, dass Lehrer auch Schüler sein müssen, wenn sie weiterlernen wollen.

Wie du sehen wirst, zeichne ich zunächst ein Gesamtbild meiner Kindheit, damit du mich besser einordnen kannst. Anschließend veranschauliche ich anhand meiner Erlebnisse, wie GOTT in mir in seinen verschiedenen Aspekten zum Ausdruck kommt. Vor allem liegt mir daran, zu unterstreichen, wie wichtig es ist, sich selbst zu akzeptieren, das heißt: GOTT in all seinen Aspekten anzunehmen. Wenn wir diesem Weg folgen, wird es uns allen gelingen, mit unserer göttlichen Macht in Kontakt zu kommen. Und je mehr wir mit dieser großen Macht in Kontakt kommen, umso mehr lernen wir, sie als Teil unserer selbst anzunehmen. Nach und nach können wir sie mit Kraft und Liebe und damit auf eine segensreiche Weise nutzen.

Ich muss gestehen, dass mich im Verlauf des Abenteuers, dieses Buch zu schreiben, innere Vorbehalte und Ängste plagten. Ein Teil von mir wollte alles erzählen, während ein anderer befürchtete, dafür verurteilt und kritisiert zu werden. Es wäre so viel einfacher gewesen, nur das zu erzählen, was bei allen gut angekommen wäre. Du hättest das Bild einer perfekten Lise gehabt. Doch jener Teil von mir, der vor einigen Jahren beschlossen hat, aufrichtig zu sein, hat gewonnen. Dieses Buch umfasst deswegen alles aus meinem Leben, woran ich mich erinnern kann. Auch meine Überlegungen zu den Ereignissen, von denen ich erzähle, wirst du darin finden.

Wie in meinen früheren Büchern, habe ich mich dafür entschieden, dich zu duzen, weil ich mich dir sehr nahe fühle. Zudem wirst auch du dich bei einigen Gelegenheiten bestimmt mit mir identifizieren können.

An vielen Stellen dieses Buches findest du hervorgehobene Passagen. Du kannst sie später noch einmal aufgreifen und, wenn du das Bedürfnis danach hast, eine beliebige Seite aufschlagen und die hervorgehobenen Textstellen lesen. Das Gelesene führt dich dann durch den Tag oder ist die Antwort auf eine deiner Fragen. Wenn du ein bestimmtes Problem hast, kannst du die Augen schließen, das Buch aufschlagen und dich von deinem inneren GOTT zu dem Gedanken führen lassen, der für dich in diesem Moment am besten geeignet ist.

Ich hoffe, dieses Buch wird dir helfen, mehr in Kontakt mit deinem inneren GOTT zu sein.

Ich wünsche dir eine anregende Lektüre!

MIT LIEBE,

Lise Bourbeau

Kapitel 1

Meine Kindheit

Ich wurde am 14. Februar 1941 in Richmond geboren, einer kleinen Stadt in den Eastern Townships der Provinz Québec. Den Valentinstag, der die Liebe symbolisiert, habe ich unbewusst gewählt, obwohl ich mir bei Weitem noch nicht vorstellen konnte, dass ich eines Tages die Liebe lehren würde. Ich war die vierte Tochter. Meine älteren Schwestern und ich liegen vom Alter her alle jeweils eineinhalb Jahre auseinander. Es sind recht schwierige Zeiten zu Beginn des Krieges, und alles ist rationiert. Wegen seiner Plattfüße brauchte mein Vater nicht zur Armee. Meine Eltern sind sehr tüchtig. Alle beide tun sich in meinen Augen in etlichen Bereichen hervor. Nie habe ich je von ihnen gehört: „Das schaffe ich nicht." Mein Vater ist Schreiner und arbeitet in einer Stuhlfabrik. Meine Mutter ist eine ausgezeichnete Köchin, verwaltet das Familienbudget und näht all unsere Kleidung. Zusätzlich zu ihren jeweiligen Arbeitsaktivitäten betreiben meine Eltern ein Restaurant in Richmond. Tagsüber arbeitet meine Mutter dort, und mein Vater hilft ihr abends und an den Wochenenden. Meine Mutter ist eine gute Geschäftsfrau, und mein Vater unterstützt sie bei all ihren Unternehmungen hervorragend.

So weit ich mich zurückerinnern kann, habe ich meine Eltern immer hart arbeiten sehen. Wir sind weder reich noch arm. Meine Familie hat gerade genug Geld zum Leben, mehr nicht. Obwohl die Arbeit ihr Leben dominiert – daher meine innere Überzeugung „leben ist gleich arbeiten" –, wissen meine Eltern auch, wie man sich entspannt und Spaß hat: Sie veranstalten Familienabende zum Kartenspielen oder Tanzen oder einfach nur zu vergnüglichen Zusammenkünften.

Auch wenn diese Kriegsjahre für uns schwierig sind, sorgen die gute Organisation meiner Mutter und die kontinuierliche Unterstützung meines Vaters dafür, dass es meiner Familie nie an etwas mangelt. Meine beiden älteren Schwestern werden im Internat eines Nonnenklosters untergebracht, als meine Mutter ihre fünfte Tochter zur Welt bringt, die eineinhalb Jahre nach mir kommt. Dieses kleine Mädchen wird oft in der Obhut einer meiner Tanten gelassen. Da die beiden ältesten Schwestern im Kloster sind, die jüngere bei meiner Tante ist und meine andere Schwester eineinhalb Jahre ist älter als ich, hänge ich fortwährend an Mutters Rockzipfel und fühle ich mich oft wie ein Einzelkind. Die meisten meiner Kindheitserinnerungen führen mich an die Seite meines Vaters.

Als kleines Mädchen bin ich blond und ziemlich mollig und erhalte viel Aufmerksamkeit von ihm. Ich habe nur Augen für ihn und laufe ihm stets überall hinterher. Sehr gern sitze ich auf dem kleinen Schaukelstuhl, den er selbst geschreinert hat, und beobachte von dort aus alles, was um mich herum vorgeht. Ich bin sehr aufmerksam, sehe mir alles an und beobachte viel mehr, als ich selbst rede. Was als Kind in meinem kleinen Kopf vorgeht, weiß ich nicht mehr, doch mir ist noch klar im Gedächtnis, dass ich nicht immer mit dem einverstanden bin, was ich sehe, denn ich kritisiere viel, und zwar schon von frühester Kindheit an.

Schon jetzt zeichne ich mich durch meine Entschlossenheit aus. Ich bin ein sehr resolutes Kind, weiß, was ich will, und gebe keine Ruhe, bis ich es bekomme. Meine nächstältere Schwester gibt am Ende immer nach. Doch obwohl ich immer wie ein selbstbewusstes kleines Mädchen wirke, das seinen Willen durchsetzt, bin ich auch sehr sensibel, was ich normalerweise ziemlich gut verberge. Was ich noch nicht weiß: **Die eigene Verletzlichkeit zu verstecken verstärkt die Angst nur, statt sie zum Verschwinden zu bringen.** Darauf komme ich später noch einmal zurück.

Bei jeder neuen Schwangerschaft trägt Mama immer die Hoffnung mit sich, dass sie einen Jungen zur Welt bringt, denn darüber würde sich mein Vater sehr freuen. Um mich seiner Liebe zu versichern, gebe ich mich draufgängerisch wie ein kleiner Junge. Tatsächlich werde ich als „verfehlter kleiner Junge" bezeichnet. Dieser Beiname sollte auch danach mein Leben stark beeinflussen, denn ich versuche lange zu beweisen, dass ich als „Mann" nicht „verfehlt" war. Auf der einen Seite möchte ich der ideale Junge sein, den mein Vater sich erhofft, und auf der anderen Seite höre ich die Klagen meiner Mutter, mein Vater sei nicht tatkräftig genug. Also beschließe ich, dass ein idealer Mann ein tatkräftiger Mann ist. Wenn ich ein solcher Mann werde, gefalle ich beiden ... doch zu welchem Preis! Schon sehr früh zwinge ich mich dazu. Man hat mir gesagt, dass ich im Alter zwischen vier und fünf Jahren oft geweint habe. Vielleicht ist mir diese Kontrolle, die ich mir selbst auferlege, um mehr geliebt zu werden, schon zu viel.

Meine Mutter hält mich für zu weinerlich und beschließt, mich in das Klosterinternat zu schicken, das schon meine Schwestern besuchen, im Dorf Saint-Félix de Kingsey. Wir schreiben den Februar 1946, und ich bin fünf Jahre alt. Das Kloster hat nur zwei Klassen: eine für das erste bis sechste Schuljahr, und die andere für das siebte bis elfte Schuljahr. Kindergärten gibt es zu jener Zeit noch nicht. Meine Mutter hat diese Entscheidung getroffen, um mir den Eintritt in die erste Klasse zu erleichtern, der im folgenden Herbst bevorsteht. Bis zum Ende des Schuljahrs habe ich noch vier Monate

Zeit, den Nonnen schrittweise zu folgen und mich ans Schulleben zu gewöhnen. Darauf hat sich meine Mutter mit den Nonnen geeinigt. Indem sie sich auf diese Weise Freiraum schafft, kann sie sich mehr Zeit fürs Restaurant und meine drei jüngeren Schwestern nehmen.

Da es keinen Zufall gibt, läuft bereits in dieser Phase meines Lebens **alles so ab, dass es mich auf das vorbereitet, was ich später tun werde.** Die Nonne, die die erste Klasse unterrichtet, entscheidet, dass ich intelligent genug bin, das erste Schuljahr in diesen vier Monaten zu absolvieren. Sie widmet mir ihre ganze Freizeit, um mir den Stoff beizubringen, der schon vor meiner Ankunft behandelt worden ist. Ich sehe immer noch vor mir, wie ich neben ihr stehe. Sie hat Aufsicht im Schlafsaal und kümmert sich um mich, während sie ein wachsames Auge auf die anderen Schülerinnen hat, die ihr Bett machen oder aufräumen. Sie bringt mir Gebete bei. Nach der Schule lehrt sie mich lesen in einem großen Klassenraum, den sie beaufsichtigt, während die Schülerinnen still lernen. Sie setzt mich an ihr Pult und verpasst mir beim kleinsten Fehler einen ordentlichen Schlag mit dem Lineal auf die Fingerknöchel. Auch wenn ich nicht schnell genug lerne, werde ich bestraft. Ich finde es zudem sehr schwierig, mich an das Essen im Kloster zu gewöhnen. Bei mindestens einer Mahlzeit am Tag wird mir das Essen in den Mund gezwungen. Manchmal haben meine älteren Schwestern Mitleid mit mir und bieten mir an, meine Mahlzeiten für mich zu essen. Ich vergieße viele Tränen. Ich verstehe nicht, was mir geschieht.

Ich fühle mich zu Unrecht unter Druck gesetzt und kritisiere diese Nonne viel. Ich erkenne nicht, dass **wir zu dem werden, was wir kritisieren,** und dass die „Antreiberin" auf dem besten Wege ist, sich in mir zu entwickeln. Ich muss mein Aufholtempo ständig beschleunigen, wenn ich das Schuljahr bis Ende Juni bestehen will. Ob du es glaubst oder nicht, ich bestehe die Prüfungen! So komme ich ins zweite Schuljahr, zusammen mit meiner nächstälteren Schwester. Abgesehen von dieser Nonne und meinen Lektionen, die gewöhnlich in Tränen enden, erinnere ich mich nur vage an meine damaligen Aktivitäten.

Meine Schwestern und ich äußern uns gegenüber unseren Eltern nicht gerade lobend über das Kloster – wir sind alle vier unglücklich dort. Meine Mutter setzt unserem inständigen Bitten ein Ende und meldet uns im folgenden Schuljahr in einer anderen Klosterschule an. Diesmal bin ich nicht im Internat, sondern Tagesschülerin in der Kleinstadt Richmond, wo meine Familie wohnt.

Obwohl ich noch so jung bin, treffe ich eine große Entscheidung: Von nun an wird mir niemand mehr auf die Finger schlagen, weil ich nicht schnell genug vorankomme oder etwas nicht weiß. Ich möchte mich nicht gedemütigt oder als „Dummerchen" fühlen. Nach dieser Episode mache ich es mir zur Pflicht, alles gründlich zu lernen und die Schnellste der Klasse zu sein. Von nun an bin ich fast immer Klassenbeste.

Als ich später die Macht der Vergebung kennenlernte, war ich schließlich in der Lage, die verborgene gute Seite meiner Erfahrung mit der Nonne **zu erkennen und anzuerkennen.** Zuvor konnte ich nur ihre stiefmütterliche Seite sehen. Doch mit der Zeit sah ich ihre Strafen und Forderungen als nützliche Erfahrung für mich. Sie hat an mich geglaubt, an meine Fähigkeit, schnell zu lernen, und sie war fest davon überzeugt, dass ich das Schuljahr in Rekordzeit absolvieren konnte. Ich brauchte jemanden wie sie auf meinem Weg. Heute danke ich ihr von ganzem Herzen, denn sie hat mir geholfen, die innere Überzeugung „Ich bin imstande, erfolgreich zu sein" zu entwickeln. Über dreißig Jahre lang war ich jedoch wütend auf sie. Was für eine Erleichterung diese Vergebung doch mit sich bringt!

Nach dieser Entscheidung, das Gefühl der Erniedrigung nicht mehr erleben zu wollen, lerne ich, verantwortungsvoller zu werden und Entscheidungen schnell zu treffen. Ich merke bald: Je länger ich eine Entscheidung aufschiebe, umso mehr zweifle ich, und umso schwieriger wird es für mich, zu handeln. Selbst als ich noch sehr jung bin, mache ich lieber etwas falsch, als gar nichts zu tun. Ich habe schnell erkannt, dass wir am schnellsten durch Erfahrungen lernen.

Solange ich etwas tue, bin ich froh, denn ich lerne. Zu jener Zeit weiß ich noch nicht: **Wenn eine Person zögert, dann oft deswegen, weil ihre Ängste, die auf falschen Glaubenssätzen beruhen, an die Oberfläche kommen. Sie lassen sie zweifeln und bringen sie letztendlich dazu, sich falsch zu entscheiden.**

Dass ich tatkräftig bin, ist sehr hilfreich für mich, um zum Liebling der Nonnen zu werden. Meine Pünktlichkeit, mein Fleiß, mein Interesse am Lernen sorgen dafür, dass ich meine gesamte Schulzeit hindurch eine bevorzugte Schülerin bin. Ganz zu schweigen davon, dass ich mit meinen hervorragenden Noten aus der Masse heraussteche. Ich bin wissensdurstig und interessiere mich mühelos für alles Neue. Die verschiedensten Themen faszinieren mich, nur nicht das Schreiben und Komponieren … Und doch bin ich heute Schriftstellerin! Man kann wirklich nie wissen, was die Zukunft bereithält … Das ist der Beweis, dass man sich stets eine Tür für alle Möglichkeiten offenhalten sollte!

Als ich in der siebten Klasse bin, hält es die Nonne, die mich unterrichtet, für angebracht, dass ich eine Klasse überspringe, und schickt mich direkt in die neunte Klasse. Sie hält mich für klug und fleißig genug dafür. Zum zweiten Mal in meinem Leben treffe ich auf eine Nonne, die an mich glaubt! Damals ist die achte Klasse nicht sehr schwer, der schwierige Stoff konzentriert sich eher auf die Klassen sieben und neun. Einen Monat vor dem Ende meines siebten Schuljahres gibt mir die betreffende Nonne Gelegenheit, an den Prüfungen der achten Klasse teilzunehmen, und händigt mir alle dafür erforderlichen Schulbücher aus. „Lise, wenn du Lust hast, kannst du in deiner Freizeit mit all diesen Büchern lernen. Ich erteile dir die Erlaubnis, die Prüfungen der achten Klasse abzulegen. Wenn du sie bestehst, kommst du direkt in die neunte Klasse!" **WOW!** Was für eine Chance! Ich bin natürlich sehr aufgeregt. („**WOW**" gehörte schon immer zu meinem Wortschatz.) Ich lasse mich von der enormen Arbeit, die damit verbunden ist, nicht einschüchtern.

Die Herausforderung, vor der ich stehe, ist für mich keine lästige Pflicht, sondern eine unglaubliche Chance, eine Gunst, die mir gewährt wurde. Das Ergebnis? Im folgenden Jahr, mit zwölf, gehe ich mit den vierzehn- und fünfzehnjährigen Mädchen in die neunte Klasse. Anfangs fühle ich mich etwas fremd und verloren, weil ich mehrere Jahre mit denselben Schulkameradinnen zusammen gewesen bin. Jetzt gehöre ich zu den „Großen". Ich fühle mich wichtig. Ich halte mich jedoch nicht für etwas Besonderes. Viele Jahre habe ich von den Nonnen gehört, „der Herr Jesus" hätte mir all dieses Talent verliehen, es käme nicht von mir, und ich müsse es nutzen, um anderen zu helfen. Diese Überzeugung hat mich immer begleitet. Ich habe sehr schnell das Gefühl, von meinen neuen Mitschülerinnen akzeptiert zu werden.

Obwohl ich noch so jung bin, erweise ich mich als sehr erwachsen und verantwortungsbewusst. Jedes Jahr betrauen mich die Nonnen mit verschiedenen Aktivitäten, auch in den Pausen. Wenn ich mich zu etwas verpflichte, ziehe ich es bis zum Ende durch. Meine Führungsqualitäten sind bereits sehr ausgeprägt, und ich nehme jede neue Verantwortung mit großer Freude an. Da ich die mir übertragenen Aufgaben erfolgreich zu Ende führe, geben die Schwestern weitere Pflichten vertrauensvoll an mich ab.

Mein Schulleben ist zwar wichtig, aber ich bin auch sehr verantwortungsbewusst in meinem unmittelbaren Umfeld. Zu Hause fühle ich mich wohl, ich erledige meine Schularbeiten zügig, was mir anschließend viel Zeit zum Spielen lässt. Ich bin kein schwieriges Kind. Ich kann mich nicht erinnern, dass mich meine Eltern je wirklich bestraft oder mit mir geschimpft hätten. Meine Führungsqualitäten zeigen sich auch, wenn ich mit meinen Freunden zusammen bin. Ich ergreife gern die Initiative, führe die Spiele an und leite die anderen Kinder an, die für gemeinsame Aktivitäten in meine Straße kommen. Für mich ist das etwas ganz Natürliches, Angeborenes. Ob in der Schule, zu Hause oder auf der Straße, ich teste gern meine Führungsqualitäten. **Ich bin zielstrebig und bekomme das, was ich will, indem ich aktiv werde und handle.** Niemand beschwert sich darüber, und ich habe viele Freundinnen, die meine Spielvorschläge und meinen Wunsch, unsere Aktivitäten zu leiten, gerne akzeptieren.

Manchmal höre ich, wie meine Schwestern unsere Eltern kritisieren. Es ist für mich unfassbar, wie oder warum sie sich das herausnehmen, obwohl die Eltern doch so hart arbeiten, um für uns alle zu sorgen. Die Einstellung meiner Schwestern ist für mich schwer zu akzeptieren. Ich erinnere mich, dass eine meiner älteren Schwestern mit etwa sechzehn Jahren sehr heftig auf die Autorität unserer Mutter reagiert. Ich bin etwa zwölf Jahre alt und sehe, wie meine Mutter bei mehreren Gelegenheiten deswegen weint. Wenn sie meine Schwester bittet, zu einer bestimmten Zeit zu Hause zu sein, schafft es meine Schwester unweigerlich jedes Mal, erst viel später zu kommen. Eines Tages fragt unsere Mutter sie, warum es wieder so spät geworden sei, und erklärt ihr: „Du weißt, ich mache mir Sorgen und kann nicht einschlafen, bis du nach Hause gekommen bist." Und meine Schwester antwortet: „Es ist dein Problem, wenn du nicht schlafen kannst und dir Sorgen machst!" Als Zeugin dieser Szene kann ich mich nicht zurückhalten und entgegne ihr: „Das kann ja wohl nicht angehen, du bist wirklich herzlos! Siehst du nicht, wie Mama sich abrackert? Sie hat eine anstrengende Arbeit und braucht ihren Schlaf! Warum bist du so hart zu ihr?" Und sie blickt von ihrer vollen Größe auf mich herunter und antwortet: „Du, meine Kleine, kümmere dich gefälligst um deine eigenen Angelegenheiten, das geht dich nichts an!" Grundsätzlich hat sie Recht. Aber ich kann das nicht so sehen, denn es macht mich immer wütend, wenn ich meine Schwester so egoistisch handeln sehe. Ich verurteile sie oft. Mir ist nicht klar, dass ich mich entschieden habe, vernünftig zu sein, um mehr geliebt zu werden, und dass meine Schwester sich etwas erlaubt, das zu tun oder zu sagen ich selbst nie den Mut hätte.

Bei diesem Vorfall ist mein Vater in der Küche. Wenn er zu Hause ist, wirkt es meistens, als wäre er nicht da, weil er nicht viel spricht. Doch diesmal ruft er aus: „Sie ist zwar viel kleiner als du, aber eine ganze Ecke vernünftiger!" Diese Bemerkung meines Vaters ist nicht auf taube Ohren gestoßen. Sie hat bei mir einen tiefen Eindruck hinterlassen, denn normalerweise kümmert sich meine Mutter um uns Kinder, und es kommt sehr selten vor, dass Vater derartige Bemerkungen macht. Er setzt sich für mich ein! **WOW!** Was ich heraushöre, ist, dass er mich liebt, weil ich ein vernünftiges Kind bin – eine Bestätigung für mich, dass meine Entscheidung, ein Musterkind zu sein, die richtige ist.

Später, als ich meinerseits anfange auszugehen, lüge ich meine Mutter niemals an und sage ihr immer, wann ich voraussichtlich Hause komme. Wenn ich mich etwas verspäte, rufe ich sie an und sage ihr Bescheid. Ich möchte vernünftiger sein als meine ältere Schwester, das heißt auch, mehr geliebt werden von meiner Mutter und meinem Vater. **Ich verurteile meine Schwester dafür, dass sie meinen Eltern Dinge verheimlicht – nur um später festzustellen, dass ich eine Expertin darin geworden bin, mich selbst zu belügen.** Im Lauf der Zeit ist mir bewusst geworden, **dass der Wunsch, geliebt zu werden, viel Selbstkontrolle erfordert und ich deshalb meine wahren Bedürfnisse verleugne.**

Vieles passiert uns, wenn wir noch sehr jung sind. Das bringt uns dazu, verschiedenste Entscheidungen zu treffen, die unser zukünftiges Leben beeinflussen. Wir finden heraus, was wir tun müssen, um geliebt zu werden. Von klein auf wollen wir immer noch mehr geliebt werden und lernen, uns auf verschiedenste Weise regelrecht zu verbiegen, um diese Liebe zu bekommen. Um auf meine Schwestern zurückzukommen: Heute erkenne ich, dass sie das Recht hatten, mit der Einstellung meiner Mutter nicht einverstanden zu sein, und dass sie dies auf die ihnen jeweils eigene Art zum Ausdruck brachten. Das Problem war, dass meine Eltern nie gelernt hatten, wirklich zuzuhören und zu sehen, was hinter einer solchen Kritik stand. Und ich war auch nicht viel besser. Ich verurteilte meine Schwestern, weil sie unsere Mutter kritisierten, und kritisierte sie dafür, dass sie sie verurteilten. Ich war also ganz genauso wie sie. **Ich wusste damals noch nicht, dass man zu dem wird, was man kritisiert, auch wenn es oft anders zum Ausdruck kommt.**

Mama ist eine Geschäftsfrau, eine Karrierefrau. Sie ist sehr fortschrittlich, nichts hindert sie daran, sich gleichzeitig um ihre Geschäfte und ihre vielen Kinder zu kümmern. Als ich elf bin, besitzen meine Eltern mehrere Restaurants. Vor der Geburt eines Kindes hört meine Mutter einige Wochen auf zu arbeiten, gerade lange genug, um ein Kind zur Welt zu bringen, und anschließend legt sie sich umso mehr ins Zeug. Mein Vater arbeitet von sieben Uhr morgens bis sechs Uhr abends in der Fabrik und danach bis Mitternacht im Restaurant. An den Wochenenden wechseln sich meine Eltern damit ab, Zeit mit uns zu verbringen. Mein Vater spielt draußen mit uns. Im Winter geht er mit uns Schlittenfahren. Welche Geduld er mit uns hat! Mit meiner Mutter sehe ich uns eher um einen Tisch sitzen und Puzzles machen. Für je zehn gefundene Teile erhalten wir ein Bonbon! **WOW!** Was für eine Belohnung! Bonbons sind damals selten.

Ich habe überwiegend gute Erinnerungen an meine Kindheit. Bei meinen Eltern fühle ich mich geborgen. Beide zeigen zwar ihre Zuneigung kaum, und echte Kommunikation ist selten, aber ihre Anwesenheit vermittelt mir ein Gefühl der Sicherheit. **Sie sind wirklich bereit, uns das Beste von sich zu geben.** Auch meine Brüder und Schwestern erinnern sich in ähnlicher Weise an Gefühle der Sicherheit.

Meine Mutter kann alles nähen, von der Klosteruniform bis zum Schneeanzug, vom Morgenmantel bis zum Mantel für die Sonntagsmesse! Wann immer sie eine Minute Zeit hat, näht sie. Sie arbeitet sogar gebrauchte Kleidung von anderen für uns um. Sie ist sehr kreativ. Ihre Zeit ist aufgeteilt zwischen ihrem Restaurant, dem Nähen, dem Lernen mit den Kindern, dem Familienbudget etc. Meine Eltern sind beide unglaublich aktiv.

Ich erinnere mich nicht, dass ich meine Mutter sehr oft kritisiert habe, außer bei zwei speziellen Anlässen:

Ich bin neun Jahre alt und wünsche mir Schlittschuhe. Ich „erbe" immer Dinge von meinen älteren Schwestern und muss ihre Schuhe und Schlittschuhe auftragen. Aber ich wachse sehr schnell, und weil meine Füße proportional zu meiner Körpergröße ebenfalls größer geworden sind, fühle ich mich in den Schuhen meiner Schwestern nicht mehr wohl. Da ich es nicht mehr ertrage, Füße wie Eisklumpen in zu engen Schlittschuhen zu haben, beschließe ich, dass ich im nächsten Winter neue Schlittschuhe in meiner Größe haben werde. Natürlich ist es unmöglich, dass meine Eltern sie mir schenken. Da ich ein zielstrebiges Kind bin, **schreite ich zur Tat!**

Ich suche mir Arbeit, um etwas Geld zu verdienen und zu sparen. Ich beginne damit, dass ich auf Nachbarskinder aufpasse und die Einnahmen beiseitelege. Ich verdiene zwischen fünfundzwanzig und fünfzig Sous pro Abend. Da ich mir ein Zimmer mit drei meiner Schwestern teile, kann ich mein Geld nicht unauffällig verstecken, also vertraue ich es meiner Mutter an. Ich weiß nicht, woher diese Angst kommt, dass es mir gestohlen wird, aber sobald ich etwas verdiene, gebe ich es immer sofort meiner Mutter. Der Winter naht heran, und nach meinen Berechnungen habe ich genug Geld gespart, um meine Schlittschuhe zu kaufen. Ich suche mir ein wunderschönes Paar weiße, schicke Schlittschuhe aus, die zehn Dollar kosten. Als es an der Zeit ist, meine Mutter um meine zehn Dollar zu bitten, fragt sie: „Welche zehn Dollar? Du hast mir nie zehn Dollar gegeben!" Ich bin fassungslos: „Aber Mama, ich habe dir doch mein Geld nach und nach gegeben, immer dann, wenn ich etwas verdient habe. Du hast es seit Monaten für mich aufbewahrt. Ich habe alles zusammengerechnet, und mir stehen zehn Dollar zu." Und meine Mutter antwortet: „Das ist unmöglich, du musst dich irren. Ich erinnere mich, dass ich von Zeit zu Zeit fünfundzwanzig oder fünfzig Sous von dir erhalten habe, aber nie zehn Dollar! Höchstens ein oder zwei!" Ich bin völlig außer mir und weine mir die Augen aus.

Damals sind wir neun Kinder, und es kostet etwa 25 Dollar pro Woche, eine elfköpfige Familie zu ernähren, also sind meine zehn Dollar eine Menge Geld. Ich bin völlig außer mir und voller Wut auf meine Mutter. Ich finde sie ungerecht, zumal sie mir nicht einmal anbietet, andere Schlittschuhe zu kaufen, auch keine billigeren! Ich habe das Gefühl, ich zähle überhaupt nicht. Und sie bemerkt meine Bestürzung noch nicht einmal! Ich wusste damals nicht, dass der **Angst eine große Macht innewohnt, das Gefürchtete zu erschaffen,** und dass meine Angst, jemand könnte mir mein Geld wegnehmen, sich manifestiert hat.

Im Monat darauf bin ich mit einer Mandelentzündung ans Bett gefesselt. Ich verbringe die gesamte Weihnachtszeit im Bett und muss dann operiert werden. Heute weiß ich, dass diese Krankheit die körperliche Folge des Vorfalls war. Ich empfand eine enorme Wut auf meine Mutter, konnte sie aber nicht äußern, weil eine brave kleine Tochter der Mutter nicht sagt, dass sie wütend auf sie ist. Dieser Vorfall hat mein Leben stark beeinflusst. Ich fasste den festen Entschluss: Wenn ich Geld verdienen will, muss ich mich selbst darum kümmern. Ich muss hart arbeiten, das ist sehr schwierig. Und vor allem muss ich aufpassen, dass mir das Geld nicht von anderen weggenommen wird.

Außerdem hat meine Mutter zur gleichen Zeit gerade ihr neuntes Kind zur Welt gebracht, den ersten Jungen in der Familie. Alle sagen, mein Vater müsse doch nun sehr froh sein, dass er endlich den langersehnten Sohn hat. Ich habe große Angst, meinen Platz zu verlieren. Das hohe Fieber, das mit meiner Mandelentzündung einhergeht, steht für die Wut, die ich angesichts meiner Angst, den Platz bei meinem Vater zu verlieren, empfinde. Beide Vorfälle ereignen sich fast zeitgleich. Das Fieber führt zu körperlicher Entlastung – inzwischen habe ich gelernt, dass der Körper sich oft durch Fieber von verdrängter Wut befreit.

Das andere, für das ich meine Mutter verurteile, ist ihr Verhalten gegenüber meinem Vater. Ich vergöttere meinen Vater und kann keinen Fehler an ihm finden. Obwohl er kein überschwänglicher Mensch ist und kaum Gefühle zeigt, unterstützt er seine Frau bei all ihren Entscheidungen. Er ist immer da, um ihr beizustehen, zwar im Hintergrund, aber doch stets zur Stelle. Doch wenn sie von ihm spricht, dann oft in wenig schmeichelhaften Worten: „Ein Glück, dass ihr Kinder mich habt … nur mit dem, was von eurem Vater kommt, hättet ihr nicht all das, was ihr habt!" oder „Ein Glück, dass ich da bin und dafür sorge, dass genug Geld für alle da ist!" Meine Mutter ergreift natürlich häufiger die Initiative als mein Vater, aber sehr viel später habe ich erfahren, dass sie mitunter Angst hatte. Doch sie gibt sich nach außen hin so beherzt und selbstsicher, dass es niemandem auffällt. Außerdem verbirgt sie ihre Ängste und die Risiken, die sie eingeht, absichtlich vor meinem Vater, um ihn nicht zu beunruhigen. Doch auch wenn er nicht viel redet, spürt sie seine Besorgnis. Sie sind wie viele Paare: **Statt sich gegenseitig mitzuteilen, was sie fühlen, verbergen sie es voreinander und erschaffen so die Illusion, dass das Problem nicht existiert.**

Doch ich bin noch jung und weiß ich nichts von all dem, also werfe ich meiner Mutter vor, ungerecht gegenüber meinem Vater zu sein, ihn zu sehr zu dominieren und alles für ihn zu entscheiden. Doch ich wage ihr das nicht zu sagen, sondern behalte es für mich. Andererseits werfe ich meinem Vater ebenfalls innerlich vor, dass er sich gegen meine Mutter nicht genug durchsetzt und schweigt, statt zu antworten, wenn es angebracht wäre. Da man zu dem wird, was man kritisiert, wirst du in einem der folgenden Kapitel sehen, dass ich, ebenso wie meine Mutter, dominant geworden bin und ihre Einstellung gegenüber meinem Vater später auch meinem Ehemann gegenüber angenommen habe.

Ein anderes Ereignis im Kloster hat einen tiefen Eindruck bei mir hinterlassen. Ich bin neun Jahre alt, gehe in die fünfte Klasse und schreibe gerade die Abschlussarbeit des Monatsendes. In Bezug auf meine Schulleistungen bin ich äußerst ehrgeizig, und diese Prüfung ist mir sehr wichtig, zumal die Zeit gestoppt wird – ich muss also mein Bestes tun. Wir sollen die gestellten Fragen innerhalb der begrenzten Zeitspanne beantworten und unsere Arbeiten, sobald das Klingeln ertönt, auf das Pult der Nonne legen. Zu damaligen Zeit dürfen wir unsere Klausuren nicht mit dem Kugelschreiber schreiben. Wir verwenden echte Schreibfedern, die wir in ein Tintenfass tauchen.

Kaum habe ich mit dem Schreiben begonnen, bricht die Spitze meiner Feder zwischen meinen Fingern ab. Ich öffne schnell mein Pultfach, um eine neue Feder herauszuholen – keine Feder mehr! Voller Panik beginne ich zu weinen. Die Nonne hält die Uhr an und fragt mich: „Lise, warum weinst du?" Schluchzend erkläre ich ihr, was mit mir los ist: „Meine Spitze ist abgebrochen, und ich habe keine andere Feder mehr!" Sie sagt: „Komm her, nach vorne!" Sie stellt mich vor die ganze Klasse mit etwa dreißig Schülerinnen und sagt dann laut: „Wollt ihr mal sehen, wie ein großes Baby aussieht, das ohne Grund weint?" Dann wendet sie sich an mich und fügt hinzu: „Konntest du nicht aufzeigen und mich um eine Feder bitten?" – „Naja … ich dachte, ich darf das nicht. Sie hatten ja gesagt, dass während der zehn Minuten der Prüfung völlige Stille herrschen soll." – „Ja, aber wann habe ich denn gesagt, dass ich keine Feder austeile, wenn jemand eine braucht? Du kannst nicht immer so passiv sein und dir den Weg verbauen, du musst lernen, dir selbst zu helfen! Du brauchtest doch nichts weiter zu tun, als die Hand zu heben und um eine Feder zu bitten. Dann hätte ich jemanden gebeten, dir eine zu leihen!" Die Nonne lässt mich zu meinem Platz zurückkehren, ich leihe mir eine Federspitze von einer Mitschülerin, und die Prüfung geht weiter. Ich fühle mich sehr gedemütigt. Stell dir die Situation vor! Eine Klassenbeste, die vor den anderen so behandelt wird. Ich sehe nur, dass die Nonne mich hat dumm dastehen lassen, und kann das einfach nicht wegstecken – ich, die ich alles tue, um die Intelligenteste, Beste, Vernünftigste zu sein!

Ich habe noch nicht verstanden, **dass uns Dinge, die nicht in Liebe akzeptiert werden, im Leben immer wieder heimsuchen.** Ich hatte die Nonne aus der ersten Klasse nicht akzeptiert, die mich ein Baby nannte, weil ich so oft weinte, also musste ich den Weg einer anderen Nonne kreuzen. **Ich hätte eigentlich nur zu erkennen brauchen, dass die Absichten beider Nonnen gut waren und dass sie mir helfen wollten,** aber das hatte ich damals noch nicht gelernt.

Dieser einschneidende Vorfall veranlasst mich zu einer weiteren Entscheidung: darauf zu achten, nie wieder wie ein großes Baby zu wirken, weil ich weine. Bis zum Alter von siebzehn Jahren habe ich nicht mehr geweint. Selbst als Teenager, mit dem Aufkommen des Fernsehens, vergieße ich nicht die kleinste Träne, auch wenn ich bestimmte traurige Sendungen sehe. Alle weinen (Sensibilität liegt in der Familie), nur ich nicht, weil ich nicht will, dass jemand mich für ein großes Baby hält. Also verdränge ich viel und halte meine Tränen unter Kontrolle. Auch dass ich insgeheim ein Junge sein möchte, ist ein Grund, nicht zu weinen. Ein Mann weint nicht (ich hatte meinen Vater noch nie weinen sehen).

Mehrere Jahre tue ich alles, um das Bild einer sehr starken Person zu vermitteln. **Ich versuche immer, mir selbst zu be-**

weisen, dass ich leistungsfähig und stark bin, weil ich nicht wirklich daran glaube. Wenn man daran glaubt, braucht man es nicht zu beweisen. Ich bin mir dieser Stärke, dieser inneren Kraft in mir noch nicht bewusst.

GOTT nimmt einen wichtigen Platz in meinem Leben ein. Für mich mit meinen katholischen, gläubigen Eltern (wir gehen jeden Sonntag zur Messe) und als Schülerin in einem nonnengeführten Kloster ist das selbstverständlich. Trotz allem hinterfrage ich die Dinge häufig und viel. Ich höre die Nonnen, wie sie „Der Herr Jesus wird dich bestrafen" sagen, und verstehe das nicht. Auf der einen Seite lehren sie, dass GOTT die Güte selbst ist und Jesus auf die Erde gekommen ist, um die Menschen zu erlösen, und auf der anderen Seite höre ich: „Wenn du eine Todsünde begehst, kommst du in die Hölle und musst für alle Ewigkeit darin schmoren." Um uns das zu beweisen, werden uns Bilder vom Teufel in den Höllenflammen mit seinem brennenden Dreizack und viel Feuer gezeigt, von wo die verdammten Seelen niemals zurückkehren! Ich kann nicht glauben, dass ein gerechter GOTT niemandem eine Chance gibt. Und wenn man nur gelegentlich schlecht ist – aber wiederum nicht *zu* schlecht –, hat man die Chance, ins Fegefeuer zu kommen, zwischen Hölle und Himmel. Nach einer sehr langen Wartezeit im Fegefeuer erhält man die Möglichkeit, in den Himmel zu kommen. Das ist meine religiöse Erziehung.

Einmal im Monat müssen wir zur Beichte gehen, damit wir die Kommunion empfangen können, ohne dass eine Sünde auf unserem Gewissen lastet. Ich verbringe ganze Tage damit, Sünden für mich zu finden, damit ich etwas vorzuweisen habe, das mir vergeben werden kann. Uns wird gesagt, es sei unmöglich, von Natur aus so gut zu sein, dass man keine Sünden begeht. Also beschuldige ich mich selbst, dass ich gelogen hätte oder wütend gewesen sei oder hin und wieder fünf Sous aus dem Portemonnaie meiner Mutter genommen hätte. Ich muss sogar sagen, wie viele Male. Ich gehe nicht gern zur Beichte. Ich finde es demütigend, mit einem Fremden über meine privaten Angelegenheiten zu sprechen. **Ich will so sehr perfekt sein, dass ich Angst habe, falsch beurteilt zu werden, wenn ich Dinge gestehe, die nicht stimmen.**

Später, als Jugendliche, habe ich eine Heidenangst vor der Beichte, denn ich habe echte Sünden zu gestehen! Einen Jungen zu küssen oder schlechte Gedanken zu haben (an Sex zu denken) sind schwere Sünden, und es ist beschämend, mich dessen anklagen zu müssen. Ich gehe immer noch regelmäßig zur Beichte, weil ich Angst habe, im Zustand der Sünde zu sterben. Es fällt mir schwer zu glauben, dass GOTT so streng sein kann und wir ihn dennoch den „guten GOTT" nennen sollen. Sobald mir auch nur ein zweifelnder Gedanke in Bezug auf die Religion, die Nonnen oder GOTT kommt, fühle ich mich schuldig, denn wer bin ich, dass ich es wage, GOTT oder diejenigen, die ihn vertreten, infrage zu stellen? Ich ersticke diese kleine Stimme in mir. Mir ist nicht bewusst, dass dies die Stimme meiner inneren Forscherin ist, die alles wissen will. **Die Wahrheit zu suchen und finden zu wollen ist ein sehr wichtiger Teil von uns, den es zu hören und zu respektieren gilt.**

Wie schon erwähnt, habe ich einen angeborenen Sinn für Beobachtung. Schon damals ziehe ich viele Schlüsse. Wenn ich mir in der Schule die anderen Schülerinnen anschaue (es ist eine Klosterschule nur für Mädchen), sehe ich einige, die aus so armen Familien kommen, dass sie nicht einmal Schuhe besitzen. Im Winter, wenn sie die Stiefel ausziehen, müssen sie in Strümpfen dasitzen. Andere tragen alte Schuhe voller Löcher. Es fällt mir schwer, mich darauf einzulassen, diesen GOTT zu lieben – auch wenn ich es mir von Herzen wünsche –, denn ich finde ihn sehr ungerecht. Die Nonnen isolieren diejenigen, die Läuse haben, um zu verhindern, dass wir uns auch welche einfangen. Wer Lernschwierigkeiten hat, wird zur Zielscheibe von Hänseleien verschiedenster Art. Und dann sehe ich mich selbst, sehr talentiert, stets Klassenbeste, immer verwöhnt und von den Nonnen, meinem Vater (dessen Liebling ich ebenfalls bin) und auch von meiner Mutter bevorzugt behandelt. Ich finde das alles wirklich ungerecht und frage mich innerlich: „Soll das etwa die göttliche Gerechtigkeit sein?“ Ich finde es unfair und ungerecht, dass manche auf die Welt kommen und so viele Nöte überwinden müssen, so viel Schmerz und Schwierigkeiten zu durchleben haben, und dass noch dazu ausgerechnet sie am meisten arbeiten müssen.

Die Nonnen lehren uns, dass wir nur ein Leben haben und alles in diesem Leben vollbringen müssen, sonst erwartet uns die Hölle oder das Fegefeuer. Wie kann man denn einen Sinn darin finden, und wie lässt es sich erklären, dass manche Menschen im Leben nichts besitzen, in ein benachteiligtes Umfeld hineingeboren werden und fortwährend Strapazen ausgesetzt sind? Ihr Weg ist viel schwieriger als das von Menschen, die mehr Glück hatten, so wie ich. Und obendrein beginnen sie ihr Leben mit schlechteren Startchancen. Es ist mir unmöglich, in all dem göttliche Gerechtigkeit zu finden. Also fühle ich mich schuldig, weil ich selbst so viel empfangen habe, und ich beschließe, dass es meine Verantwortung ist, denen zu helfen, die es nicht so gut getroffen haben. Erst später wird mir klar, **dass meine Motivation, anderen zu helfen, nicht die richtige ist. Sie beruht auf Schuldgefühlen.** Ich erwarte, dass die Person, der ich helfe, dankbar ist und glücklicher wird.

Diese ständige Suche nach göttlicher Gerechtigkeit löst sich schließlich einige Jahre später, denn ich entdecke die Theorie der Reinkarnation. Als ich das erste Mal davon höre, habe ich Angst, daran zu glauben. Die eigenen Überzeugungen zu ändern macht Menschen oft Angst. Am Tag, an dem ich endlich jemandem begegne, der mir die Wiedergeburt zufriedenstellend erklären kann, überkommt mich eine immense Erleichterung.

Allmählich fühle ich mich wieder wohl mit GOTT. Endlich verstehe ich, dass die Seele in Wirklichkeit unsterblich ist und tausende Male auf die Erde zurückkehrt, um viele Erfahrungen in ganz unterschiedlichen Situationen, Körpern, Umgebungen, Ländern usw. zu machen. Die Seele kommt immer wieder zurück, und jedes Mal in einer anderen Hülle, denn unser Körper ist nur ein Vehikel, das uns ermöglicht, auf der irdischen Ebene zu leben. Unsere Seele nutzt es, um in verschiedenen Situationen lieben zu lernen. Es ist wie an jedem Tag meines Lebens: Ich wechsle zwar die Kleidung je nach den Umständen, aber unter der Kleidung bin ich immer dieselbe.

Der ganz besondere Mensch, der mir die Reinkarnationslehre erklärte, war Herbert L. Beierle, Doktor der Philosophie und Theologie, der auch Psychologie studiert hat und über Parapsychologie forscht. Er lebt in Kalifornien, unterrichtet aber weltweit. Er konnte alle Punkte, die mir noch nicht einleuchteten, klären. Daraufhin erkannte ich, dass alles, was uns widerfährt, Teil eines göttlichen Plans ist und dass von einem Leben zum nächsten eine logische Fortführung gegeben ist. **Dieser göttliche Plan will, dass alles in Liebe und Mitgefühl gegenüber uns selbst und anderen gelebt wird.** Wer diesen Weg ablehnt, wählt schwierigere, leidvollere Wege. Wenn etwas in einem Leben nicht in Liebe geregelt wird, muss es früher oder später in einem anderen Leben gelöst werden.

So, als ob ich an einem Tag etwas nicht erledigt habe und am nächsten Tag weitermachen kann. Die Seele hat also ein Leben, aber sie stirbt nie. Sie muss mehrere irdische Leben hinter sich bringen, um ihre göttliche Vollkommenheit zu erreichen. Nur der physische Körper stirbt und kehrt zur irdischen Energie zurück. Ein irdisches Leben für die Seele ist vergleichbar mit einem Tag für den physischen Körper. Der Glaube an die Reinkarnation hat sich bisher also sehr positiv auf mich ausgewirkt. Solange das so ist, werde ich weiterhin daran glauben. Ich habe gelernt, dass dies der einzige Grund ist, an einem Glauben festzuhalten. **Im Moment hilft mir das, meinen Glauben an GOTT zu entwickeln und mein Leben in die Hand zu nehmen,** denn ich weiß, dass alles sich von einem Leben zum nächsten aneinanderreiht und ich immer das ernte, was ich säe. **Schon allein zu wissen, dass die Verantwortung für mein Leben bei mir liegt und dass ich es selbst wähle, war der Schlüssel, um mir das Tor zu meiner Freiheit zu öffnen.** Ich kann mein Leben selbst kreieren – entsprechend meinen eigenen Entscheidungen! **WOW!**

Mein Gerechtigkeitsstreben prägte meine Jugend und setzte sich fort, als ich erwachsen war. Obwohl meine eigene Situation insgesamt günstig war, empfand ich es wirklich als ungerecht, dass ich etwas hatte und andere nicht. Ebenso unfair fand ich es, dass meine Mutter mein Geld für die Schlittschuhe nicht für mich aufbewahrt hatte. Danach **fürchtete ich so sehr, ungerecht zu sein, dass ich es wurde.** Darauf komme ich später noch zurück.

Als ich elf Jahre alt bin, verkaufen meine Eltern im Sommer das Restaurant, das sie einige Jahre betrieben haben, und mieten ein Chalet an einem See in der Gegend von Asbestos. Zu diesem Chalet gehört auch ein Sommerrestaurant mit nach vorne offener Front. Die Leute kommen mit dem

Auto und bestellen. Hinter dem Restaurant befindet sich die Familienwohnung mit Küche, Wohnzimmer und mehreren Schlafzimmern. Wir sind neun Kinder, acht Mädchen und ein Junge, und wir ziehen nur für den Sommer dorthin. Es ist ein toller Spaß. Wir sind alle so aufgeregt, dass wir in der ersten Nacht kaum schlafen. Es ist, als würden wir drei Monate mit unseren Eltern in Urlaub fahren!

Den ganzen Sommer über helfen wir meiner Mutter, das Restaurant zu führen, und mein Vater pendelt abends und morgens zur Arbeit in die Fabrik, die etwa eine halbe Stunde Fahrt entfernt liegt. Ich finde neue Freunde, einige sehr draufgängerische Mädchen und Jungen, die älter sind als ich. Mit ihnen lerne ich schwimmen, und da ich sehr oft im See bin, entdeckte ich meine Leidenschaft fürs Wasser. Heimlich, unbemerkt von meinen Eltern, entferne ich mich weit vom Ufer und tauche. Es ist ein Traumsommer.

Noch aufregender: Meine Eltern kaufen in jenem Sommer ein Haus. Wir hatten noch nie ein eigenes Haus. Beim Gedanken, aus einer Fünfeinhalb-Zimmer-Wohnung in ein großes Zehn-Zimmer-Haus mitten auf dem Land zu ziehen, bin ich vollends glücklich! Das Haus, in das wir einziehen, hat eine riesige Küche, eine Sommer-Kochnische, ein Wohnzimmer, sieben Schlafzimmer, eine Garage und eine Werkstatt für meinen Vater. Der reine Luxus, ein Paradies! Die ganze Familie ist glücklich. Zwei Umzüge im selben Jahr – das scheint viel zu sein, doch **Neues bringt oft eher Reizvolles als Probleme.** Überdies wird meine Mutter zum ersten Mal seit meiner Geburt kein Geschäft mehr haben! Mit dem Gewinn aus dem Verkauf des Restaurants können meine Eltern dieses Haus kaufen und vom Gehalt meines Vaters leben.

Die Erinnerung an unsere Ankunft im neuen Haus ist noch immer lebendig in mir. Wir laufen von Zimmer zu Zimmer und raten, welches wohl unseres ist. Natürlich haben meine Eltern bei der Zimmerwahl das letzte Wort. Es ist trotzdem sehr aufregend, denn wir werden nur zwei pro Zimmer sein, nicht vier, wie in der anderen Wohnung! Ich spüre, dass Mama in diesem Haus sehr glücklich ist. Außerdem hat sie jetzt, ohne Geschäftsverpflichtungen, mehr Zeit für sich.

Für mich bedeutet das pures Glück, denn hinter dem Haus ist ein Fluss, und vor dem Haus haben wir wunderschöne Berge. **Ich habe viele Möglichkeiten, meine Talente als Abenteurerin, meine Eigenschaften des Muts, der Kühnheit, der Entschlossenheit zu entwickeln.** Außerdem kann ich mir darüber klar werden, wie sehr mir meine Eltern vertrauen.

Der Fluss an unserem Wohnort gilt als gefährlich. Sein Ufer fällt ohne Strand steil ab, und er ist sehr tief. Der Vater einer meiner Freundinnen besitzt ein Chalet auf einer Insel mitten im Fluss. Ich lerne sehr schnell, über den Fluss zu meiner Freundin zu schwimmen. Weil meine Mutter eine Heidenangst vor Wasser hat und uns kein Boot kaufen will, sagt sie mir: „Na, wenn du dir so sicher bist, mach eben weiter damit, aber sag mir nicht, wann du es tust, ich habe zu viel Angst!" **Das war für mich ein schöner Beweis der Liebe und des Vertrauens.** Ich habe mich sehr wichtig gefühlt. Damals wusste ich noch nicht, dass dies die Art von Liebe ist, auf die wir alle aus sind: akzeptiert zu werden selbst dann, wenn die andere Person nicht mit dem einverstanden ist, was wir tun oder sagen.

Dasselbe Vertrauen wird mir entgegengebracht, wenn ich in den Wald gehe. Gelegentlich breche ich sehr früh am Morgen auf und kehre erst bei Sonnenuntergang zurück. Ich gehe mit einem Rucksack voll Proviant los und nehme oft meine jüngeren Geschwister mit. Wenn meine Mutter sagt, „Bei Lise kann ich sicher sein, dass ihr unbesorgt mit ihr gehen könnt, denn sie verirrt sich nicht und findet immer den Weg nach Hause", habe ich das Gefühl, ein sehr verantwortungsbewusster Mensch zu sein. Ich sehe es noch heute vor mir, wie ich darauf achte, die Bäume zu markieren oder Orientierungspunkte zu hinterlassen, um sicherzugehen, dass ich bei der Rückkehr den Weg wiederfinde.

Ebenso sehe ich noch vor mir, wie ich während dieser Jahre auf dem Land mit den alten Skiern meines Vaters unterwegs bin, zu denen es nicht einmal mehr Stöcke gibt. Ich breche auf und laufe den ganzen Tag lang Ski. Ich könnte stürzen, mich verletzen und an Ort und Stelle erfrieren, aber ich schaffe es immer heil nach Hause, auch wenn ich mitunter kleine Unfälle habe. Beispielsweise gehe ich einmal Skifahren, als eine dicke Eiskruste über dem Schnee liegt. Ich bin begeistert, denn so bin ich schneller. Da besagte alte Skier beschädigt sind, sind sie am vorderen Ende flach. Ich stoße gegen eine Unebenheit im Schnee, und die Skier rutschen unter die Eiskruste. Mit beiden Skiern stecke ich bis zu den Stiefeln unter der Kruste fest (ich habe keine Skischuhe). Das bremst mich aus voller Fahrt, und ich stürze mit dem Kopf voran auf die Kruste. Ich habe große Angst, denn in dieser Position kann ich mir leicht beide Beine brechen. Es ist sehr schmerzhaft, und ich muss mich allein und ohne Stöcke aus dieser Situation befreien! Als ich nach Hause komme, fällt meine Mutter beinahe in Ohnmacht, als sie mich sieht. Ich habe nicht gemerkt, dass mein Gesicht voller kleiner blutiger Schnitte ist. Das Blut ist gefroren und auf dem Heimweg auf meinem Gesicht hart geworden. Es sieht schlimmer aus, als es ist. Sie schimpft nicht mit mir. Es ist, als sei sie bei mir auf alles gefasst und akzeptiere es. Ich habe immer gedacht, ich hätte einfach Glück. **Mir war nicht bewusst, dass ich von all diesem Schutz umgeben war.**

Einer meiner Onkel hat eine Farm gekauft, die gegenüber von unserem Haus liegt. Er ist ein sehr herrischer Mann und immer schlecht gelaunt (später erfuhr ich, dass er Krebs hatte). Heimlich nehmen mein Cousin und ich oft die beiden Pferde, die er auf dem Hof hat, und reiten tief in den Wald. Da es Arbeitspferde sind, haben sie keinen Sattel. Mehrmals falle ich vom Pferd, entweder weil ich von einem Gewitter überrascht werde oder weil das Pferd galoppiert, als ich es noch nicht gewohnt bin. Ich komme von meinen Stürzen oder von Ästen zerkratzt nach Hause. Meine Mutter blickt mich an und fragt nur: „Na, was hast du denn jetzt wieder angestellt?" – aber eigentlich nicht in tadelndem Ton. Ich spüre, dass sie zwar Angst um mich hat, aber meine abenteuerlustige Seite akzeptiert. Sie verbietet mir überhaupt nichts. Ich probiere sehr gern Neues aus. Nie komme ich zur Ruhe. Ich bin superaktiv. Mit meinen Eltern als Vorbild ist es natürlich schwierig für mich, untätig zu sein.

Ich kann mich nicht erinnern, dass ich jemals Angst hatte, von meiner Mutter gescholten zu werden. Vielleicht hat sie deshalb nicht mit mir geschimpft.

Wie hätte ich bei so vielen Vertrauensbeweisen unempfänglich dafür bleiben können? Im Kloster war es ähnlich. In der siebten Klasse schaut mir die Nonne direkt in die Augen und sagt: „Lise, du wirst es einmal weit bringen. Du wirst so manches schaffen! Du hast bestimmt ein erfülltes Leben, du wirst schon sehen." Ich spüre, dass sie großes Zutrauen in mich hat, und das berührt mich sehr.

Diese wenigen Beispiele verdeutlichen, wie viel Unterstützung und Ermutigung mir zuteilwird und wie sehr ich in dieser Hinsicht verwöhnt bin, sodass ich immer wieder meine eigenen Grenzen überschreite und mir meiner Fähigkeiten immer mehr bewusst werde. **Alles um mich herum ist be-**

strebt, mir die Botschaft zu vermitteln, dass GOTT in mir ist und dass Er alles vermag. Nun geht es darum, dass ich diese Macht erkenne. Alles, was passiert, weist darauf hin. In Wirklichkeit hat mein Umfeld mir nur das gespiegelt, was ich über mich selbst wusste, aber noch nicht glaubte!

Was ich damals aber noch nicht weiß: Ich nutze meine mentale Kraft hauptsächlich, um zu beweisen, dass ich gut bin, dass ich kein verfehlter, sondern ein „richtiger Junge" und kein weinerliches Baby mehr bin, ebenso wenig wie ein Dummchen. **Je mehr wir darauf aus sind, etwas zu beweisen, umso mehr spricht dafür, dass wir es nicht glauben. Denn wenn wir es glauben, brauchen wir es nicht krampfhaft zu beweisen.** Es ist einfach da, ganz von selbst!

Alles in allem: Wenn ich an meine Kindheit zurückdenke, kann ich mir ganz leicht ein Bild von dem kleinen blonden Mädchen machen: Sie ist sehr lebhaft, energisch und zielstrebig, weiß, wo es langgeht, weiß, was sie zu tun hat, lernt für die Schule … sie ist abenteuerlustig, schafft es aber dennoch, von den Eltern und Lehrerinnen akzeptiert zu werden … sie gibt sich stark, weint nicht mehr wegen jeder Kleinigkeit. Mir ist damals noch nicht bewusst, dass ich ungern kritisiert werde und alles tue, um meinen Kopf durchzusetzen. Ich muss oft manipulieren, um tun zu dürfen, was ich will, und gleichzeitig zu gewährleisten, dass es von den anderen akzeptiert wird. Schon damals ist es mir wichtig, mich nicht in das Leben anderer einzumischen. Ich folgere daraus: Wenn ich mich bei anderen nicht allzu sehr einmische und wenn sie mich für vernünftig halten, dann lassen sie auch mir die Freiheit, das zu tun, was ich will. Ich zeige bereits die Eigenschaften eines „weichen, sanften Teflon-Kindes[1]" (im nächsten Kapitel

1 Dieser Begriff wurde von Daniel Kemp geprägt, dem Autor mehrerer Werke über das „Teflonkind". Weitere Informationen finden Sie unter *Éditions E=MC²*

gehe ich näher darauf ein). Außerdem frage ich mich schon in diesem frühen Alter oft: „Wieso bin ich als Mädchen auf die Welt gekommen? Ich finde, für einen Jungen geht es im Leben gerechter zu, ein Junge hat es leichter!" Das stört mich allerdings nicht so sehr, dass es mich unglücklich macht.

Ich erinnere mich an eine insgesamt glückliche Kindheit und glaube wirklich, dass sie für mich eine Zeit war, in der die Dinge im Gleichgewicht waren. Ich habe von allem ein bisschen vorgefunden und mehrere Entscheidungen getroffen, die mein zukünftiges Leben beeinflusst haben … Letzteres gilt übrigens für alle Menschen. Es heißt, **unser Erwachsenenleben ist das Ergebnis der Entscheidungen, die wir sehr jung getroffen haben – unbewusst natürlich …** Wir beobachten, was um uns herum vorgeht, hören zu und treffen Entscheidungen. Wir entscheiden, was richtig und was falsch ist, wir entscheiden, was wir glauben. Entsprechend unseren Überzeugungen und Glaubenssätzen entwickeln sich unsere Werte.

Kapitel 2

Meine Jugend

Mit zwölf Jahren, zu Beginn des neunten Schuljahrs, freunde ich mich mit einer jungen Internatsschülerin an. Sie fährt nur ein Wochenende im Monat nach Hause. Ich freue mich, dass sie mich als Freundin gewählt hat, zumal sie aus einer viel reicheren Familie kommt als ich. Ich bin sogar überrascht und fühle mich geehrt, denn für mich gehören Reiche zu einer anderen Welt. Sie ist sehr groß und stets modisch gekleidet – sie sieht aus wie ein echtes Model. Eines Tages fragt sie mich, ob ich an einem Wochenende mitkommen und sie zu Hause besuchen möchte. In meiner Familie gibt es jedoch die Regel, dass wir Mädchen nicht bei Freundinnen übernachten. Mutter glaubt, wenn man eine Einladung annimmt, sei man verpflichtet, sie aus Höflichkeit zu erwidern.

Auch ich habe lange geglaubt, ich könne, wenn ich etwas gebe, eine Gegenleistung dafür erwarten. Wenn mir also jemand etwas schenkt, erwartet er – so denke ich –, dass ich mich dafür revanchiere. **Diese Gewohnheit, zu geben und dafür etwas zu erwarten, führt oft zu Problemen und emotionalen Verstrickungen.**

Mama erklärt uns, dass sie es sich bei so vielen Familienmitgliedern nicht leisten kann, all unsere Freundinnen zu empfangen. Sie glaubt auch, sie könne nicht zu einer von uns Ja sagen und zu den anderen Nein. Da sie elf Kinder hat, ist ihre Argumentation sehr schlüssig. Doch obwohl ich diese Regel kenne, bleibe ich sehr beharrlich, weil ich unbedingt meine Freundin besuchen will und entschlossen bin, die Erlaubnis meiner Mutter zu erhalten. Also arrangiere ich alles im Voraus und erkläre meiner Mutter die Vereinbarung, die ich mit meiner Freundin getroffen habe: „Sie versteht das alles. Sie weiß, dass wir zu viele sind, um Freundinnen einzuladen, aber bei ihr zu Hause sind nur drei Kinder. Ich habe ihr erklärt, dass bei uns nicht genügend Platz ist. Sie versteht sehr gut, dass ich sie nicht im Gegenzug hierher einladen kann, wenn ich sie bei sich zuhause besuche. Das ist für sie völlig in Ordnung, kein Problem. Da sie nur ein Wochenende im Monat zu sich nach Hause fahren kann, fährt sie ohnehin lieber dorthin, als hierher zu kommen." Mutter ist beruhigt und stimmt meiner Bitte zu.

Wieder einmal habe ich sie überzeugt. Dieser Erfolg macht mir bewusst, dass bei mir zu Hause eine solche Sondererlaubnis das erste Mal erteilt wurde – trotz der geltenden Regel. Noch nie zuvor habe ich es gewagt, um so etwas zu bitten. Ich bin stolz auf mich, denn ich habe mich zwar über eine Regel hinweggesetzt, aber mit Erlaubnis. Ich bin nicht wie meine ältere Schwester, die sich ohne Erlaubnis über Regeln hinwegsetzt. **Anhand dieser einfachen Begebenheit erkenne ich, dass ich die Macht habe, mein Leben zu gestalten. Ich verstehe: Wenn ich etwas will, muss ich selbst dafür sorgen, dass ich es erhalte, anstatt weinend in der Ecke zu sitzen und zu denken, das Leben sei unfair.** Natürlich haben sich zu Hause einige Schwestern über meine „Vorzugsbehandlung" beschwert: „Die bekommt ja bekanntlich immer das, was sie will!" Aber es war keine ungerechte Sonderbehandlung oder Bevorzugung. Ich war einfach entschlossener als die anderen.

Eltern mit Kindern, die eine solche Entschlossenheit an den Tag legen, empfehle ich, dass sie ihre Kinder nicht tadeln und ihnen sagen, das sei ungezogen. Im Gegenteil: Es ist gut, sie zu ermutigen. Natürlich gebt ihr ihren Wünschen nur so weit nach, wie es euch möglich ist – je nach euren Möglichkeiten und Grenzen. Freut euch und seid stolz auf eure Kinder, die ihre Ziele mit so viel Willenskraft anstreben. Sie sind geborene Führungspersönlichkeiten und können später viel erreichen!

Ich habe inzwischen gelernt, dass sehr zielstrebige Kinder oft Teflon-Kinder oder „neue" Kinder sind. Ein Teflon-Kind ist eins, an dem keine Schuldgefühle haften. Man kann es nicht manipulieren, indem man ihm das Gefühl vermittelt, es sei nicht in Ordnung. Ein Teflon-Kind akzeptiert keine allgemeine Regel für alle, keine verallgemeinerte Überzeugung wie „So etwas tut man nicht!" Ein solches Kind wird dann sagen: „Natürlich tut man das, ich habe es doch eben getan!" Damit ein Teflon-Kind seine Eltern lieben kann, muss es in der Lage sein, sie zu respektieren. Es kann einen Elternteil nur dann respektieren, wenn dieser zuerst das Kind respektiert. Das ist die Logik eines solchen Kindes, die meiner Meinung nach auf echter Kommunikation beruht. Was das Teflonkind lernen und akzeptieren muss, ist die Tatsache, dass die Eltern nicht wissen, wie das geht.

Manche sind hartes oder rebellisches Teflon, und andere sind weiches, sanftes Teflon. **Was mich an meiner älteren Schwester am meisten stört, ist, dass sie zwar so ist wie ich, aber es auf eine andere Art ausdrückt,** nämlich rebellisch und offen. Wenn ich dagegen eine Regel oder Handlungsweise der Erwachsenen nicht akzeptiere, sehe ich zu, dass ich sie auf weichere, sanftere Art und Weise umgehe, und versuche, die Erwachsenenwelt nicht zu sehr in Aufruhr zu versetzen. Ich kritisiere sie zwar, aber nur innerlich. Letztendlich tue ich jedoch trotzdem das, was ich will, genau wie meine Schwester. Ich merke bald, dass mein Weg einfacher ist, denn alle sind auf meiner Seite. Das harte Teflon-Kind kann sich nicht an die althergebrachten Erziehungsmethoden anpassen, aber das weiche Teflon-Kind kann es, ohne zu sehr darunter zu leiden. Ein weiteres Merkmal des Teflon-Kindes ist seine Intelligenz und seine Fähigkeit, schnell durch praktisches Handeln zu lernen. Außerdem sind solche Kinder sehr wissensdurstig. Meine ältere Schwester musste ihre Schulausbildung schon früh abbrechen, um meiner Mutter zu helfen. Aus heutiger Sicht weiß ich, dass das für sie sehr schwierig gewesen sein muss. Ich dagegen hatte die Nonnen auf meiner Seite, die mir ermöglichten, schneller voranzukommen, in meinem eigenen Lerntempo. Im ersten Jahr auf der Klosterschule habe ich mich zwar zum Lernen gedrängt gefühlt, aber seitdem freue ich mich immer, wenn ich mehr lernen darf. Es langweilt mich, wenn die Nonne dieselben Erklärungen wiederholen muss. Es fällt mir schwer zu verstehen, wieso einige Schülerinnen so langsam sind.

Ich bin stets Klassenbeste. Ich erinnere mich, dass ich zu jener Zeit nicht nur in dieselbe Klasse gehe wie meine anderthalb Jahre ältere Schwester, sondern dass wir uns auch das Zimmer teilen. Wir gehen schon seit Jahren dieselben Wege. **Trotz unserer großen charakterlichen Unterschiede stehen wir uns sehr nahe.** Sie hat es mir zwar nie gesagt, aber es muss damals schwer für sie gewesen sein, plötzlich zu akzeptieren, dass sie mit vierzehn in der achten Klasse war und ich mit zwölf in der neunten. Tatsächlich ist es dasselbe Jahr, in dem sie unsere Mutter bittet, sie aus der Klosterschule zu nehmen. Sie bricht ihre Schulausbildung ab, um Mutter zu Hause zu helfen, und schließt sich letztendlich unseren ältesten Schwestern an, die in einer Textilfabrik arbeiten. Zu jener Zeit weiß ich schon, dass ich nicht dafür geschaffen bin, mein Leben in einer Fabrik zu verbringen. Ich habe meinen Vater sein ganzes Leben lang dort arbeiten sehen und jetzt meine Schwestern. Das entspricht absolut nicht meinen Ambitionen. Meine Schwestern werden zwar gut bezahlt, und es gefällt ihnen dort offenbar, aber meine Entscheidung steht schon längst fest. Ich sage mir: **„Nein, das will ich nicht.“** Nicht, dass ich sie wegen ihrer Entscheidung kritisieren oder verurteilen würde. Ebenso wenig will ich ihnen beweisen, dass ich zu anderem fähig bin – es ist einfach eine Frage des persönlichen Geschmacks. Ich kann mir einfach nicht vorstellen, das zu tun. Mein größter Traum ist es, so lange wie möglich weiterzulernen.

Mein Wissensdurst tritt bereits sehr deutlich zutage. Andererseits beneide ich meine Schwestern darum, dass sie Geld haben, um sich schöne Kleider zu kaufen und auszugehen, aber das, was ich anstrebe, ist aus meiner Sicht wichtiger.

Ich gehe weiter zur Schule, bis zur elften Klasse. Das Schulsystem bezahlt die Ausbildung der Kinder nur bis zum elften Schuljahr, wenn man also die Schule noch länger besuchen will, müssen die Eltern dafür aufkommen. Ich bin so sehr darauf aus, weiterzulernen, dass ich noch länger zur Schule gehen will. Doch meine Mutter kündigt mir an, nach der elften Klasse müsse ich arbeiten gehen, ebenso wie meine Schwestern, da sie sich meine weitere Ausbildung nicht leisten kann.

Das überrascht mich nicht, denn ich sehe, dass es zu Hause immer gerade so reicht. Meine Mutter spricht oft über Geld. Sie beklagt sich eigentlich nicht, aber sie muss sich so sehr anstrengen, um uns über die Runden zu bringen, dass sie sich schon glücklich schätzt, wenn einfach nur genug da ist. Doch all das bedeutet: „Verlang nicht noch mehr von mir.“

Da ich entschlossen bin, gebe ich trotzdem nicht auf. Ich erzähle den Nonnen von der Situation. Um mir zu helfen, ergreifen sie die Initiative und bewerben sich in meinem Namen um verschiedene Stipendien. Sie verschaffen mir ein

Stipendium für das, was damals als „Lehramtsausbildung der *École Normale*" bezeichnet wurde. Das bedeutet zwei Jahre Lehramtsausbildung außerhalb von Richmond, entweder in Sherbrooke oder in Montréal. Meine Bewerbung wird zwar angenommen, doch das Stipendium beinhaltet weder die Fahrtkosten noch die Ausgaben vor Ort. Wenn ich nach Sherbrooke gehe, das 40 km von Richmond entfernt ist, muss ich jeden Tag die Fahrtkosten für die Busfahrt hin und zurück bezahlen, ganz zu schweigen davon, dass ich mir eine neue Garderobe zulegen muss, denn meine Klosterkleidung ist unter diesen Umständen nicht mehr geeignet. An Montréal ist gar nicht erst zu denken, weil es mehr als 150 km von meinem Zuhause entfernt ist und ich dort wohnen und für eine Pensionsunterkunft bezahlen müsste.

Als ich das Ganze mit meiner Mutter bespreche, lehnt sie ab und sagt: „Selbst wenn deine Ausbildung von der Regierung bezahlt wird, haben dein Vater und ich nicht genug Geld für die Fahrtkosten und deine Ausgaben dort – Bücher, Kleidung und all das … Das haben wir für deine anderen Schwestern nicht getan, und für dich können wir es auch nicht tun." Ich musste das Stipendium ablehnen. Also akzeptiere ich, arbeiten zu gehen.

Als ich die elfte Klasse beende, bin ich fünfzehn. Ich erfahre, dass die Telefongesellschaft *Bell Canada* Telefonistinnen sucht. Da neue Arbeitsstellen rar gesät sind, mache ich mich auf zu ihrem Büro in Richmond (in Québec, Anm. d. Red.) und bewerbe mich dort um eine Anstellung. Es ist eine sehr einschneidende Erfahrung für mich. Da Richmond eine Kleinstadt mit vielen englischsprachigen Einwohnern ist, stellt *Bell Canada* nur englischsprachige oder fließend zweisprachige Mitarbeiter ein. Ich habe im Kloster zwar Englisch sprechen gelernt, aber nur rudimentär. Ich bin besser darin, es zu verstehen und zu schreiben. Ich erinnere mich noch, dass ich dachte: Das ist die perfekte Gelegenheit, die Sprache zu lernen. Zu jener Zeit weiß ich noch nicht, warum ich so gern Englisch lernen will, denn in meinem Umfeld wird es sehr wenig gesprochen. **Mein innerer GOTT führt mich, denn er weiß, dass ich es später brauchen werde.** Ich habe immer noch diesen Drang, Neues lernen zu wollen.

Also gehe ich mit fünfzehn zum Büro von *Bell Canada* und bewerbe mich um eine Stelle als Telefonistin. Ich habe große Schwierigkeiten, mich während des Gesprächs auszudrücken, ich suche nach Worten. Ich bemühe mich, so gut wie möglich zu sprechen, weil die Leiterin nur Englisch spricht. Ich bin furchtbar nervös, aber ich will diese Arbeit so sehr, **dass ich bereit bin, mich allem zu stellen.** Angesichts meines sprachlichen Handicaps teilt sie mir mit, sie könne mich nicht einstellen, weil ich nicht perfekt zweisprachig sei. Damals werden alle Rufverbindungen manuell hergestellt. Wenn Leute anrufen, fragt die Telefonistin auf Englisch nach der Nummer: „Number, please?" und nicht „Quel numéro, s'il-vou-plaît?" Dann verbindet sie den Anruf und stellt den Kontakt her. Alles läuft auf Englisch ab, und das ist mein Problem.

Ich bleibe jedoch weiterhin beharrlich bei der Dame, die für Neueinstellungen zuständig ist, weil ich weiß, dass die Firma großen Bedarf an Telefonistinnen hat, und sicher bin, dass ich diese Aufgabe dank meiner schnellen Auffassungsgabe bewältigen kann. Zur Arbeit einer Telefonistin gehört auch, die Kosten für Ferngespräche auf dem Papier zu berechnen. Sie muss die Dauer des Anrufs in Minuten angeben und denjenigen, die sich danach erkundigen, am Ende ihres Anrufs den Gesamtbetrag nennen. Also muss ich nicht nur zweisprachig sein, sondern auch schnell rechnen können. Obwohl die Personalchefin davon überzeugt ist, dass ich nicht geeignet bin, lässt sie mich dennoch die schriftliche Prüfung ablegen, die zeitlich begrenzt ist. Ich sehe keinen Grund zur Sorge, denn ich bin ausgezeichnet im schnellen Rechnen und gut im schriftlichen Englisch –Schwierigkeiten habe ich nur mit dem Sprechen. Ich erreiche eine Punktzahl von 98,5 Prozent, und die Dame sieht sich gezwungen, mich einzustellen. Sie wirkt nicht besonders gut gelaunt, aber ihr bleibt kaum etwas anderes übrig, da meine Punktzahl die höchste ist, die in der Geschäftsstelle von *Bell Canada* je erreicht wurde (das erfahre ich erst etwas später). Immer noch überzeugt, dass ich nicht kompetent bin, sagte sie: „Okay, du kannst anfangen. Allerdings warne ich dich: Ich werde dich im Auge behalten, denn meinem Eindruck nach schaffst du das nicht." Sie irrt sich. Alles verläuft gut. Ich bestehe sogar darauf, dass die anderen Telefonistinnen nur Englisch mit mir sprechen, damit ich mich schnell verbessere. Ich arbeite ein Jahr lang in dieser Geschäftsstelle von *Bell Canada*, gerade lange genug, um Englisch sprechen zu lernen.

Zu Beginn meiner Arbeit kommt mir – da ich unregelmäßige Arbeitszeiten habe – die Idee, dass ich arbeiten und gleichzeitig einen kaufmännischen Kurs belegen könnte. Ich muss es hinbekommen, meinen Arbeitsplan an die Unterrichtszeiten anzupassen, ohne dass sich das eine mit dem anderen überschneidet. Als Telefonistin habe ich wechselnde Arbeitszeiten: Ich arbeite entweder von 8.00 bis 17.00 Uhr, oder morgens und abends, oder von 16.00 Uhr bis Mitternacht. Unter der Woche habe ich einen Tag frei, weil ich jedes zweite Wochenende arbeite. Nach einer schnellen Berechnung komme ich zu dem Schluss, dass mir zweieinhalb Tage pro Woche zur Verfügung stehen. Ich wende mich an die Nonne, die im Kloster in Richmond für den kaufmännischen Kurs zuständig ist, und frage sie, ob es möglich ist, mein zwölftes – kaufmännisches – Schuljahr dort zu absolvieren, parallel zu meiner Vollzeittätigkeit bei *Bell Canada*. Die Nonne stimmt nicht nur zu, sondern ändert sogar ihren eigenen Zeitplan, damit er mit meinem in Einklang ist. Nie zuvor war im Kloster ein solches Privileg gewährt worden! Eine weitere Premiere.

Als all das geschah, habe ich nie wirklich innegehalten und gedacht: **„Oh, WOW! Ich bin etwas Besonderes. Schau, was ich alles erreiche** – und die anderen nicht!" Vielmehr schien mir alles normal zu sein. Erst viel später, als ich mein Leben nach und nach mit mehr Distanz betrachtete, **wurde mir klar, wie viel Potenzial ich hatte und wie sehr ich es damals schon nutzte, wenn auch unbewusst. Vor allem habe ich erkannt: Wenn wir etwas wollen und zur Tat schreiten, brauchen wir einfach nur noch unsere Wünsche zu äußern, dann werden sie sich erfüllen.**

Als ich zum Unterricht erscheine, verbringt die Nonne einen großen Teil ihrer Zeit damit, mit mir den Unterrichtsstoff aufzuholen, während die anderen Schülerinnen praktische Schreibmaschinenübungen machen. Wir müssen ein Minimum an praktischen Übungsstunden pro Woche absolvieren. Das gilt sowohl für das Tippen als auch fürs Stenografieren. Da ich etwa zweieinhalb Tage in der Woche im Kloster bin, arrangiert die Nonne, dass sie Zeit für mich allein hat, während die anderen Tippen üben – eine Wiederholung meines allerersten Schuljahres, aber welch ein Unterschied! Diesmal geschieht alles in Liebe und mit Freude am Lernen. Ich beginne bereits, mich darin zu üben, achtzig bis neunzig Stunden pro Woche beschäftigt zu sein. **Ich bin voller Energie, weil ich ein Ziel habe und es in die Tat umsetze.**

Da ich zu Hause auf mich allein gestellt Steno und Tippen üben muss, lege ich mir eine Schreibmaschine zu. Ich bin fünfzehn Jahre alt, und es ist mein erster Kauf auf Kredit. Ich bin wirklich stolz auf mich. Ich bin auch sehr froh, dass mich meine Eltern angesichts all meiner verschiedenen Entscheidungen „machen lassen". Die Schreibmaschine kostet mich hundert Dollar. Ich zahle sie in monatlichen Zehn-Dollar-Raten ab, weil mein Kredit über zehn Monate läuft. Sobald ich einen freien Moment habe, übe ich. Jede Gelegenheit ist geeignet. Ich laufe mit Schreibblock und Bleistift im Haus herum und stenografiere alle Gespräche meiner Geschwister mit, die ich aufschnappen kann, oder die Fernsehprogramme, und sogar die Predigt des Pfarrers in der Sonntagsmesse! Wir schreiben das Jahr 1956, und ich verdiene 23 Dollar pro Woche bei *Bell Canada.* Meine älteren Schwestern verdienen viel mehr, weil sie als Näherinnen nach Stück bezahlt werden. Weil sie gut und sehr schnell arbeiten, verdienen sie viel Geld. Die Vereinbarung unserer Eltern mit uns ist, dass wir zwanzig Dollar pro Woche für die Verpflegung abgeben müssen. Das ist viel Geld für die damalige Zeit, aber Mutter hat ausgerechnet, dass sie diesen Betrag zusätzlich zum Gehalt meines Vaters braucht, um alle Ausgaben der Familie bezahlen zu können. In dieser Zeit betrieben meine Eltern kein Geschäft. Als ich anfange zu arbeiten, erlaubt mir meine Mutter, nur fünfzehn Dollar pro Woche für Kost und Logis abzugeben, weil ich für mein Studium bezahlen muss. Das ruft bei uns zu Hause Reaktionen hervor … schon wieder Vergünstigungen für mich! Von meinen 23 Dollar pro Woche bleiben mir noch acht Dollar, und ich muss meine Garderobe aufstocken. Im zwölften Schuljahr, in der kaufmännischen Ausbildung, brauche ich meine Klosteruniform nicht mehr zu tragen. Also beschließe ich, mit dem Nähen anzufangen, und merke, dass ich auch auf diesem Gebiet Talent habe.

Ich achte sehr genau auf mein Budget. Zehn Dollar pro Monat im Kloster, zehn Dollar für die Schreibmaschine, sechzig Dollar für Kost und Logis und die Bezahlung meiner Bücher. Alles in allem bleiben mir nur zwölf Dollar im Monat für meine anderen Ausgaben. **Noch eine nützliche Erfahrung für mich. Ich bin stolz darauf, denn ich lerne immer dazu!**

Dieses Jahr vergeht die Zeit wie im Flug, weil ich superbeschäftigt bin. Ich arbeite und studiere Vollzeit und versäume trotzdem keine meiner schulischen oder beruflichen Verpflichtungen. Ich schaffe es sogar, täglich meine Hausaufgaben zu machen. Das zwölfte Schuljahr schließe ich als Klassenbeste ab. Ich stenografiere am schnellsten und habe an der Schreibmaschine ein sehr zufriedenstellendes Tempo. Ich kann es kaum glauben, denn die Zeit, um all das zu erreichen, erschien mir so kurz! Aber ich wollte Erfolg haben, und das habe ich geschafft! **Die Mühe, die ich in diesem sehr hektischen Jahr aufgewendet habe, hat sich sehr gelohnt. WOW!**

Alles schien sich zu beschleunigen. Die Umstände sorgten dafür, dass sich alles so fügte, wie ich es wollte, aber auch diesmal habe ich nie wirklich innegehalten, um mir darüber klar zu werden, was mit mir geschah. Ich fand es ganz normal. Es war nur folgerichtig – das logische Ergebnis meiner Entscheidungen und meiner Arbeit. Mir war überhaupt nicht bewusst, wie viel ich im Vergleich zu anderen erreichte. **Ich war besonders, ohne es überhaupt zu merken.** Erst viele Jahre später begriff ich, dass ich mein Potenzial schon immer auf eine für mich vorteilhafte Weise genutzt hatte, selbst in sehr jungem Alter.

Allmählich **merke ich, dass ich in der Lage bin, mehrere Tätigkeiten nebeneinander auszuführen.** Wenn ich etwas erreichen will, lasse ich mich durch nichts aufhalten. Nach meinem Empfinden ist das leicht, es gibt nicht viele Hindernisse. Ich habe stark ausgeprägte Fähigkeiten, die sich je nach Bedarf zeigen. Wenn ich etwas will, frage ich mich: „Nun gut, wie kann ich es erreichen?" **Ich frage mich nie, „ob" ich es**

schaffe, sondern „wie". Für mich zählt nur das Wie, nichts anderes. Mit dieser Herangehensweise kann ich meine Vorstellungskraft entwickeln, weil ich mir ständig effektive Wege vorstellen muss, um meine Ziele zu erreichen.

Heute ist mir klar, dass ich nie an meinen Fähigkeiten gezweifelt habe. Ich war voller Vertrauen in mich selbst. Aber nochmals: Alles geschah, ohne dass mir wirklich bewusst war, was in mir vorging. Bewusst waren mir vor allem meine Handlungen. Ich wusste nicht, dass ich auf meinen inneren GOTT eingestimmt war, als ich immer an die Lösung dachte. Ich wurde nicht von meinem Verstand aus dem Gleichgewicht gebracht, der mich in Selbstzweifel oder Angst hätte verfallen lassen können.

So beende ich mit sechzehn Jahren mein zwölftes Schuljahr der kaufmännischen Ausbildung. Ich bin sehr froh, dass ich sofort eine Stelle bei einem Anwalt in Richmond ergattere. Dieser Anwalt hat zwei Sekretärinnen, die für ihn arbeiten, und eine von ihnen ist seit einiger Zeit krank. Ich beginne also meine Arbeit mit der anderen Sekretärin. Sie ist in den Vierzigern, unverheiratet und lebt bei ihren betagten Eltern. Sie ist eine sehr sittenstrenge Frau, jener Typ der alten Jungfer, wie es damals viele gab. Meine Ankunft scheint sie nicht gerade gern zu sehen, und ihre Ängste sind wahrscheinlich berechtigt. Ich komme frisch und adrett direkt aus der Klosterschule mit vielen neuen Ideen im Kopf, in wunderschönen Kleidern, die ich mir selbst geschneidert habe. Der Anwalt mag mich auf Anhieb und macht daraus keinen Hehl, sehr zum Missfallen der Kollegin. Nachdem ich einige Wochen in seinem Büro gearbeitet hatte, komme ich auf die Idee, meinem Chef ein neues Ablagesystem vorzuschlagen, und spreche ihn darauf an. Ich empfehle ihm das sehr praktische System, das ihm die Arbeit erleichtert, und er nimmt es gern an. **Ich bin stolz auf**

mich, denn es ist meine Kreation, ich habe sie mir selbst ausgedacht. Er lässt mir völlig freie Hand bei der Umsetzung, und im Büro wird alles auf den Kopf gestellt. Die Kollegin schätzt meine Eigeninitiative jedoch nicht und kündigt.

Ich verdiente 25 Dollar pro Woche, also zwei Dollar mehr als an meiner vorherigen Arbeitsstelle. Da ich kein Schulgeld mehr zahlen muss, muss ich meiner Mutter nun die zwanzig Dollar für die Kost und Logis bezahlen. Als die Sekretärin kündigt, zwei Monate nach meiner Ankunft, sage ich meinem Chef, dass es unnötig sei, eine neue Sekretärin einzustellen, denn ich sei sicher, dass ich die ganze Arbeit allein erledigen könne. Er stimmt einer Probezeit von einigen Wochen zu und behält mich schließlich als seine einzige Mitarbeiterin. Er beschließt, mein Gehalt auf 35 Dollar pro Woche zu erhöhen, was damals ein sehr gutes Gehalt für einen Bürotätigkeit ist. Wow! Ich bin so aufgeregt. Ich kann es kaum erwarten, meinen Eltern die Nachricht zu überbringen. **Mein Chef hat dabei ebenfalls gewonnen, und ich freue mich, dass sich meine Mühen für mich langsam auszahlen.**

Doch das genügt schon, um Gerüchte aufkommen zu lassen. Sobald ich meinen ersten 35-Dollar-Scheck bei der Bank eingezahlt habe, weiß ganz Richmond, dass ich eine Gehaltserhöhung von zehn Dollar erhalten habe, was enorm ist. Ich habe die Gemüter in Aufruhr versetzt. Ohne mein Wissen kursiert ein Gerücht im Dorf, dass dieser Anwalt und ich ein Verhältnis haben könnten. Er ist ein Mann im Alter meiner Eltern, verheiratet mit einer sehr hübschen Frau und Vater von zehn Kindern. Er liebt seine Familie sehr und erzählt mir oft von ihr.

Doch die Leute denken etwas anderes, und die Gerüchte halten sich hartnäckig. Menschen können bisweilen sehr grausam sein! Er lobt unaufhörlich meine Leistungen und erzählt allen, er hätte noch nie eine so gute, pfiffige Sekretärin gehabt, und hübsch noch dazu ... Meine Mutter kennt ihn gut und sagt mir, er sei ein sehr überschwänglicher Mann, der Frauen schon immer gern Komplimente gemacht hat, aber alles andere als gefährlich.

Immer noch ohne dass ich es weiß, erhält seine Frau immer mehr anonyme Anrufe, die sie so sehr beeinflussen, dass sie eines Tages ihrem Mann sagt: „Du musst dich zwischen deiner Sekretärin und mir entscheiden." Da sehe ich zum ersten Mal in meinem Leben einen Mann weinen. Meinen Vater hatte ich noch nie weinen sehen. Der Anwalt weint in seinem Büro, als er mir sagt, ich sei gekündigt. Ich bin siebzehn Jahre alt. Ein Jahr lang habe ich dort gearbeitet. Es war sehr schwer, das zu akzeptieren! Da ich von den Gerüchten überhaupt nichts weiß und den Leuten stets vertraut habe – so sehr, dass ich fast schon naiv wirke –, bin ich erschüttert, als mein Chef mir die Nachricht mitteilt. Ich kann es nicht glauben. Ich kann nicht einmal meinen Arbeitstag beenden. Ich packe meine Sachen zusammen und gehe zu einer meiner Schwestern, die verheiratet ist und in der Nähe meines Arbeitsplatzes wohnt. Ich weine stundenlang, hauptsächlich vor Wut. Was mich am meisten aus der Fassung bringt, ist die Grausamkeit der Menschen und die Ungerechtigkeit. Es ist eine gute Gelegenheit, um einmal alles herauszulassen, denn ich habe schon seit Jahren nicht mehr geweint. Es wird drei weitere Jahre dauern, bis ich erneut weine.

Ich beschließe, nie wieder in Richmond zu arbeiten. Ich will nicht mehr in einem so missgünstigen Umfeld leben. Mein einziger Trost ist, dass ich in dieser Zeit mein Organisationstalent und meine Fähigkeit, ein ganzes Büro zu übernehmen und umzustrukturieren, entdecken konnte. **Mein Selbstvertrauen ist gewachsen, und ich habe das Gefühl, dass ich überall arbeiten kann.**

Wie „durch Zufall" begegne ich einem jungen Mann aus Montréal. Er besucht mich jedes Wochenende in Richmond. Ich kenne ihn schon seit einigen Monaten, und als ich meine Arbeitsstelle verliere, schlägt er mir vor, in Montréal nach Arbeit zu suchen. Für die Bewohner von Richmond ist Montréal die „große Stadt", ein beängstigender Ort, an dem man sich verirren kann und nicht nur den Weg, sondern auch seine Seele verliert ... Aber nicht für mich, die ich Richmond um jeden Preis verlassen will! „Kommt nicht infrage!", sagt meine Mutter. „Deine Schwestern wollten auch fort. Hier geht niemand vor dem einundzwanzigsten Geburtstag von zu Hause weg." Ein paar Wochen vergehen. Ich erhalte Arbeitsangebote, lehne sie aber ab. Dann eine weitere Fügung: Eine meiner Tanten mütterlicherseits aus Longueuil, einem Vorort von Montréal, ruft an. Sie hat gerade eine Frühgeburt hinter sich, muss im Krankenhaus bleiben, und zu Hause ist niemand, um ihre vier anderen Kinder zu versorgen. Meine Mutter bittet mich, hinzufahren und mich um sie zu kümmern, und ich stimme zu. Das kommt mir natürlich sehr gelegen, weil ich dadurch in der Nähe meines Freundes bin, der in Montréal lebt. Also fahre ich für zwei Wochen zu meiner Tante. **Ich weiß noch nicht, dass das, was mit mir geschieht, Teil eines für mich bestimmten Plans ist.**

Während meines Aufenthalts dort sagt mein Freund: „Ich habe eine Idee! Ich nehme mir einen Tag frei und helfe dir, einen Job in einer Anwaltskanzlei zu finden." Die Idee gefällt mir. Ich sage mir: „Das ist gar nicht so dumm. Wenn ich eine Arbeit finde und Mama vor vollendete Tatsachen stelle, sagt sie vielleicht Ja." Vorab spreche ich mit meiner Tante: „Wenn ich eine Arbeit in Montréal finde, wärst du bereit, mich bei dir zu behalten? Ich könnte dir mit den Kindern helfen." Diese Bitte kann sie mir nicht abschlagen, zumal ihr Mann regelmäßig auswärts arbeitet und sie wirklich auf meine Hilfe angewiesen ist. Sie würde mir zwölf Dollar pro Woche für die Verpflegung berechnen, damals der übliche Preis. Mein Freund und ich nehmen uns einen Tag Zeit, um die Anwälte in Montréal abzuklappern und eine Arbeit für mich zu suchen.

Ob du es glaubst oder nicht, noch am selben Tag finde ich eine Stelle. Nach dem Gespräch erfahre ich von einem der Anwälte, dass sie sowieso einer der Sekretärinnen kündigen mussten und dass dies die perfekte Gelegenheit sei, es sofort zu tun. Sie würden sie am nächsten Tag benachrichtigen und mich anrufen, um mir das Datum meines Arbeitsantritts mitzuteilen. Der Termin hängt davon ab, ob die Sekretärin sich entscheidet, in ihrer Kündigungswoche noch zu arbeiten oder nicht. Am nächsten Tag erhalte ich einen Anruf: „Können Sie nächsten Montag anfangen?" Ich bin im siebten Himmel! Noch einmal: Danke, GOTT! Ich bin so glücklich über das große Abenteuer, das vor mir liegt, dass ich es kaum glauben kann. **Mein innerer GOTT hat ein Ereignis nach dem anderen eintreten lassen, um mich an den richtigen Ort zu bringen. WOW!**

Nun muss ich Mutter um jeden Preis überreden. So rede ich mich heraus: „... und weißt du was, Mama, ich verdiene 45 Dollar pro Woche, zehn Dollar mehr als in Richmond! Und dann hatte ich eine Idee. Weil ich hier nur zwölf Dollar für die Verpflegung zahle, dachte ich, ich schicke dir zehn Dollar pro Woche. Ich habe dir vorher zwar zwanzig Dollar pro Woche gegeben, aber du weißt, wie viel ich gegessen habe ... Ich habe bestimmt allein mindestens Lebensmittel im Wert von zehn Dollar gegessen. Nun bekommst du zwar meine zwanzig Dollar nicht mehr, aber was ich dir schicke, wird dir sicher helfen. Und ich habe dabei immer noch einen Gewinn, weil ich mehr verdiene ..." Sie ist außerstande, abzulehnen. Ich mache vor Freude einen Luftsprung! Ich wusste – sie hatte es ein paar Mal erwähnt –, dass in Wirklichkeit einer der Gründe, warum sie uns unbedingt lange zu Hause behalten wollte, die finanzielle Sicherheit war, die unsere Verpflegungsbeiträge ihr boten. Dieses Geld ermöglichte ihr, finanziell über die Runden zu kommen. Von unserer neuen Vereinbarung profitieren wir beide. **Wieder einmal bekomme ich, was ich will, aber auf eine sanfte Art und Weise.**

Durch diese neue Wendung in meinem Leben erkenne ich aufs Neue: Wenn man etwas will, geht es am Ende immer in Erfüllung. Als Kind habe ich mir oft gesagt: Wenn ich groß bin, will ich gern in einer großen Stadt leben. Erst sehr viel später, als ich mich näher mit der Macht des Unterbewusstseins befasste, wurde mir bewusst, wie ich es schaffte, das, was ich wollte, zu bekommen. Auch meine Überzeugungskraft war mir nicht bewusst – aber unbewusst erkannte ich, **wie wichtig es bei Verhandlungen ist, dass beide Seiten gewinnen.** Heute ist mir klar, dass mein Wunsch sehr stark gewesen sein muss, denn alle Umstände wiesen darauf hin, ohne dass ich es jedoch bewusst erkannte.

Fassen wir das Ganze noch einmal zusammen: Zuerst finde ich einen Job als Telefonistin, bei dem ich Englisch lernen muss, was ich auch tue. Eine neue Aufgabe präsentiert sich und bringt meine Fähigkeiten, meine Zuverlässigkeit und mein Verantwortungsbewusstsein ans Licht. Mein innerer GOTT sorgt dafür, dass ich einem jungen Mann aus Montréal begegne, den ich mag und der mich jedes Wochenende besucht. Dann hat eine meiner Tanten eine Frühgeburt, und ich werde gebeten, zu helfen. Ich finde mich bei dieser Tante in Longueuil wieder, nur einen Katzensprung von Montréal entfernt, wo mich dank der Mitwirkung meines Freundes meine dritte Anstellung erwartet. Und diese Anwaltskanzlei sucht eine zweisprachige Mitarbeiterin, weil sie eine große englischsprachige Klientel hat. Mein Wunsch ist also in Erfullung gegangen! Ich bin in einer großen Stadt. **Es ist auch eine großartige Gelegenheit, mir all meiner Fähigkeiten bewusster zu werden.** Meine neuen Chefs vertrauen mir schnell. Nur ich und eine andere Sekretärin werden mit den wichtigsten Aufgaben betraut.

Natürlich habe ich innerlich eine Heidenangst. Ich beginne ein neues Leben in einer großen Stadt, und das Verkehrssystem verwirrt mich. Es ist so anders als alles, was ich bisher gekannt habe! Ich muss von Longueuil aus losfahren und in einen anderen Bus umsteigen, sobald ich in Montréal ankomme, denn mein Arbeitsplatz befindet sich mitten in der Stadt. Trotz meiner Ängste verhalte ich mich so, als wäre ich all dem problemlos gewachsen und stünde darüber. Ich spiele die Mutige, obwohl ich in Wirklichkeit innerlich Angst habe. Doch mein neues Leben begeistert mich so, dass ich meine Ängste leicht verdrängen kann. Ein Teil von mir weiß, dass ich mich an die Großstadt gewöhnen kann. Es ist eine wunderbare Gelegenheit, Mut zu entwickeln – eine Eigenschaft, die notwendig ist, um immer weiter fortschreiten zu können. **Genau das bedeutet es, mit GOTT in Kontakt zu sein. Es bedeutet, alle Eigenschaften zu entwickeln, um uns dieser inneren Macht, dieser großen schöpferischen Kraft in uns zunehmend bewusst zu werden. WOW!**

Mein Leben ist voll ausgefüllt. Ich habe einen Freund, den ich regelmäßig sehe, ich lebe bei meiner Tante, der ich nach bestem Vermögen helfe, und ich arbeite im Büro. Manchmal mache ich sogar Überstunden im Büro, sodass ich finanziell noch besser dastehe. Ich bin sehr glücklich.

Bald darauf kommt meine ältere Schwester nach Montréal, um dort zu arbeiten, und wir teilen uns das Zimmer bei meiner Tante. Ein Jahr später, als ich achtzehn bin, wollen meine Lieblingsschwester – diejenige, die anderthalb Jahre älter ist als ich – und eine Freundin von ihr aus Richmond nach Montréal ziehen. Wir vier beschließen, gemeinsam eine Wohnung in Montréal zu mieten. Zu jener Zeit verlasse ich meinen ersten Freund in Montréal und führe das Leben eines jungen Mädchens, gehe viel aus und habe Spaß mit meinen Schwestern. Ich treffe mehrere junge Männer, aber es entwickelt sich nichts Ernstes.

Mit zwanzig lerne ich den Mann kennen, der mein Ehemann wird. Es ist für uns beide Liebe auf den ersten Blick. Er ist Anglokanadier, ein nicht praktizierender Anglikaner. **Das ist eine große Herausforderung für mich** als überzeugte Katholikin! Aber wir lieben uns sehr und sehen uns täglich. Im März sind wir uns begegnet, und schon drei Monate später, im Juni, entscheiden wir uns, den Bund fürs Leben zu schließen. Er bietet mir an, zum Katholizismus zu konvertieren, nur um mir einen Gefallen zu tun. Nie habe ich das von ihm verlangt, er hat es aus freien Stücken getan. Da er zudem seine Religion nicht praktiziert, macht es für ihn nach seinem Empfinden keinen Unterschied. Es versteht sich von selbst, dass dieser Übertritt vieles erleichtert hat, vor allem die Zustimmung meiner Eltern, die unsere Entscheidung übereilt finden. Meine Mutter ist bestürzt angesichts der Vorstellung, dass ich einen nicht-katholischen „Engländer" heirate.

Wir haben zwar genug Geld zum Heiraten, aber nichts, um uns einzurichten! Und das ist mein Einstieg ins Erwachsenenleben! Ich bin mit jemandem verheiratet, den ich kaum kenne, dessen Erziehung völlig im Gegensatz zu meiner eigenen steht, ohne einen Sou auf der Bank, ohne Auto und ohne irgendetwas, um unsere Mietwohnung etwas freundlicher einzurichten. Ich will auch meine Arbeit kündigen, weil mein

Mann am Flughafen Dorval als Fluglotse arbeitet und einen unregelmäßigen Zeitplan hat, sodass er abends und am Wochenende arbeiten muss. Wir wünschen uns jedoch so sehr, möglichst oft beisammen zu sein, dass wir es für besser halten, wenn ich meine Arbeit kündige, weil mein Zeitplan nicht mit seinem übereinstimmt.

Bisher habe ich hauptsächlich von der ernsten, vernünftigen Seite meiner Jugend erzählt, aber **ich habe mir auch die Zeit genommen, Spaß zu haben**, ebenso wie heute. Ich tanze gern, spiele Karten, gehe ins Kino und habe auch Spaß an Aktivitäten im Freien, wie Schlittenfahren, Skifahren, Schlittschuhlaufen und Ausflüge in die Natur. Als ich vierzehn bin, bekommen wir unseren ersten Fernseher. **WOW!** Wie aufregend, ein Kino in unserem Wohnzimmer zu haben. **Ich bin leicht zu begeistern!**

Besonders spannend ist auch die berühmte *„Exposition de Richmond"*, ein kompletter Jahrmarkt mit Karussels und anderen Attraktionen, der jedes Jahr im August stattfindet. Ich weiß nicht, wie meine Eltern es anstellen, aber sie bringen immer genug Geld auf, um mit der ganzen Familie dorthin zu gehen. Wenn wir aber mehr als einmal dorthin wollen, müssen wir selbst sparen und es auf eigene Kosten tun. Genau so mache ich es. Manchmal sorge ich dafür, dass ich drei- oder viermal fahren kann – ich liebe die Geschwindigkeit der Karussells.

Ich habe auch mehrere Freundinnen. Und mit ungefähr vierzehn beginne ich, wirklich mit Jungen auszugehen. Obwohl Richmond eine kleine Stadt ist, gibt es dort ein Kino, eine Eislaufbahn, in der Paarlauf mit Musik stattfindet, und auch einen Club zum Tanzen. Wir tanzen viel. Es ist der Beginn von Elvis und Rock'n' Roll!

Immer wenn eine Freundin etwas zu feiern hat, organisiert sie eine Party bei sich zu Hause (allerdings mit Aufsichtspersonen, die für die Einhaltung der Anstandsregeln sorgen). Da ich viele Freunde und Freundinnen habe, finden oft Partys statt. Ich werde mich immer an die Party erinnern, die zu meinem sechzehnten Geburtstag bei uns organisiert wurde. All meine Freunde sind gekommen. Eine große Überraschung! Beim Schreiben dieses Buches (1991, Anm. d. Red.) erlebte ich eine weitere, als das gesamte Team von *Écoute ton Corps* und meine Familie meinen 50. Geburtstag feierten. Eine sehr schöne Überraschung für mich!

Auch wenn wir viele Kinder sind, vergisst Mutter nie einen Festtag. Es gibt immer Kuchen für uns alle. Wir wissen jedoch, dass unsere Eltern es sich nicht leisten können, Partys für uns zu geben. Deshalb bin ich tief gerührt, als ich diese Party sehe, die sie für mich organisiert hat, ohne mir etwas zu sagen. Vielleicht hat sie dasselbe auch für meine anderen Schwestern an deren sechzehnten Geburtstag getan, aber ich kann mich nicht daran erinnern. Alles, was ich weiß, ist, dass ich wieder einmal das Gefühl habe, ein Glückspilz zu sein. **Schon damals glaube ich, dass ich einen GOTT nur für mich habe. Je mehr ich davon überzeugt bin, umso mehr schöne Dinge passieren mir.** Als mir noch nicht bewusst war, dass GOTT in allen Lebewesen existiert, dachte ich lange, ich hätte einen GOTT nur für mich. „**Danke, GOTT**" war und ist immer noch Teil meines Wortschatzes.

In unserem Haus sind Geschenke Weihnachten vorbehalten. Was für ein Fest! Mama beginnt schon Monate im Voraus mit dem Einkaufen, damit sie nicht alles in letzter Minute erledigen muss. Jedes Jahr muss sie neue Verstecke finden, weil es uns fast immer gelingt, unsere Geschenke zu erraten, bevor sie unter dem Weihnachtsbaum liegen. Sogar wenn sie eingepackt sind, lässt sich ziemlich leicht erahnen, was es ist, besonders bei meinen. Ich wünsche mir immer das Gleiche:

ein großes Malbuch (ich habe schon immer gern gezeichnet), eine neue Schachtel Prismacolor-Buntstifte und ein riesiges Puzzle. Ich weiß im Voraus, was ich bekomme, habe aber immer viel Freude daran, die Geschenke auszupacken.

Auch wenn wir nicht reich sind, haben wir doch reichlich zu essen. Jeden Freitagabend sind wir gespannt, welche Überraschung Mutter für uns bereithält, wenn sie einkaufen geht. Sie kommt immer mit einer Leckerei für die ganze Familie zurück.

Wir leben zwar auf dem Land, aber das hindert uns nicht daran, an den meisten Wochenenden Besuch bei uns zu haben. Ich erinnere mich, dass ich meine Mutter mit elf Jahren bitte, mich Desserts zubereiten zu lassen. Seit ein paar Jahren lerne ich im Kloster bei den Nonnen kochen, und es gelingt mir gut. Meine Mutter vertraut mir, und jeden Samstag backe ich zwölf Tartes und zwei Kuchen. Das reicht nur für das Wochenende! Unter der Woche bereite ich das Dessert zum Abendessen zu, wenn ich von der Schule nach Hause komme. Bis zum heutigen Tag koche ich liebend gern.

Obwohl meine Eltern für mich das Vorbild sehr aktiver, hart arbeitender Menschen sind, können sie sich auch amüsieren. Was ich nie vergessen werde, sind die „Partys" an den Weihnachtsfeiertagen, wenn meine Tanten, Onkel, Cousins und Cousinen zu uns nach Hause kommen. Oft sind wir für ein paar Tage etwa dreißig Personen. Die Erwachsenen feiern so sehr, dass sie vergessen, dass wir da sind. Was für ein Fest für Kinder und Jugendliche!

Was meine Teenagerzeit angeht, erinnere ich mich mehr an meine Mutter als an meinen Vater, weil er meistens nur bei den Mahlzeiten anwesend ist. Neben seiner Arbeit in der Fabrik ist Vater immer mit Herumwerkeln, Gärtnern und Putzen beschäftigt. Als wir aufs Land ziehen, baut er einen kleinen

Stall, um Hühner und ein Kalb darin zu halten. Wir haben täglich frische Eier. Wenn er zu Hause ist, spricht er sehr wenig. Bei zehn Frauen im Haus kommt er nicht oft zu Wort! Hier eine Erinnerung, die noch sehr lebendig in mir ist: Er steht morgens sehr früh auf, um sich um das Baby zu kümmern und Mutter die Möglichkeit zu geben, noch zu schlafen. Er weckt uns reihum, damit wir zur Arbeit oder in die Klosterschule gehen. Oft muss er zwei- oder dreimal in unsere Zimmer kommen, bis alle aufgestanden sind. Was für eine Geduld! Ein schöner, frisch von ihm zubereiteter Haferbrei und Eier aus dem Hühnerstall stehen auf dem Tisch zum Frühstück bereit.

Alles, was er tut, tut er leise, ohne Lärm, mit so wenig Worten wie möglich. Mein Vater verschwendet nie seine Energie darauf, unnütze Dinge zu sagen. Aufgrund seiner Geduld gerät er selten aus der Fassung, aber wenn er seine Stimme erhebt, ist es so ungewöhnlich, dass wir ihm sofort zuhören.

Eine andere schöne Erinnerung an ihn stammt aus meiner Zeit bei *Bell Canada*. Da ich ungewöhnliche Arbeits- und Schulzeiten habe, richtet er es immer so ein, dass er mir eine warme Mahlzeit zur Arbeit bringt, wenn ich zwischendurch nicht nach Hause kommen kann. Ich arbeite etwa fünf Kilometer von zu Hause entfernt. Meine Mutter bereitet das Essen vorher für mich zu und packt es gut in Alufolie ein, um es so lange wie möglich warm zu halten. Außerdem wartet er an Abenden, an denen ich bis dreiundzwazig Uhr oder bis Mitternacht arbeite – zwei- oder dreimal in der Woche – mit dem Auto auf mich, um mich nach Hause zu bringen, weil um diese Zeit am Land kein Bus mehr fährt. Wie sehr ich mich in jenem Jahr von meinem Vater geliebt fühle! Ich will ihm sagen, wie sehr ich ihn liebe, bin aber nicht dazu imstande. Ich denke daran und nehme mir wirklich vor, es ihm zu sagen, doch ich schaffe es nicht. Deshalb habe ich heute nicht das Bedürfnis, dass jemand „Ich liebe dich" zu mir sagt. Ich weiß genau, wie sich jemand fühlt, der es nicht über die Lippen bringt. Ich höre es zwar gern, aber ich brauche es nicht, um zu wissen, ob mich jemand liebt oder nicht.

Für mich liegt die Freude darin, mich geliebt zu fühlen. Es macht mich glücklich. Mir ist klar, dass es nicht für alle selbstverständlich ist, sich geliebt zu fühlen. Dieses Gefühl entwickeln wir, wenn wir glauben, dass wir so, wie wir sind, gemocht, geliebt werden können. Viele zweifeln ihr Leben lang daran. Oft haben sie dann das Bedürfnis, es sich fortwährend sagen zu lassen, weil sie es nicht glauben.

Der Umstand, dass es mir oft schwerfällt, „Ich liebe dich" zu sagen, rührt daher, dass meine Eltern es nie zu mir gesagt haben. Dennoch wusste ich, spürte ich, wie sehr sie mich liebten. Meine ersten Kontakte mit den Worten „Ich liebe dich" hatte ich in Filmen und im Fernsehen – es erschien mir so gekünstelt! Bei mir kam es eher wie „Ich will, dass du mich liebst" an.

Heute ist mir bewusst, dass „Ich liebe dich" sehr aufrichtig sein und direkt von Herzen kommen kann. Dennoch habe ich meine Meinung diesbezüglich noch nicht ganz geändert. Wenn ich das Bedürfnis habe, dass jemand es mir sagt, dann deswegen, weil ich nicht daran glaube – davon bin ich immer noch überzeugt. Jener Teil von mir, der gern möchte, dass jemand es mir sagt, möchte jedoch das Gegenteil glauben, nämlich dass es möglich ist, gern „Ich liebe dich" zu sagen, es gern zu hören und es auch zu glauben. Ich akzeptiere mich also mehr darin, dass ich nicht immer zu jedem, der es hören will, „Ich liebe dich" sage. Je mehr ich mich selbst akzeptiere, umso einfacher wird es, es zu sagen.

Zusammenfassend kann ich sagen, dass ich eine erfüllte, glückliche Jugend hatte. Im meiner Jugendzeit habe ich auch, ohne es zu wissen, das Gesetz der Manifestation gelernt. Erst einige Jahre später, als ich im Verkauf arbeite und Bücher über die Macht des Unterbewusstseins lese, wird mir das bewusster. Ich erkenne, dass ich die **Regeln des Gesetzes der Manifestation angewandt hatte, das heißt: Ich entscheide, was ich will, visualisiere es, als sei es schon eingetreten, überprüfe, ob ich mich gut dabei fühle, ich wünsche und fühle es intensiv, trotz Einwänden und Hindernissen, und handle entsprechend.**

Mir ist klar, dass ich das von meiner Mutter habe. Wenn sich eine schwierige Situation ergibt, sucht sie sofort nach der Lösung. Nach unserem Umzug aufs Land bringt sie zwei weitere Kinder zur Welt. Wir sind also neun Mädchen und zwei Jungen. Sie ist immer in der Lage, mit jeder Situation zurechtzukommen, und auch wenn Papa nicht immer einer Meinung mit ihr ist, unterstützt er sie doch nach besten Kräften.

Heute sehe ich, dass die Ängste, die ich in meiner Kindheit und Jugend bis zu meiner Heirat mit zwanzig Jahren hatte, nur von kurzer Dauer waren. Ich war fast immer in Kontakt mit GOTT, ohne es zu wissen. Erst später, in meinem Erwachsenenleben, habe ich GOTT zunehmend vergessen und zugelassen, dass mich Zweifel, Kritik, Ängste und Schuldgefühle überkamen. Zum Glück hatte ich dieses gute, solide Fundament, das aus meiner Erziehung, dem Vorbild meiner Eltern und meinem Glauben an GOTT bestand, auch wenn mir das damals nicht bewusst war. Dieses Fundament wird mir mein ganzes Leben lang helfen, immer wieder zu GOTT zurückzukehren.

Kapitel 3

Ich bin GOTT in dem, was ich lerne, und in meiner Arbeit

Hinweis:
Ich schlage dir für dieses und die folgenden Kapitel vor, dass du dir Notizen zu allem machst, was eine Reaktion in dir auslöst. Wenn du dieses Buch auf diese Weise verwendest, lernst du dich selbst besser kennen. Ich habe das zwar schon ausführlich in meinen ersten beiden Büchern erklärt, aber mir liegt daran, dir in Erinnerung zu rufen: Wenn dich die Einstellung oder das Verhalten einer Person stört, weist das darauf hin, dass ein Aspekt deiner selbst geweckt worden ist, den du nicht akzeptierst und lieber verdrängst. Einen Aspekt unserer selbst zu verleugnen ist jedoch keine Lösung. Es ist klüger, wenn wir uns allen Aspekten in uns stellen und lernen, sie anzunehmen und ihre guten Seiten zu sehen.

Ich habe festgestellt, dass das Berufsleben für die Menschen eine Fortsetzung des Schullebens ist. Wir übertragen dieselbe Einstellung darauf. Wir durchleben am Arbeitsplatz dieselben Ängste und Leidenschaften wie in der Schule. Mein Studium und mein Berufsleben haben mich immer wieder auf neue Ideen gebracht. Soweit ich zurückdenken kann, hat es mich immer fasziniert, Dinge zu erforschen. Mit elf oder zwölf Jahren träumte ich davon, Labortechnikerin zu werden.

Diesen Traum musste ich früh aufgeben, weil meine Eltern es sich nicht leisten konnten, mir eine solche Ausbildung zu bezahlen. Ich wollte neue Methoden und Medikamente entdecken, um das Leid der Menschen zu lindern. In mir keimte schon der starke Wunsch, Menschen auf noch nicht dagewesene Art und Weise zu helfen. Diese leidenschaftliche Entdeckerfreude war schon immer ein prägender Wesenszug von mir. Später habe ich gemerkt, dass ich wirklich seit meiner frühen Kindheit auf das Studium der Seele des Menschen zugesteuert bin. Mein ganzes Leben lang habe ich in diese Richtung geforscht. Seit meiner Kindheit habe ich die Gabe, spüren zu können, wie weit ich bei meiner Umgebung gehen kann. Das hilft mir fast immer, Erwachsene davon zu überzeugen, dass meine Pläne sinnvoll und gerechtfertigt sind, und am Ende das zu bekommen, was ich will. Wenn meine Forderungen etwas zu weit gehen, verstehe ich intuitiv, dass die Menschen an ihre Grenzen stoßen, und beharre nicht länger darauf. Ich suche nach anderen Wegen, die Sache anzugehen. **Mein innerer GOTT weiß, welche Erfahrungen ich brauche,** um später das *Écoute-Ton-Corps*-Zentrum zu gründen, und alle Erfahrungen, die ich mache, dirigieren mich tatsächlich in diese Richtung.

Da ist – ich habe es schon erwähnt – die Arbeit als Telefonistin, die es mir ermöglicht, zweisprachig zu werden. Dieser sprachliche Vorteil ist für mich mein gesamtes Berufsleben hindurch sehr vorteilhaft und ermöglicht mir überdies Zugang zu vielen Kursen in den Vereinigten Staaten, die ich nun belegen kann. Dann verlasse ich den kleinen Ort Richmond, um das Leben in einer Großstadt kennenzulernen. Dieser Umzug ist nur ein weiterer Schritt in Richtung der Entdeckung meines vollen Potenzials. Er ermöglicht mir auch, allmählich mit meinen Stärken und Schwächen in Kontakt zu kommen.

Durch dieses Bedürfnis, „Kontakt aufzunehmen", habe ich nach und nach die verschiedenen mir innewohnenden Persönlichkeiten kennengelernt. Während meiner inneren Erkundung habe ich beobachten können, dass die Menschen von klein auf mehrere Persönlichkeiten entwickeln, um die Verletzlichkeit des Kindes, das sie damals waren, zu schützen. **Je stärker ausgeprägt die Verletzlichkeit des Kindes ist, umso stärker ist auch die Persönlichkeit, die entwickelt wird, um ihm beizustehen.**

Da das Kind in mir sehr verletzlich war, habe ich mehrere starke Aspekte oder Persönlichkeiten entwickelt. Jede starke Persönlichkeit hat einen Aspekt, der ihr entgegengesetzt ist. Und im Lauf unseres Lebens müssen wir lernen, eben diese gegensätzlichen Persönlichkeiten zu erkennen, willkommen zu heißen und zu akzeptieren. Um die sehr starken Persönlichkeiten, die ich in mir entdeckt habe, ein wenig zu veranschaulichen: Dazu zählen der Mann in mir (Thema der nächsten Kapitel), die Arbeitsame, die Ehrgeizige, die Intelligente, die Mutige, die Perfektionistin, die Beharrliche, die Antreiberin, die Kontrollierende … Aber ich musste mich auch mit anderen Persönlichkeiten in mir auseinandersetzen, wie der Frau in mir, der Faulen, der Einfältigen, der Ängstlichen, der Nachlässigen, der Heulsuse, der Drückebergerin. Solange ich sie nicht akzeptiert und mich gegen sie gesträubt habe, war ich bei vielen meiner Projekte mit Komplikationen konfrontiert. Dieser Widerstand hat mich viel Mühe und Energie gekostet.

Indem ich lerne, meine verschiedenen Persönlichkeiten anzunehmen, entwickle ich meine wahre Individualität. Ich erkenne: Weil ich nur bestimmte Aspekte von mir akzeptiere und offen zum Ausdruck bringe, habe ich eine bestimmte begrenzte Persönlichkeit entwickelt, die nur das zeigt, was ich den Leuten von mir zeigen möchte. Derweil bin ich jedoch nicht wirklich ich selbst. Ich akzeptiere mich nicht in allem, was mich ausmacht. Sobald ich das jedoch tue – **indem ich bestimmte Aspekte meiner selbst anerkenne und zulasse, die ich für „weniger wünschenswert" erachte –, entwickle ich meine Individualität und kann wieder ich selbst werden. Deshalb möchte ich meine konträren Persönlichkeiten zu Verbündeten machen, statt sie weiterhin zu verleugnen.** Ich habe gelernt, mit ihnen zu arbeiten, ohne ihnen die totale Kontrolle über mich zu überlassen. Heute gestehe ich mir das Recht zu, sie zum Ausdruck zu bringen – bei einigen Aspekten zwar noch nicht oft genug, aber zumindest bin ich mir ihrer Präsenz bewusst, und meine Akzeptanz nimmt unaufhörlich zu.

Zu Beginn meiner Ehe bin ich freiwillig ohne Arbeit, um so oft wie möglich bei meinem Mann zu sein. Er wiederum arbeitet unregelmäßig abends und am Wochenende. Er weiß meine Anwesenheit zu Hause wirklich zu schätzen. In den ersten fünf Jahren unserer Ehe bringe ich meine beiden älteren Kinder zur Welt. Hin und wieder arbeite ich für die Firma *Office Overload*, die Sekretärinnen jeweils für einige Wochen vermittelt. Ich bin also sehr frei, denn ich arbeite, wann ich will oder wenn sich abzeichnet, dass wir Geld brauchen. Mit meiner Erfahrung als Rechtsanwaltsfachangestellte stehen mir viele Möglichkeiten offen, und ich habe Gelegenheit, viele verschiedene Situationen zu erleben – mit Vorgesetzten, die ebenfalls sehr unterschiedlich sind. In dieser Zeit kann ich menschliches Verhalten nach Herzenslust studieren.

Wir schreiben den Sommer 1966. Mein erstes Kind ist jetzt dreieinhalb Jahr alt, und das jüngste erst ein paar Monate. Ich bin von Natur aus so aktiv, dass es mir nicht genügt, mich um Haushalt und Kinder zu kümmern. Obwohl ich liebend gern nähe und koche, langweile ich mich.

Da erzählt mir jemand von der Firma *Tupperware* und bietet mir an, für diese Firma zu arbeiten: mit Vorführungen zu Hause. Ich hatte noch nie zuvor daran gedacht, im Verkauf zu arbeiten. **Diese Neuorientierung ist wirklich ein Teil meines Lebensplans. Das Göttliche in mir führt mich.** Nach Rücksprache mit meinem Mann und mit seiner Zustimmung nehme ich die Aufgabe mit Freude an. Ich tue es auch wegen des zusätzlichen Einkommens. Er stimmt unter der Bedingung zu, dass ich nicht mehr als einen Abend pro Woche damit beschäftigt bin. Da ich noch nicht weiß, ob mir die Aufgabe überhaupt gefallen wird, akzeptiere ich diese Bedingung. So halten wir es – bis zu dem Tag, an dem er mich zu einer Party für die Außendienstmitarbeiterinnen begleitet und sieht, dass mehrere Verkäuferinnen Geschenke erhalten. Es überrascht ihn, dass ich keins erhalte. Ich erkläre ihm, dass ich mich nicht für einen der Wettbewerbe qualifizieren kann, wenn ich nur einen Abend pro Woche arbeite. Von da an hat mein Mann kein Problem mehr damit, dass ich an mehreren Abenden arbeite. Mehr brauche ich nicht – jetzt kann meine Verkaufskarriere richtig beginnen!

Bei dieser Tätigkeit **entdecke ich eine neue Leidenschaft und ein neues Talent.** Am besten gefällt mir, dass ich vielen verschiedenen Menschen begegne und mich meiner Angst vor öffentlichen Reden stellen kann. Bei meiner ersten Vorführung entdecke ich, dass ich Angst habe, stehend vor einer Gruppe von Menschen zu sprechen. Mir schlottern die Knie. Mittendrin muss ich aufhören und zur Toilette gehen. **Doch allmählich lerne ich, meine Angst, der Aufgabe nicht gewachsen zu sein, zu bewältigen.** Außerdem fasziniert mich das, was ich über Menschen herausfinde.

In meinen fünfzehn Jahren im Verkauf habe ich geschätzt 40.000 Menschen jeglicher ethnischer Herkunft, jeden Alters und aus allen sozialen Schichten kennengelernt. Ich habe ebenso in heruntergekommenen Behausungen gearbeitet wie in Schlössern! Auf Französisch und Englisch … In dieser Zeit lerne ich viel über menschliches Verhalten und sammle Wissensschätze an, auch wenn alles auf einer unterbewussten Ebene geschieht. Mir ist noch nicht klar, wie sehr mir das alles eines Tages helfen wird. Ich betrachte es als Privileg, mit so vielen Menschen in Kontakt zu kommen und Gelegenheit zu haben, sie in ihrem Zuhause zu besuchen. Für mich ist das etwas Besonderes. Bei meinen Vorführungen kann ich die Menschen in ihrer eigenen häuslichen Umgebung sehen, und im Kreis ihrer Familie zeigen sie sich so, wie sie sind.

Ich finde es jedoch schwierig, jemanden davon zu überzeugen, eine Vorführung zu organisieren. Ich fühle mich aufdringlich und wie eine Bittstellerin. **Dennoch höre ich nicht auf. Was ich lerne, ist für mich wichtiger als meine Angst.**

Zu jeder Vorführung kommen etwa ein Dutzend Frauen zusammen. Unabhängig davon, welche Gruppe es ist, wird häufig nur über Unangenehmes gesprochen. Mir wird klar, dass sehr selten alles gutgeht, wenn zehn oder zwölf Frauen unter sich sind und plaudern. Sie klagen über ihr Gewicht, gesundheitliche Probleme, die Kinder, das fehlende Verständnis ihres Ehepartners, Geldmangel usw. Ich stelle fest, dass die Menschen, ob arm oder reich, jung oder alt, gebildet oder nicht, sich tatsächlich immer um dieselben Probleme sorgen. Rückblickend kann ich sagen, dass die Idee der *Écoute-Ton-Corps*-Kurse wohl in dieser Zeit meines Lebens erstmals aufkeimte. So sammeln sich im Lauf der Jahre viele Ideen an. Allerdings ist mir damals der Zusammenhang zwischen meinen Beobachtungen und den künftigen Kursen noch nicht bewusst.

Während ich innerlich alles abspeichere, was ich herausfinde, denke ich nur an eines: meine Karriere! Mein Ehrgeiz wächst. **Ich merke, dass ich Herausforderungen brauche, ich will stets über mich hinauswachsen.** Darum freue ich mich natürlich und fühle mich sehr geschmeichelt, als mir bei *Tupperware* die Position einer Teammanagerin angeboten wird. Diese Stellung bringt ein höheres Gehalt und ein schönes großes Auto mit sich. Um das zu erreichen, muss ich zwei Monate lang mindestens fünf Vorführungen pro Woche abhalten. Das bedeutet, dass ich an allen Wochentagen abends arbeiten muss. Obendrein muss ich sechs neue Leute für mein Team rekrutieren. Mein Mann ist damit einverstanden, dass ich diese Herausforderung annehme. Wie immer, ist es mir gelungen, ihn zu überzeugen. Er interessiert sich für das, was ich tue, und hilft mir oft.

Um das gesetzte Ziel zu erreichen, muss ich meine Wahrnehmung ändern und zu der Überzeugung gelangen, dass ich nicht aufdringlich bin, wenn ich jemanden bitte, eine Tupper-Party für mich auszurichten. Schließlich gelingt es mir: Am Ende glaube ich sogar, dass ich etwas für die Betreffenden tue und dass es von ihrer Seite aus nicht nur ein Gefallen ist, denn ich mache ihnen ja im Gegenzug ein schönes Geschenk. Ich bin sehr von dem Produkt überzeugt, das ich verkaufe. Im März 1967 werde ich zur Teammanagerin befördert und verpflichte mich, weiterhin mindestens fünf Vorführungen pro Woche abzuhalten und weitere Verkäufer zu rekrutieren. Das bedeutet, mehr als vierzig Stunden pro Woche zu arbeiten. Ich bin so glücklich, als ich meinen *Ford Station Wagon,* einen schönen großen Familienwagen, bekomme! Als ich meiner Familie erzählt hatte, dass ich eines Tages dieses Auto haben würde, lachten sie mich aus und sagten, ich sei naiv und würde auf falsche Versprechungen hereinfallen. Voller Freude mache ich also mit meinem schönen Auto eine Runde und besuche die Familie. Das schmeichelt meinem Stolz natürlich sehr.

Ich zähle meine Arbeitsstunden nicht mehr. Einige Monate später, gegen Ende August 1967, begleitet mich mein Mann zum alljährlichen *Tupperware*-Jahrestag in Orlando/ Florida, dem weltweiten Firmenhauptsitz. Dort werde ich Zeugin einiger fulminanter Leistungen. Manche hatten den ganzen Sommer über erstaunliche Verkaufsumsätze, wohingegen ich es gerade mal zu zwei oder drei Vorführungen pro Woche gebracht hatte. Meine Chefin erinnerte mich zwar an meine Verpflichtung, aber ich ging davon aus, dass die Leute in dieser Jahreszeit keine große Begeisterung für derartige Vorführungen aufbrachten, und plante, meinen Rückstand später aufzuholen.

Diese Erfahrung hat mir ermöglicht, mit der den Menschen innewohnenden Macht in Kontakt zu kommen und zu erkennen: „Wo ein Wille ist, ist auch ein Weg!" Mir wird auch klar, dass der Grund, warum ich im Sommer nicht viel erreicht habe, in einer Überzeugung lag, die ich von anderen übernommen hatte: dass der Sommer keine gute Zeit für Heimvorführungen sei. Ich verlasse Orlando begeisterter denn je, supermotiviert, meine Glaubenssätze zu ändern, und fest entschlossen, meinen nächsten Sommer zum besten zu machen, den *Tupperware* je erlebt hat.

Einige Monate nach meiner Rückkehr finde ich mich in einem sehr guten Team wieder, das zu den zehn besten in Kanada gehört. Zu jener Zeit gibt es etwa 400 kanadische Teams. Jede Woche erhalte ich das Ranking der zehn besten Teams mit der Post. Und jedes Mal, wenn ich den Umschlag öffne, der aus dem *Tupperware*-Kanada-Büro kommt, klopft mir das Herz bis zum Hals. Ich kann kaum glauben, dass mein Team weiterhin Woche für Woche in der Rangliste steht. Ich erinnere mich, dass ich in diesen ersten Tagen immer dachte, es läge nur daran, dass das Glück auf meiner Seite war. Mein

Team hatte sich bestimmt nur deswegen platziert, weil die anderen nicht viel erreicht hatten …

Ich bin so sehr damit beschäftigt, mich ständig selbst zu übertreffen, dass ich gar nicht merke, in welchem Ausmaß ich das tatsächlich schon tue. Ich bin dabei, alle anderen Teams zu überholen, eins nach dem anderen, Woche für Woche. Ich sage unablässig „Danke, GOTT!" und spreche zu einem GOTT, der irgendwo im Himmel wohnt und mich mit seiner Güte überschüttet. Ich glaube weiterhin, dass ich einen GOTT nur für mich habe. Hätte mir jemand gesagt, dass der GOTT *in mir* all das realisiert, dann hätte ich es nicht geglaubt. Ich hätte zu viel Angst gehabt, anmaßend zu sein!

Im darauffolgenden Sommer des Jahres 1968 arbeite ich, obwohl ich mit meiner Tochter Monica schwanger bin, ununterbrochen weiter. Meine Arbeit gefällt mir immer besser. Immer wieder schlage ich meine persönlichen Rekorde und die meines Teams. **Ich entdecke Talente in mir, von denen ich gar nicht wusste, dass ich sie überhaupt habe.** Mit all den Eigenschaften, die ich entwickle, werde ich als Naturwunder bezeichnet! Ich für meinen Teil **bin überrascht angesichts der Bewunderung anderer, denn ich habe eindeutig das Gefühl, dass ich nur meinen Job mache.** Ich muss dazusagen, dass mein Mann mich ermutigt und mir hilft, besonders bei den Lieferungen. Er ist froh, weil wir uns jetzt eine Vollzeit-Kinderfrau leisten können. Er braucht mir also nicht mehr bei der Hausarbeit zu helfen, was er ohnehin hasst. Sich um *Tupperware* zu kümmern, interessiert ihn viel mehr als Hausarbeit.

Meine Ergebnisse jenes Sommers sind das genaue Gegenteil des Vorjahres. Ich erreiche alle Ziele, die ich mir gesetzt habe. Ich bin sehr stolz auf mich. Nur wenige Tage vor dem Geburtstermin kehre ich im August 1968 zum *Tupper-*

ware-Jahrestag nach Florida zurück. Ich werde zur Nummer eins der Manager in Kanada und den Vereinigten Staaten erklärt! Ich empfange alle Trophäen, die für den besten Verkauf und die beste Mitarbeiterrekrutierung vergeben werden. In diesem Jahr stehen mir alle Ehrungen zu, die man überhaupt erhalten kann. WOW! Welch eine Aneinanderreihung glücklicher Momente! Ich weiß, dass ich mich gut geschlagen habe, aber ich bin überrascht, dass ich alle übertrumpft habe!

Zwei Tage nach meiner Rückkehr bringe ich meine Tochter zur Welt. Obwohl ich mit den Entwicklungen in meinem Leben zufrieden bin, finde ich nichts wirklich Außergewöhnliches daran. **Bei meinem Engagement geht es mir nur darum, immer wieder über mich selbst hinauszuwachsen.**

Um im Verkauf erfolgreich zu sein, wird uns dringend empfohlen, Bücher über die Macht des Unterbewusstseins von Joseph Murphy zu lesen sowie Bücher, die uns helfen, begeisterungsfähiger und positiver zu werden. Also lerne ich, diese Aspekte zu entwickeln. Ich interessiere mich zunehmend für Bücher aus diesem Bereich, aber sehr wenig für spirituelle und esoterische Bücher. Je mehr Motivationsbücher ich lese, umso mehr habe ich das Gefühl, zu allem bereit zu sein. Vor allem meine mentale Stärke ist mir bewusst. Ich kann noch nicht einmal zwischen dem Verstand und GOTT unterscheiden. Ich weiß nicht, dass **die mentale Stimme uns Streiche spielen kann. Etwas mithilfe des Verstands zu bewirken, erfordert viel mehr Mühe, als sich auf unseren inneren GOTT zu verlassen, der unsere wahren Bedürfnisse kennt.** Es hat mich viele Jahre der Kontrolle und Mühe gekostet, bis ich dieses Prinzip endlich entdeckte. Ich werde später noch einmal darauf zurückkommen.

Um dir eine Vorstellung von dem Arbeitspensum zu vermitteln, das ich in jenem Jahr bewältigt habe, hier ein Überblick über meinen Wochenplan als Teammanagerin. Es ist unschwer zu erkennen, dass ich glaube, für Erfolg müsse man hart arbeiten. Daran habe ich immer geglaubt. **Ich übertreffe mich fortwährend selbst – indem ich in Aktion bin.**

Montagmorgen, neun Uhr, Treffen im *Tupperware*-Büro. Ich habe mich verpflichtet, immer neu Angeworbene im Team zu haben, und das beste Mittel dazu ist, mehrere Personen zu unserem Montagstreffen einzuladen. Meine Chefin, die das gesamte Vertriebszentrum leitet, erinnert uns fortwährend daran, dass sie von ihren Managerinnen erwartet, das von der Firma zur Verfügung gestellte Auto dafür zu nutzen. Nicht selten fahre ich am Montagmorgen ein oder zwei Stunden, um meine Gäste abzuholen.

Tupperware						
Montag	**Dienstag**	**Mittwoch**	**Donnerstag**	**Freitag**	**Samstag**	**Sonntag**
7–9 Uhr Gäste **9–12 Uhr** Meeting **12–14 Uhr** Gäste nach Hause fahren und einen Happen essen **14–17 Uhr** Telefonate, Hausaufgaben mit Kindern, Abendessen zubereiten **19–23 Uhr** Vorführung	**9–12 Uhr** Telefonate, Manager-Bericht **12–13 Uhr** Mittagessen Kinder **13–16 Uhr** Tupperware-Büro, Meeting mit Neulingen **16–19 Uhr** Hausaufgaben mit Kindern, Abendessen zubereiten **19–23 Uhr** Vorführung	**9–12 Uhr** Bestellte Lieferung vorbereiten **12–13 Uhr** Mittagessen Kinder **13–16 Uhr** Training neuer Verkäuferinnen **16–19 Uhr** Hausaufgaben mit Kindern, Abendessen zubereiten **19–23 Uhr** Vorführung	**9–12 Uhr** Telefonate **12–13 Uhr** Mittagessen Kinder **13–16 Uhr** Lieferungen **16–19 Uhr** Hausaufgaben mit Kindern, Abendessen zubereiten **19–23 Uhr** Vorführung	**9–12 Uhr** Telefonate, Lieferungen **12–13 Uhr** Mittagessen Kinder **13–16 Uhr** Managerinnen-Meeting, Besorgungen **16–19 Uhr** Woche abschließen, Abendessen **19–23 Uhr** Vorführung	Einkaufen Ausflüge oder Freunde zu uns einladen	Aufstellung der Wochenverkäufe Telefonate am Abend

Einige warten bis zur allerletzten Minute, um mir Bescheid zu geben, dass sie doch nicht kommen. Wenn ich keine Gäste zum Meeting mitbringe, sagt meine Chefin mit einem Seitenblick zu mir: „Wo sind deine Gäste?" Ich fühle mich ertappt und wie eine Versagerin, bin von mir selbst enttäuscht. Ich bewundere diese Frau sehr und bin fest entschlossen, sie nicht zu enttäuschen. **Ich habe noch nicht gelernt, mich selbst zu akzeptieren, wenn ich meine Erwartungen oder die anderer nicht erfülle.**

Ich biete meinen Gästen ausschließlich deswegen eine Fahrgelegenheit an, weil ich sichergehen will, dass sie tatsächlich erscheinen. Unsere Meetings sind immer sehr motivierend, anregend und sehr mitreißend. Wenn ich am Montagmorgen Besucherinnen mitbringe, habe ich das Gefühl, dass ich meinen Job als Managerin wirklich gut mache. Ich fahre meine Gäste zurück und komme mit der bestellten Ware nach Hause. Jeden Montag bringe ich die bestellte Ware mit, die in dieser Woche ausgeliefert werden soll. Diese Bestellung gehört zu den Verkäufen, die zwei Wochen vorher abgeschlossen wurden. Zu jener Zeit verkaufe ich pro Woche *Tupperware*-Produkte im Wert von 600 bis 1.000 Dollar. Die Ware kommt in großen Kisten an, in denen alles zusammengemischt ist. Wir müssen die einzelnen Kundinnenaufträge selbst sortieren, etwa 60 pro Woche.

Montagnachmittags muss ich außerdem mehrere Anrufe tätigen, um die Verkäuferinnen zu erreichen, die bei der morgendlichen Besprechung nicht dabei waren. Jede Managerin muss wöchentlich einen Bericht über ihre Verkäufe, die ihres Teams und über die für die kommenden drei Wochen geplanten Vorführungen vorlegen. Da mein Team – schwankend – etwa fünfzig bis achtzig Verkäuferinnen hat und nicht alle bei den Meetings anwesend sind, muss ich normalerweise jede

Woche etwa zwanzig von ihnen telefonisch kontaktieren. Auch die Vorführungen, die ich persönlich während der Woche abhalten will, muss ich bestätigen. Ich rufe meine Gastgeberinnen der laufenden Woche an und frage nach, ob alles wie geplant stattfindet. Vor diesen Anrufen spüre ich immer eine gewisse Angst, ein Stechen im Bauch. Ich fürchte, dass sie mir sagen, sie hätten es sich anders überlegt.

Diese Angst wird mich in all meinen Jahren im Verkauf begleiten, auch wenn ich weiß, dass ich es immer schaffe. **Ich halte nicht oft genug inne, um bewusst wahrzunehmen, was ich fühle. Diese Angst plagt mich noch weiterhin lange, weil ich nicht genug auf meinen inneren GOTT vertraue,** dass ich meine Kundinnen finde. Eine Absage in letzter Minute bedeutet immer Stress, denn dann muss ich mich beeilen, eine neue Gastgeberin zu finden oder im Bekanntenkreis eine Frau zu erreichen, die vielleicht in letzter Minute etwas für mich organisieren kann. Als gute Managerin bin ich es mir schuldig, dass ich meinen Durchschnitt von fünf Vorführungen pro Woche halte. Am Montagabend halte ich meine erste Vorführung ab.

Am Dienstagmorgen beende ich meinen Bericht. Ich muss noch einige weitere Anrufe tätigen, und wenn die Zeit reicht, beginne ich mit der Vorbereitung von Bestellungen, die im Lauf der Woche geliefert werden sollen. Ich benutze die Tischtennisplatte im Keller, um alle Produkte auszubreiten. Am Dienstagnachmittag fahre ich zum Büro, das trotz allem recht weit von meinem Zuhause entfernt ist, um meinen Bericht abzugeben. Ich nehme auch am Treffen für die neu Angeworbenen teil. Oft fangen bis zu vier neue Verkäuferinnen pro Woche in meinem Team an. Ich nutze diesen Tag, um ihnen ihre Ausrüstung zu geben und ihnen zu zeigen, wie man sie einsetzt, wie man eine Bestellung aufnimmt und dazu, ihre

Fragen zu beantworten. Ich verbringe einige Stunden mit ihnen und muss oft diejenigen nach Hause fahren, die kein Auto haben. Am Abend halte ich eine weitere Vorführung ab.

Der Mittwoch ist für die Endbearbeitung meiner Bestellungen reserviert. Dann gehe ich zur Ausbildung der Neulinge über. Damals mussten Interessentinnen, die Verkäuferin werden wollten, mindestens sechs Tupper-Partys im Voraus geplant haben, um ihre Ausrüstung zu erhalten. Also muss ich ihnen helfen, ihre Telefonate zu führen oder Nachbarinnen aufzusuchen, oder ich zeige ihnen, wie sie von Tür zu Tür gehen können, damit sie ihre sechs Tupper-Partys zusammenbekommen. Am Mittwochabend mache ich eine weitere Vorführung.

Als Managerin muss ich auch dafür sorgen, dass eine der neuen Verkäuferinnen meines Teams mit mir zu jeder meiner eigenen Vorführungen geht. Ich bin nicht nur für meine eigenen neu Angeworbenen verantwortlich, sondern für alle Neuen in meinem Team. Sie müssen sich mindestens drei oder vier Vorführungen ansehen, bevor sie selbst eine machen. Da jede Woche mehrere Neulinge hinzukommen, habe ich fast immer eine Neue dabei, die gerade geschult wird. Im Verkauf herrscht eine hohe Mitarbeiterfluktuation. Sie hören schnell auf und werden ebenso schnell ersetzt. Wie es heißt, machen nur drei Prozent der Verkäuferinnen eine langfristige Berufslaufbahn daraus.

Es ist eine sehr arbeitsreiche Zeit. Ich habe nicht genug Zeit für mich, bin mir aber dessen nicht bewusst. Generell fühle ich mich wohl. Ich weiß nicht, dass **ich glücklicher sein kann, indem ich zwar genauso aktiv bin, mir aber Auszeiten gönne, Momente, in denen ich mit mir allein bin.**

Donnerstags mache ich Lieferungen. Am Abend habe ich natürlich noch eine weitere Vorführung. Ich muss ständig telefonieren, denn um einen Terminplan von mindestens fünf Tupper-Partys pro Woche einzuhalten, muss ich durchschnittlich fünfundzwanzig Anrufe pro Woche tätigen. Freitags erledige ich die letzten Lieferungen und gehe ins Büro, wo diesmal das Managerinnen-Meeting stattfindet, wie jeden Freitagnachmittag. Anschließend haste ich nach Hause, bereite das Abendessen zu (was ich überdies jeden Abend tue) und mache mich auf den Weg zu einer weiteren Vorführung. Wie du siehst, pausiere ich nicht oft. **Noch merke ich nicht, dass ich mir alles auflade und dass darin die Ursache für die Rückenschmerzen liegt, die ich weiterhin haben werde, so lange, bis ich beginne, mich mit Persönlichkeitsentwicklung zu beschäftigen.**

Gleichzeitig kümmere ich mich um die Familie. Ich achte immer darauf, dass ich gegen vier Uhr nachmittags zu Hause bin, um die Kinder beim Lernen und bei den Hausaufgaben zu beaufsichtigen. Ich bereite das Abendessen vor. Aus meiner Sicht sollte eine gute Mutter immer da sein, um gute Mahlzeiten zu kochen. Ich kaufe keine Fertiggerichte. Es gibt immer hausgemachte Desserts, an jedem Tag der Woche. Meistens koche ich beim Telefonieren. Ich habe immerhin eine Vollzeit-Kinderfrau, die in meiner Abwesenheit die Hausarbeit erledigt und auf die Kinder aufpasst. Auch wenn mein Mann mir bei Bestellungen und Lieferungen helfen kann, freue ich mich.

Es kommt oft vor, dass ich am Wochenende Partys veranstalte. An Sonntagen erhalte ich viele Anrufe. Teammitglieder sagen mir, dass sie am folgenden Montag nicht bei der Besprechung dabei sein werden. Ich schätze diejenigen sehr, die mir ihren Bericht im Voraus geben, weil es mir am Montag Zeit spart. Sonntags telefoniere ich auch, um sicherzustellen, dass ich für das Meeting am nächsten Tag Gäste habe. Besonders schwierig finde ich es, all diese Anrufe im Sommer bei schönem Wetter zu tätigen. Wenn wir auswärts essen oder etwas im Freien unternehmen, erfordert es viel Disziplin von mir, alles stehen und liegen zu lassen und zum Hörer zu greifen. Am Wochenende stelle ich auch meine persönlichen Verkäufe zusammen, denn ich muss die Bestellliste am Montag mitbringen, damit sie in der darauffolgenden Woche fertig ist.

In all den Jahren finde ich stets auch die Zeit, mich um meine drei Kinder zu kümmern. Ich beaufsichtige nicht nur ihre Hausaufgaben, sondern achte auch auf ihre Erziehung, sorge für die Wäsche, das Spülen, das Bügeln. Ich möchte nicht, dass die Kinderfrau etwas mit diesen Aspekten unseres Familienlebens zu tun hat, denn dann wäre ich meinem Ehrencodex, eine gute Mutter zu sein, nicht gerecht geworden.

Ich bin die Alleinverwalterin unseres Familienbudgets und entscheide alles, was das Haus und die Familie betrifft. Ich delegiere fast nichts. Dass ich all diese Dinge selbst erledige, gibt mir die Illusion, mehr Kontrolle zu haben, und Kontrolle ist mir wichtig. Ich sage heute „Illusion", denn **mittlerweile habe ich gelernt zu delegieren und an die Fähigkeiten anderer zu glauben, darum ist mir klargeworden, dass ich mich selbst einkerkere, wenn ich alles um mich herum kontrollieren will.**

Es ist leicht zu erkennen, dass die Antreiberin in mir sehr stark ist. Dieser Teil meiner selbst erinnert mich immer daran, was ich tun muss, um bei meinen Verpflichtungen nicht zu versagen – Verpflichtungen mir selbst und anderen gegenüber. Ich entwickle zunehmend meine Qualitäten als hart Arbeitende, die mutig und perfektionistisch ist. Da ich mir selbst nicht das Recht zugestehe, faul oder nachlässig zu sein, fällt es mir schwer, diese Aspekte bei anderen zu tolerieren. Ich klage über die Nachlässigkeit und Faulheit meines Mannes und meiner Kinder. Ich nehme sie als faul wahr. Das heißt aber nicht, dass sie es wirklich sind. **In Wirklichkeit sehe ich sie so, um mir selbst zu signalisieren, dass ich diese verdrängten Aspekte meiner selbst akzeptieren sollte.** Heute weiß ich das, aber damals hatte ich noch keine Ahnung davon.

Während ich für die Firma *Tupperware* arbeite, ziehe ich allmählich in Betracht, dass ich eines Tages geschäftlich um die Welt reisen könnte. Oft sage ich mir: „Eines Tages reise ich um die Welt, und die Firma zahlt dafür!" Damals dachte ich, dass dies mit *Tupperware* geschähe, weil sie international etabliert ist. Ich habe immer für internationale Unternehmen gearbeitet. Deshalb war ich später auch davon überzeugt, dass auch *Écoute Ton Corps* ein internationales Unternehmen werden wird. Es ist sicherlich mein Status als Autorin und Rednerin, der diesen Weg eröffnen wird. Und wer weiß – vielleicht folgen dann Kurse!

Nach dreizehn Jahren bei *Tupperware*, nachdem ich den Zenit erreicht und keine neuen Herausforderungen mehr zu bewältigen habe, ist das Abenteuer nicht mehr so interessant wie zuvor. **Es vermittelt mir keine große Befriedigung mehr, und ich bin dort nicht mehr glücklich, also beschließe ich, dass ich bereit für eine Veränderung bin.** Ich verlasse also die Firma *Tupperware*. Von meinem Mann bin ich da schon getrennt (darüber erzähle ich in einem anderen Kapitel), und ich habe drei Kinder zu versorgen. Mehrere Arbeitsangebote von Konkurrenzfirmen lehne ich ab, um schließlich das eines internationalen Unternehmens mit Sitz in der Schweiz anzunehmen. Ich hatte der Firma meinen Lebenslauf auf eine Zeitungsanzeige hin geschickt.

Zu jener Zeit verkauft *Alpha Metalcraft* (AMC) eins der ausgefeiltesten Kochsysteme der Welt. Der Jahresumsatz des Unternehmens liegt bei 600 Millionen Dollar, die Kundschaft ist fast ausschließlich europäisch. Ich hatte keine Ahnung von der Existenz dieser Firma, bevor ich ihre Anzeige sah. Seit einigen Jahren planen sie, auf dem kanadischen Markt Fuß zu fassen, und ich habe das Glück, den Präsidenten, der gerade Toronto besucht, selbst zu treffen – und von ihm eingestellt zu werden. Die Persönlichkeit dieses 62-Jährigen gefällt mir sehr. Er bietet mir die Position der Regionalmanagerin für die Provinz Québec an, mit der Aufgabe, den Markt dort zu entwickeln. Er erklärt mir, dass sie gerade ihre kanadische Hauptniederlassung und ihr Lager in Toronto eingerichtet hätten. Für mich ist das eine neue Herausforderung, weil ich einen Markt ganz neu entwickeln muss. Ich nehme sein Angebot an.

Die Tatsache, dass ich ehrgeizig, mutig, beharrlich und arbeitsam bin, war mir sehr nützlich und hat ermöglicht, dass ich mir immer höhere Ziele setzen und praktisch umsetzen konnte. In Wirklichkeit ist es GOTT in mir, Er, der alles vermag.

Am Anfang schlug der Präsident vor, ich solle mich nur auf den Verkauf konzentrieren; der Aufbau eines Teams käme dann später hinzu. Ähnlich wie bei *Tupperware* werden die Kochsysteme über Heimvorführungen verkauft. Die Methode ist einfach: Ich koche Gemüse ohne Zugabe von Wasser, was die Vitamine erhält, und Fleisch ohne Zugabe von Fett, was es leichter verdaulich macht. Dann serviere ich es. Die Leute probieren es sofort an Ort und Stelle. Es ist ein gutes Kochsystem, und ich verkaufe es gern. Am besten gefällt mir, dass dieses System gut für die Gesundheit ist. Ich will nur ein Produkt verkaufen, an das ich glaube und das den Menschen von Nutzen ist. *Tupperware*-Produkte haben diese Vorteile ebenfalls, denn sie halten Lebensmittel frisch, während in der Speisekammer, im Kühlschrank und im Gefrierschrank alles sauber und kühl ist. Es sind Produkte, die helfen, das Nützliche mit dem Angenehmen zu verbinden. Weil ich an den Nutzen dieser Produkte glaube, kann ich sie leichter verkaufen. Dieses Kochsystem ist zwar teuer, bietet aber neben dem Gesundheitsaspekt den Vorteil, dass es das Leben der Hausfrauen erheblich erleichtert. Ich verwende die Produkte nämlich auch selbst und schätze ihre Qualitäten sehr.

Da ich mich noch nicht um ein Team kümmern muss, habe ich mehr Zeit für den Verkauf. Es läuft so gut, dass mir der Präsident der Firma im Januar 1980 anbietet, als besonderer Gast an der Jahrestagung aller Verkäufer in Frankreich teilzunehmen. Mir, die ich erst im September 1979 angefangen habe! **Wow, was für eine Chance!**

Für die Veranstaltung ist ein ganzes Schloss angemietet worden. Ich bin sehr überrascht. Ich war der Meinung, ich hätte nur meine Arbeit getan, aber später erfuhr ich, dass sie meine ersten Monate als außergewöhnlich betrachteten. Ich glaube auch diesmal wieder, dass **ich einen GOTT nur für mich hätte. Ich finde, dass ich privilegiert bin.** Also fahre ich nach Frankreich, um am Kongress teilzunehmen. Nicht nur all meine Ausgaben werden übernommen, sondern man bietet mir auch an, einige Tage länger zu bleiben, um den Firmenhauptsitz in der Schweiz zu besuchen. Ich bin begeistert von der gesamten Erfahrung und denke immer wieder „Danke, GOTT" oder „Was habe ich für ein Glück, dass ich so gut behandelt werde!" Ich fühle mich verwöhnt und überglücklich. Im Lauf meines Lebens wurde mir immer viel Dankbarkeit entgegengebracht. Alles kommt zu mir, genau zur rechten Zeit. Allerdings **richte ich es so ein, dass ich mitten im Geschehen bin, und ich glaube an den Erfolg.** Ich arbeite sieben Tage die Woche und habe nicht das Bedürfnis, aufzuhören. Zumindest noch nicht!

Hier eine Übersicht über eine Arbeitswoche für *Alpha Metalcraft:*

Alpha Metalcraft (AMC)						
Samstag	**Sonntag**	**Montag**	**Dienstag**	**Mittwoch**	**Donnerstag**	**Freitag**
9–12 Uhr Meeting der Verkäufer **13–16 Uhr** Vorführung **16–19 Uhr** Zu Hause, um die nächste Vorführung vorzubereiten **19–23 Uhr** Vorführung	**9–12 Uhr** Kundenbesuche **14–19 Uhr** Die Woche und die Vorführung am Abend vorbereiten **19–23 Uhr** Dritte Vorführung der Woche	Telefonate und Besuche der Kunden des Wochenendes **22–2 Uhr** Mit Verkäufern bei mir und Wochenbericht	**6–9 Uhr** Flug nach Toronto **9–17 Uhr** Meeting im Büro in Toronto **17 Uhr** Rückflug **18–19 Uhr** Zu Hause **19–23 Uhr** Vierte Vorführung der Woche	Telefonate und Besuche der Dienstagskunden **19–23 Uhr** Fünfte Vorführung der Woche	Telefonate und Kundenbesuche Schulung neuer Verkäufer	Persönliche Beschäftigungen und Einkäufe **Abend** Eine Vorführung

Ich hatte gedacht, dass ich für *Tupperware* hart arbeite, aber das war nichts im Vergleich zu meinem Arbeitsumfang für für diese neue Firma. Ihre Vorgehensweise ist die, dass die Kochshows mit vier oder mehr Paaren gemacht werden. Wir führen das System beim Kochen vor. Dann laden wir die Leute ein, das Essen zu probieren. Ich muss Fleisch, wie zum Beispiel Hähnchenstücke, und Gemüse, wie Kartoffeln, Karotten, Rüben, bereits in Stücke geschnitten mitbringen. Eine solche Vorführung erfordert viel Vorbereitung meinerseits.

Außerdem muss ich das Kochsystem transportieren, wozu zwei große Koffer erforderlich sind. Diese Koffer sind sehr schwer, weil der Boden der Kochkessel und Töpfe aus rostfreiem Stahl besteht, der anderthalb Zentimeter dick ist. Einen weiteren Koffer muss ich noch mitbringen, in dem sich das Essen, zwei Flaschen Wein und zwölf schöne Edelstahlbecher befinden, die ebenfalls Teil des Kochsystems sind. Der Edelstahl ist sehr hochwertig und glänzt wie Tafelsilber. Damit der Glanz bleibt, muss ich die Teile stets gut reinigen. Außerdem habe ich noch einen weiteren Koffer mit Geschenken für die Gastgeberin dabei. **Mir ist noch nicht bewusst, wie mutig und fleißig ich bin!** Solche Vorführungen sind sehr beliebt, weil die Männer sich am Kochen beteiligen und alle sich zum Probieren zusammenfinden, mit einem Glas Wein, ganz im Sinne der europäischen Tradition.

Am Vorführungsabend findet kein Verkauf statt, und es wird nicht über den Preis gesprochen. Ich vereinbare mit jedem Paar am Ende der Vorführung einen Termin für einen Besuch. Bei dem Termin spreche ich etwa eine Stunde lang mit ihnen und zeige ihnen Bilder der verschiedenen Systeme. Das kleinste System wird für 650 Dollar und das größte für 1.295 Dollar verkauft. Jedes System ist mit wunderschönen Fotos gut illustriert. Das Unternehmen hat einen Finanzierungsplan für Menschen, die es sich nicht leisten können, ein Kochsystem in einer Zahlung zu erstehen.

Liebe Leserin, lieber Leser, wenn ich auf den Details meines Terminkalenders bestehe, dann nur, um es dir leichter zu machen, dich in mich hineinzuversetzen. Das war die Zeit in meinem Leben, in der ich am härtesten gearbeitet habe. Diese Erfahrung hat mir gezeigt, **wie viel Energie ein Mensch haben kann, wenn er motiviert ist und ein Ziel hat. Mein Wunsch, mich immer wieder neuen Herausforderungen zu stellen, gab mir einen Lebenssinn.** Nach meiner Rückkehr aus Europa baue ich schnell ein Team auf.

Meine Woche beginnt am Samstagmorgen. Vormittags halte ich selbst das Treffen mit meinen Verkäuferinnen und Verkäufern ab. Das Wochenende ist eine sehr gute Zeit für Vorführungen, da wir Paare ansprechen wollen. Ich mache oft eine

Vorführung am Samstagnachmittag und fahre dann schnell nach Hause. Eilig spüle ich mein Kochsystem, bereite noch etwas Gemüse vor und laufe wieder los, um am Abend eine weitere Vorführung abzuhalten. Der Samstagabend wird von vielen gern genutzt, um in der Familie zusammenzukommen.

Den Sonntag beginne ich früh am Morgen, um dann tagsüber diejenigen zu besuchen, die ich samstags getroffen habe. Am Sonntagabend halte ich eine weitere Vorführung ab. Wenn ich samstags nur eine Vorführung hatte, mache ich am Sonntag zwei. Am Wochenende veranstalte ich oft drei Kochveranstaltungen.

Am Montag toure ich herum und mache Besuche, oft bis zehn Uhr abends. Anschließend ist mein Büro – das sich im Keller meines Hauses in Saint-Léonard befindet – für mein gesamtes Team geöffnet. Ich habe bis zu fünfundzwanzig Verkäufer und Verkäuferinnen, und die Kaffeemaschine läuft ununterbrochen. Es gibt Gebäck und Süßigkeiten, und alle sind bei mir versammelt. Auch meine Verkäufer sind vor allem an den Wochenenden beschäftigt, und auch sie machen ihre Besuche montags, genau wie ich. Nach Beendigung ihrer Tour, am Montagabend, bitte ich sie, mir ihren Bericht mit den Verkaufszahlen der vergangenen Woche und ihre Prognosen und Pläne für die kommenden Wochen zu geben. Normalerweise habe ich montags bis zwei Uhr nachts Besucher im Haus.

Dienstags verbringe ich den Tag in Toronto in der Hauptverwaltung. Ich stehe um sechs Uhr auf, um den Acht-Uhr-Flug zu erwischen. Der Flug dauert etwa eine Stunde. Ich komme abends um sechs zurück und habe oft gerade genug Zeit, um anzukommen, meine Ausrüstung zu holen und eine Vorführung zu machen. Mittwochs treffe ich mich mit denjenigen, die ich am Dienstagabend besucht habe, und am Mittwochabend absolviere ich eine weitere Vorführung.

Donnerstags habe ich selten Vorführungen, damit ich alle Besuche abschließen kann, die in dieser Woche noch ausstehen. Ich konzentriere meine Treffen also auf den gesamten Donnerstag, von morgens bis abends. Pro Besuch plane ich etwa eine Stunde ein. Es ist sehr wichtig, dass ich die Entfernung zwischen den einzelnen Kunden richtig einschätze. **Gute Planung ist zu einem essenziellen Instrument geworden, das ich bis ins Extrem entwickelt habe.** Ich muss auch Zeit einplanen, um neue Verkaufsmitarbeiter zu finden und sie zu schulen.

Am Freitagabend mache ich normalerweise eine weitere Vorführung. Da die Leute solche Veranstaltungen mögen, habe ich viele Anfragen und kann oft nicht allen nachkommen. Dann delegiere ich sie an meine Verkäufer.

Zwei Jahre lang gleichen sich diese Arbeitswochen mehr oder weniger. Ich werde eine super Organisatorin und muss ausnahmslos alles in meinem Kalender notieren. Ich bin eine Spezialistin im Führen eines Terminkalenders geworden, weil ich mir keine Sorgen machen will, etwas zu vergessen. Deshalb habe ich dieses Jahr (1991, Anm. d. R.) den *„Terminkalender Écoute Ton Corps"* kreiert. Er wird zusammen mit dem vorliegenden – dritten – Buch veröffentlicht. Auch wenn *Écoute Ton Corps* heute einen großen Teil meiner Zeit in Anspruch nimmt, ist das nichts im Vergleich zu den zwei Jahren bei *Alpha Metalcraft*.

Zu jener Zeit lebe ich allein mit den Kindern und einer Kinderfrau, die mir sehr hilft. Es ist eine fortwährende Hetze, ohne jegliches Innehalten. Ich bin wie in einem Wirbelsturm der Aktivität, nicht einmal mehr ein Sozialleben bleibt mir. Natürlich bin ich manchmal müde, aber da ich mich sehr schnell erhole, genügen ein paar Stunden Ruhe, und ich bin wieder voll dabei. Ich erkenne nicht, **dass es die Entwick-**

lung meines Bewusstseins bremst, wenn ich mich von meinen Gefühlen abkopple. Ich bin fast zu einem Roboter geworden. Nur Leistung zählt. Ich lerne zwar viel aus meinen Erfahrungen, aber was nützt es mir, wenn mir das nicht bewusst ist?

Nach zwei Jahren harter Arbeit spricht mich eine konkurrierende Firma an, *Belkraft International Inc.* Der Präsident dieser Firma kommt extra zu einem Treffen mit mir nach Montréal. Dann schickt er mir ein Flugticket, um die Einrichtungen der Firma im Süden Ontarios zu besuchen. Mehrere Monate lang schreibt er mir, ruft mich an und schickt mir Blumen … Er tut alles, um mich zu überzeugen, indem er ständig in Kontakt bleibt und mich an seinen Vorschlag erinnert. Ich bewundere seine Beharrlichkeit. **Ich weiß noch nicht, dass das, was wir bei anderen bewundern, ein Aspekt unserer selbst ist, der uns zwar innewohnt, an den wir aber noch nicht glauben.**

Die Firma verkauft ebenfalls Kochsysteme, von etwas weniger hoher Qualität als die von *Alfa Metalcraft,* aber sie bieten auch andere sehr gute Produkte an, wie Porzellan und Kristallwaren. Ihr Verkaufssystem ist jedoch einfacher. Die Geschichte wiederholt sich: Gesucht wird jemand für die Entwicklung der Region Québec. Schließlich nehme ich das Angebot an. Die Arbeitsbedingungen sind so verlockend, dass ich sie kaum ablehnen kann.

Wir schreiben den Herbst 1981, und ich stehe vor einem Neuanfang bei der Firma *Belkraft*. Ich eröffne ein Büro außerhalb meines Zuhauses mit einem Raum für die Verkäufer-Meetings. Wieder bin ich im Heimverkauf tätig und muss ein neues Team aufbauen. Körperlich beansprucht mich diese neue Arbeit weniger als die vorherige. Ich habe gerade einige Monate für diese Firma gearbeitet, als es zu einem für mich sehr bedeutsamen Vorfall kommt. Im Januar 1982 fahre ich nach Windsor/Ontario, um an einem Kongress teilzunehmen, und kehre mit einer Infektion im linken Auge zurück.

Nach meiner Rückkehr nach Montréal muss ich als Notfall ins Krankenhaus. Die Infektion ist sehr gravierend, und ich habe große Schmerzen. Es besteht die Gefahr, dass ich mein linkes Auge verliere. Die Medikamente, die mir verschrieben werden, sind so stark, dass sie mehrere Wochen lang Alpträume verursachen. In dieser Zeit träume ich sehr viel. Etwa drei Monate nach meiner Entlassung aus dem Krankenhaus habe ich einen außergewöhnlichen, prophetischen Traum, der mir sagt, dass ich den Verkauf verlassen und mich der Persönlichkeitsentwicklung zuwenden soll. Endlich ein angenehmer Traum! Ich nehme mir die Zeit, ihn im Detail aufzuschreiben.

Seit einigen Monaten fühle ich mich mit meiner Arbeit nicht mehr besonders wohl. Ich muss mich mehr zwingen als früher, um ebenso begeistert zu sein. Ich bin nicht mehr mit dem Herzen bei der Sache. Obwohl ich **wachsendes inneres Unbehagen** spüre, bin ich so sehr mit der Arbeit beschäftigt, dass ich mir nicht die Zeit nehme, zu prüfen, was in mir vorgeht. Außerdem bin ich es kaum gewohnt, in mich „hineinzuspüren". Ich bin viel besser im „rationalen Verstehen" und im „Tun". Wieder und wieder frage ich mich: „Wenn ich mit dieser Arbeit aufhöre, was mache ich dann?" Mir fällt nichts ein. Ich kann mir nur schwer vorstellen, etwas anderes zu tun.

Nach meiner Entlassung aus dem Krankenhaus möchte ich die Anweisungen des Arztes nicht befolgen, der mir dringend eine zweimonatige Pause empfiehlt. Außerdem kann ich es mir nicht leisten. Da ich nur mit einem Auge sehen kann, stelle ich jemanden ein, der mich herumfährt, arbeite weiterhin im Verkauf und kümmere mich um mein Team. Ich unternehme übermenschliche Anstrengungen. Es ist eine körperlich sehr schwierige Zeit. Für mich **ist auch diese Situa-**

tion nur eine weitere Gelegenheit, mich selbst zu übertreffen. Die Botschaft, die mir diese Infektion vermitteln will, ist mir nicht bewusst.

Erst nach meinem zukunftsweisenden Traum wird mir bewusst, dass ich mich zunehmend für persönliches Wachstum und Spiritualität interessiere. Meine Interessen weiten sich aus. Seit einiger Zeit besuche ich Kurse anderer Art. Ich entdecke, dass es nicht nur auf die vernunftbetonte Seite des Menschen ankommt, und lerne neue Theorien über Reinkarnation, Esoterik, Parapsychologie, Spiritualität usw. kennen. Diese neue Welt, die sich mir eröffnet, begeistert mich, und gleichzeitig habe ich ein ausgeprägtes „Déjà-vu"-Gefühl. Es ist, als hätte ich diese Dinge schon immer gewusst. Nichts überrascht mich. Ich melde mich für immer mehr Kurse an, lese viele Bücher. Ich lerne mit einer phänomenalen Geschwindigkeit, als würde ich nur altes Grundwissen wiederauffrischen. In mir kommt es zu einer großen Öffnung. Die intensive Arbeit mit vielen Menschen während meiner Jahre im Verkauf trägt viel zu dieser neuen Offenheit bei.

Im Verkauf bin ich, ohne mich bewusst dafür entschieden zu haben, die Teampsychologin. Neben meiner Funktion als Managerin bin ich zu einer guten Zuhörerin für vertrauliche Bekenntnisse geworden. Meine Verkäuferinnen erzählen mir von ihren emotionalen oder finanziellen Problemen. Ich bin gewissermaßen die Vertrauensperson für fast alle und helfe ihnen nach bestem Vermögen, ihr Leben in Ordnung zu bringen. Wenn ich Kurse zur Persönlichkeitsentwicklung belege, dann immer mit dem Ziel, meinem Team zu helfen – ich möchte mehr für diejenigen da sein, mit denen ich arbeite.

Es dauerte mehrere Jahre, **bis ich alle Konzepte, die ich anderen empfohlen habe, in meinem eigenen Leben umsetzen konnte.** Rückblickend erkenne ich, dass ich mich in eine Situation gebracht habe, anderen das zu sagen, was ich selbst hören musste. **Mein innerer GOTT nimmt jede nur mögliche Gelegenheit wahr, mir das beizubringen, was ich lernen muss.** Das ist ein häufiges Phänomen bei verstandesbetonten Menschen: Sie wissen viel, sind hervorragend darin, es anderen beizubringen, aber ihnen fehlt der intuitive Zugang dazu.

Ein Jahr vor meinem Vorahnungstraum muss ich den Tatsachen ins Auge sehen: Ich habe ein Gewichtsproblem. Ich mache eine Diät, wie andere in einem solchen Fall auch. Nachdem ich erfolglos drei Abnehmmethoden ausprobiert habe, ist mir jedoch klar, dass das nicht die Lösung ist. Ich fühle mich eingeengt mit einer Diät, und je mehr ich mich kontrolliere, umso mehr will ich essen. Kurzerhand **entschließe ich mich, mein neues Wissen auf die Probe zu stellen.** Ich beginne, alles aufzuschreiben, was ich zu mir nehme. Bevor ich etwas esse oder trinke, nehme ich mir die Zeit, mich zu fragen: „Brauche ich das wirklich?" Alles, was ich über menschliches Verhalten weiß, wird auf den Prüfstand gestellt.

Dieser neue Umgang mit meiner Ernährung leitet eine radikale Veränderung in meinem Leben ein, sowohl körperlich als auch ganz allgemein in meinem Verhalten. Während ich dies schreibe, muss ich mir eingestehen, dass ich nicht nur zugenommen, sondern auch über zehn Jahre hinweg täglich Alkohol getrunken hatte. Das war mir vorher noch nie aufgefallen! Übergewichtig und eine Trinkerin! Ich, die ich fettleibige Menschen und Trinker immer als willensschwach verurteilt habe, gehöre nun selbst zu ihnen.

Innerhalb weniger Monate verliere ich meine zusätzlichen zwanzig Pfund. Statt viermal am Tag esse ich nur noch zweimal und prüfe, ob ich wirklich Hunger habe oder nicht. Statt eines Cocktails vor dem Essen trinke ich Gemüsesaft. Die

Tatsache, dass ich innehalte, um meine wahren Nahrungsbedürfnisse zu prüfen, hat zu einer Öffnung auf emotionaler, mentaler und spiritueller Ebene geführt. Mir wird bewusst, dass die Art und Weise, wie ich meinen physischen Körper ernähre, sehr viel darüber aussagt, wie ich mein Leben führe. Vorher aß ich auf eine vorprogrammierte Art und Weise, und ich lebte auch nach Glaubenssätzen, die alle von anderen geprägt worden waren. **Eine grundlegende Bewusstwerdung vollzieht sich. Ich beginne, mein Leben und mein Verhalten zu „fühlen".**

Meine Einstellung zu mir und den Kindern ändert sich zum Besseren. Ich werde viel flexibler, bin nicht mehr so starr. **Auf allen Ebenen höre ich mehr auf meine Bedürfnisse. Ich gebe also dem weiblichen Prinzip in mir mehr Raum.** Meine Fähigkeit zuzuhören verbessert sich. In mir und um mich herum vollzieht sich eine wunderbare Veränderung. Ich fühle mich besser. Die Beziehung zu meinen Kindern und meinem Umfeld wird ebenfalls immer besser.

Ich verliere nicht nur überflüssige Pfunde, sondern merke einige Monate darauf, dass auch mehrere Beschwerden und Krankheiten verschwunden sind. Das gibt mir den Anstoß, meine metaphysischen Forschungen zu beginnen. Ich möchte wissen, warum und wie meine Rückenschmerzen abgeklungen sind, zusammen mit meinem Rheuma und den Leberproblemen. Also melde ich mich für weitere Kurse zur Persönlichkeitsentwicklung an und lese alles, was ich in die Finger bekomme. Ich möchte wissen, was der Zusammenhang zwischen der Art, wie wir denken, und körperlichen Beschwerden ist. So **erkenne ich, wie sehr mein Körper schon immer durch Beschwerden und Krankheiten zu mir gesprochen hat. Er sagte mir, dass ich zu kontrollierend war, was weder mir noch den Menschen um mich herum guttat.**

Durch diese neue Entdeckung verstand ich schließlich sogar den Grund für meine Scheidung.

In meinem prophetischen Traum lehre ich genau das. Ich sehe mich selbst in einem großen Hotelsaal, wo ich all diese Konzepte an Hunderte Menschen weitergebe. Nach dem Aufwachen schreibe ich meinen Traum auf und fülle Seite um Seite mit Details. Ich habe sogar gesehen, dass wir eines Tages ein Haus in den Laurentinischen Bergen haben würden, wo Besucher hinkommen und sich aufhalten würden. Auch einen anderen Ort habe ich gesehen, an der Sunshine Coast im Südwesten Kanadas, aber die genaue Lage oder den Zweck kenne ich noch nicht. Mir war die große Freude vergönnt, den Hotelsaal wiederzuerkennen, als wir eine Party anlässlich von 100.000 verkauften Exemplaren meines ersten Buches veranstalteten. Einer meiner Mitarbeiter hatte für die Veranstaltung den großen Ballsaal im *Méridien Hotel* in Montréal gemietet. Als ich einige Minuten vor der Konferenz dort ankam, setzte mein Herz sekundenlang aus, so bewegt war ich, den Saal aus meinem Traum zu erkennen. Tausend Menschen waren gekommen, um mit uns zu feiern. **WOW!** Noch einmal: **Danke, GOTT!**

Nach diesem Traum arbeite ich zwar weiter für die Firma *Belkraft*, aber mein Herz ist anderswo. Die Bilder des Traums folgen mir überallhin. Ich denke mir: „Mein Gott, wie schön wäre es, so eine Arbeit tun zu können!" Nach einigen Monaten fasse ich den Mut, mit meinem Chef darüber zu sprechen. Ich erkläre ihm, ich hätte das Gefühl, nicht ehrlich zu sein, wenn ich sein Gehalt annehme, weil ich nicht mit maximalem Einsatz arbeite. Ich erzähle ihm von meinem großen Wunsch, wie in meinem Traum mit dem Abhalten von Kursen zu beginnen. Er rät mir, nicht zu schnell anzufangen, sondern schrittweise vorzugehen und meine Kurse zunächst mit meiner Arbeit für ihn zu kombinieren. Doch ich bin nicht in der Lage, seinem Rat zu folgen. Ich kann mich unmöglich in zwei Hälften teilen. Noch habe ich nicht gelernt, Rat von einem Mann anzunehmen. Ich kündige meine Arbeit und schreite sofort zur Tat. Das war schon immer einer meiner dominanten Charakterzüge. Später habe ich lernen müssen, diesen Charakterzug auf eine für mich vorteilhaftere Weise zu nutzen. **Es ist nicht immer klug, schnell zu handeln.**

Nachdem ich meine weiblichen und männlichen Prinzipien in Harmonie gebracht habe, fällt es mir heute leichter, zu beurteilen, wann der Moment günstig ist, um zu handeln. Ich werde später noch einmal darauf zurückkommen.

Also mache mich umgehend daran, Vollzeit zu unterrichten. Um mein Kurskonzept zu schreiben, ziehe ich mich eine Woche aufs Land zurück. Dieser erste Kurs dauert zwölf Wochen, ein Abend pro Woche. Es fällt mir sehr leicht, ihn zu konzipieren. Ich beziehe alles mit ein, was ich während meiner Jahre im Verkauf beobachtet habe, und alle Zusammenhänge, die mir in Bezug auf meinen Lebensstil, meine Ernährung und meine Beschwerden und Krankheiten klar geworden sind. In meinem Traum kam die Aufforderung „Hör zu" – *Ecoute* – sehr oft vor. Ich wusste also, dass ich sie benutzen musste. Da ich bei meiner Vorgehensweise vor allem mittels meiner Ernährung etwas über mich selbst gelernt habe, beschließe ich, meinen Kurs und mein Unternehmen *„Hör zu und iss"* zu nennen.

Inhaltlich findet der Kurs offenbar Anklang, und die Ergebnisse übertreffen von Anfang an meine Erwartungen. Trotz meines Mangels an Erfahrung mit solchen Kursen sind sie so gut, dass ich überwältigt bin. Was Organisation und Finanzen betrifft, sind die Anfänge dagegen sehr schwierig. **Ich dränge viel, will, dass alles schnell in Gang kommt, überstürze die Dinge. Mir ist nicht bewusst, dass ich durch dieses „Erzwin-**

genwollen" den schwierigsten Weg einschlage. Ich nehme mir nicht die Zeit, mich zu fragen, ob es andere, einfachere Wege gibt, mein Ziel zu erreichen. In meinem anfänglichen Elan beschließe ich, meinen Kurs in vier verschiedenen Regionen anzubieten.

Ich verteile 40.000 Werbeflyer, 10.000 pro Region, und lade die Leute zu einem kostenlosen Abend ein. Für diesen Anlass miete ich große Gemeindesäle, die zwischen vier- und sechshundert Personen fassen. Insgesamt kommen an den ersten vier Gratisabenden kaum fünfzig Personen, und ich erhalte keine einzige Anmeldung. Ich bin niedergeschmettert. Was für eine Enttäuschung! Meine Schwester und meine Freundinnen, die dort waren, um mich bei der Begrüßung der erwarteten Menschenmenge zu unterstützen, fragen: „Was tust du jetzt?" Ich antworte: „Ich weiß es nicht. Damit habe ich nicht gerechnet. Ich denke darüber nach."

Ich beschließe, es in der folgenden Woche noch einmal zu versuchen. Diesmal inseriere ich in Zeitungen, die in den Stadtteilen erscheinen, wo ich meine Kurse anbiete. Ich miete wieder dieselben Räume. Diesmal kommen etwas mehr Leute. Ermutigt starte ich meine Kurse in drei Regionen: zwei auf der Île de Montréal und einen am Südufer. Zu Beginn haben die Kurse fünf bis sechs Teilnehmer. Sobald ich die Rechnungen bezahle (Werbung, Telefon, Raummiete usw.), verliere ich Geld, jede Woche. Ich habe immer mehr finanzielle Probleme. Der finanzielle Aspekt meines Lebens wird jedoch in einem späteren Kapitel zur Sprache kommen.

Trotz der finanziellen Probleme erkenne ich heute, dass ich zeitweise wirklich auf meine Intuition gehört habe, ohne mir dessen bewusst zu sein. Da ich nie gelernt hatte, diesen Aspekt meiner selbst zu steuern, erkannte ich erst im Nachhinein, dass mir gute Ideen spontan gekommen waren. Wenn mir etwas ohne Bemühen, ohne Schwierigkeiten einfiel, dachte ich, es sei nebensächlich oder unwichtig. Nur nach großer Anstrengung und harter Arbeit hatte ich das Gefühl, ich sei wichtiger, hätte mir mehr Verdienst erworben. Ausschließlich für das, was Zeit und Energie erforderte, brachte ich Zeit und Interesse auf. Heute bin ich dabei, diese Einstellung langsam zu ändern. **Da ich gut im Handeln bin, muss ich lernen, zu handeln, ohne etwas erzwingen zu wollen.**

Ich habe also schon mehrfach auf meine Intuition, meinen inneren GOTT, gehört. Das hat dazu beigetragen, dass *Écoute Ton Corps* sich immer weiter entfaltet hat. Meine Botschaften offenbaren sich mir in Form von spontanen Ideen, die mir meistens in der Stunde nach dem Aufwachen am Morgen kommen. Ich habe viele solche Einfälle, so zum Beispiel, dass ich selbst eine Kursleiterschulung besuche, um anschließend meine eigenen Kursleiter auszubilden; oder dass ich spezielle Kurse, Wochenendseminare, Konferenzen, Bücher usw. konzipiere. Ich besuche weiterhin Kurse, zwei oder drei im Jahr. Nie wollte ich Teil einer bestimmten Organisation sein. Ich informiere mich aus einer Vielzahl von Quellen und lerne und studiere überall in den Vereinigten Staaten, besonders in Kalifornien.

Meine fünfzehn Jahre Vertriebserfahrung haben mir sehr geholfen. Ich habe zwei Jahre gebraucht, um den Gedanken zu akzeptieren, dass Verkaufen ein integraler Bestandteil der spirituellen Welt ist. Nach und nach wende ich all das an, was ich gelernt habe.

Zuerst wollte ich das, was ich im Verkauf gelernt habe, nicht mit den Angelegenheiten von *Écoute Ton Corps* vermischen, bis zu dem Tag, an dem ich erkannte: Der Grund, warum mein innerer GOTT mich fünfzehn Jahre meines Lebens im Verkauf arbeiten ließ, bevor ich meinen eigenen Kurs auf die Beine stellte, ist der, dass der Verkauf eine notwendige Komponente für den Erfolg von *Écoute Ton Corps* ist. Im Verkauf **muss man in der Lage sein, sich selbst aufzuraffen und anzutreiben.** Es war eine ausgezeichnete Schule des Lebens für mich. Ich kann nicht genug dafür danken, dass ich das durchgemacht habe, denn dank dieser Tätigkeit habe ich gelernt, mich selbst zu motivieren, meinen Mut zu entwickeln und beharrlicher zu sein.

Also beginne ich, jeden Montagmorgen Meetings abzuhalten, so wie früher im Verkauf. Diese Treffen sind unsere Vitamine der Begeisterung, der Entschlossenheit und der Ausdauer; sie verleihen uns die Motivation, die wir für den Rest der Woche brauchen. Alle Kursleiter und Angestellte sind da. Wir sprechen über die Erfolge der Woche, die Hindernisse, die sich uns in den Weg gestellt haben, und auch über neue Projekte. Gemeinsam finden wir Wege, uns zu verbessern, sowohl als Kursleiter als auch in anderen Rollen. Wir nutzen auch die Gelegenheit, um bestimmte Punkte zu klären, die die Kurse betreffen. **Jeder Mitarbeiter ist ein wichtiger Teil des Ganzen, und gemeinsam erzeugen wir einen außergewöhnlichen Teamgeist.** Dank dieses Teamgeistes hat *Écoute Ton Corps* einige sehr schwierige Momente überstanden.

Während meiner Berufsjahre im Verkauf musste ich auf Seminaren oder Kongressen oft öffentlich das Wort ergreifen und vor einem Publikum von hundert bis hin zu zweitausend Menschen sprechen. Das hat mich noch mutiger gemacht. Meine ersten Erfahrungen waren nervenaufreibend. Über lange Zeit hinweg musste ich zur Toilette rennen, bevor ich ein Meeting leitete oder einen Vortrag hielt. Aber mein Mut wächst immer weiter, und ich überwinde meine Ängste und bin dann ebenso mutig wie meine Mutter.

Manchmal kommen mir Zweifel an dem, was ich tue. Ich denke: „Wer bin ich, dass ich eine Lebensphilosophie lehre?" Diese Gefahr besteht häufig bei Menschen, die fähig sind, etwas zu lehren und weiterzugeben. Wir glauben, wir müssten erst perfekt sein, bevor wir diese Fähigkeit nutzen können, um anderen zu helfen. Weit gefehlt! Ich habe erkannt, dass wir alle dieses Stadium überwinden müssen. Es wäre unsinnig, von einem Skilehrer zu erwarten, dass er nie wieder stürzt, nur weil er Skifahren unterrichtet! Die Tatsache zu akzeptieren, dass ich das unterrichte, was ich selbst am liebsten lernen möchte, hilft mir, mit beiden Beinen auf dem Boden zu bleiben, einfacher und zugänglicher zu sein.

Um mich selbst mehr zu lieben, muss ich vor allem lernen, die Beziehung zwischen der Frau und dem Mann in mir, also zwischen dem weiblichen und dem männlichen Prinzip, zu harmonisieren. Diese Prinzipien existieren in allem Lebendigen.

Das weibliche Prinzip ist jener Teil von uns, der Weisheit ausdrückt und mit unserer Intuition, unserem inneren GOTT, in Verbindung steht. Es kennt unsere wahren Bedürfnisse. Es ist passiv. Es kommuniziert mit dem männlichen Prinzip, das die rationale Seite der Dinge zum Ausdruck bringt – „wie", „wann" und „warum" dieses oder jenes zu tun ist. Auch Mut wird durch den männlichen Teil ausgedrückt. Es ist der Teil von uns, der aktiv wird, um die Bedürfnisse des weiblichen Prinzips zu erfüllen.

Wenn die beiden Prinzipien harmonisch zusammenarbeiten, äußert die Frau in uns einen Wunsch, und der Mann in uns analysiert die Situation, um den Weg zur Befriedigung dieses Wunsches zu finden. Wenn Monsieur urteilt, dass es gut wäre, noch ein bisschen zu warten, stimmt Madame zu. Sie respektiert seine Einschätzung, denn sie weiß, dass er nur das Beste für sie will.

Was mich betrifft, so wird das männliche Prinzip nicht akzeptiert. Ich lehne es seit Langem ab. Ich halte Männer sprichwörtlich für nicht Manns genug. Ich suche nach einem stärkeren männlichen Vorbild, einem, das alles entscheidet. Weder mein Vater oder meine Onkel noch meine Brüder oder meine Cousins, noch meine Söhne entsprechen meinem Ideal. Oft denke ich: „Wie käme ein Mann ohne eine Frau überhaupt zurecht?" Ich glaube tatsächlich, dass Männer nicht viel zustande bringen, es sei denn, sie werden von Frauen geleitet.

Diese Einstellung zeigt deutlich, dass ich den Mann in mir überhaupt nicht respektiere. **Wenn eine Frau ihr männliches Prinzip nicht akzeptiert (und dasselbe gilt für einen Mann und sein weibliches Prinzip), übernimmt sie die Leitung und ist stets auf der Hut, um nicht von jemandem des männlichen Geschlechts hereingelegt zu werden.**

Da ich Männern nicht besonders vertraue, entscheide ich mich (unbewusst) dafür, all das zu tun, was ein Mann tun sollte, und sorge so dafür, dass ich mich auf niemanden des männlichen Geschlechts verlassen muss. Mir ist nicht klar, wie sehr ich die Hilfe eines Mannes brauche, und wie sehr mir diese Hilfe oft zugute kommt.

Also werde ich zunehmend aktiv. Ich dränge den Mann in mir, seine Leistungsfähigkeit zu beweisen, indem ich ihn zu Leistungen antreibe. Ich verurteile Männer und werfe ihnen vor, nicht aktiv genug zu sein. Meiner Meinung nach sind sie alle Faulenzer, einschließlich des Mannes in mir. Sie tun nie genug.

Weil der Mann in mir nicht akzeptiert wird, erhalte ich schon in sehr jungen Jahren entsprechende körperliche Botschaften. Als Jugendliche sage ich oft, dass ich lieber ein Junge wäre. Später, in den fünfzehn Jahren meiner ersten Ehe, versuche ich, aus meinem Mann „einen richtigen Mann" zu machen. Mein hartes Urteil über Männer verschont keines der von Männern geführten Systeme. Zu jener Zeit glaube ich, dass die Welt ein besserer Ort wäre, wenn Frauen in Regierungen, Schulsystemen, medizinischen Einrichtungen usw. die Verantwortung innehätten. Wie viel Energie ich darauf verwende, Männer so zu kritisieren!

Ich erkenne, dass **ich jeden Teil von mir von ganzem Herzen lieben muss, da ich ein Ausdruck GOTTES bin. So kann ich dann alle Wesen der Erde lieben und so akzeptieren, wie sie sind.**

Um mir dessen bewusst zu werden, dass ich mein männliches Prinzip nicht akzeptiere, muss ich mehrere sehr irrationale Dinge tun. Die Frau in mir will nicht auf die rationale Seite der Dinge, die männliche Seite, hören. Sobald ich einen Wunsch habe, muss er sofort erfüllt werden. Ich verlange vom Mann in mir, dass er sofort handelt, ohne ihn vorher nach seiner Meinung zu fragen.

Das beste Beispiel dafür ist der impulsive Kauf eines schönen Herrenhauses im Wert einer halben Million Dollar in Sainte-Agathe des Monts in den Laurentinischen Bergen, im Oktober 1986. Ich wandle dieses Anwesen in ein Gesundheitszentrum um. Gleichzeitig schreibt *Écoute Ton Corps* rote Zahlen und steckt bis zum Hals in Schulden. Ich muss mir sogar Geld leihen, um die Hinterlegungssumme zu bezahlen. Ich nehme keinerlei Ratschläge an, von wem auch immer, sondern will die Dinge beschleunigen. Wenn es nach mir geht, muss alles so schnell wie möglich erledigt sein, und ich setze mich sehr dafür ein, dass dieses Zentrum das Licht der Welt erblickt.

Die offizielle Eröffnung findet im Februar 1987 statt. Das Zentrum hält sich nur zwei Jahre. Doch das, was mir diese Erfahrung bringt, ist unbezahlbar. Hunderte Menschen verbringen dort einige Zeit, und die Struktur des Programms ist so gut, dass die Ergebnisse meine größten Hoffnungen weit übertreffen. Ich werde Zeugin körperlicher Heilungen. Von der Verwaltung her ist es allerdings alles andere als perfekt. Ich kann nicht oft genug dort sein, um den Betrieb genau zu überwachen. Ich bin so sehr mit der Erweiterung von *Écoute Ton Corps* beschäftigt, dass ich mir nur einen Tag pro Woche im *Centre de Santé*, dem Gesundheitszentrum, gönne, was definitiv zu wenig ist. Ich habe zwei große Projekte gleichzeitig am Laufen.

Zeitgleich zur Eröffnung des Zentrums in Sainte-Agathe eröffne ich auch sechs neue *Écoute-Ton-Corps*-Zentren zusätzlich zum Hauptsitz in Montréal, der sich nun in der Rue Saint-Denis befindet. *Écoute Ton Corps* etabliert sich allmählich auch in der Provinz. Ich muss Mietverträge für diese Räumlichkeiten abschließen und außerdem noch das gesamte für die Kurse benötigte Equipment (Telefone, Anrufbeantworter, Möbel usw.) kaufen. **Auch diesmal ist es wieder eine schwierige Erfahrung, weil ich zu schnell vorgehen will.**

Rückblickend erkenne ich heute, dass mir ein solches überhastetes Vorgehen sehr viel Energie abverlangte. Ich zwang den Mann in mir unablässig, zu beweisen, dass er in der Lage war, das zu tun, was ich wollte. Der Mann in mir war völlig außer Kontrolle. Als ich mich schließlich der unvermeidlichen Schließung des *Centre de Santé* stellen muss, erleidet mein Stolz einen Dämpfer, denn normalerweise gebe ich meine Projekte nicht auf halber Strecke auf! Doch **ein Teil von mir weiß, dass es GOTTES Wille ist, und dass etwas Gutes bei all dem herauskommen wird.** Ich weiß, dass ich alles Menschenmögliche getan habe. Wenn ich die Tore schließen muss, ist es für mich an der Zeit, weiterzuziehen.

Außerdem ist mir zum ersten Mal **bewusst, dass ich meine Grenzen respektiere. Ich akzeptiere sie in dem Wissen, dass sie vorübergehend sind.** Schließlich erkenne ich, wie sehr ich erzwingen will, dass alles schnell geht. Ich nehme mir Zeit, um herauszufinden, wie es mir mit der Vorstellung geht, einen Schlussstrich unter das Zentrum zu ziehen, und empfinde Erleichterung. Ich stelle allmählich weniger Ansprüche an den Mann in mir und damit generell an alle Männer. Diese Erfahrung ermöglicht es mir, sowohl die Frau als auch den Mann in mir zu beschwichtigen. Ich akzeptiere, dass eine Entscheidung (oder eine Idee), so viele Vorteile sie auch mit sich bringen mag, nicht automatisch reif für eine sofortige Umsetzung ist. Sie ist deshalb aber nicht weniger gut.

Ich erkenne, dass hinter einem solchen Verhalten Ängste stehen. Wenn ich meine Ideen nicht sofort umsetze, ist das so, als ließe ich mich von jemand anderem kontrollieren. Wenn ich sofort aktiv werde, habe ich dagegen das Gefühl, die Kontrolle zu haben. Wenn man aber so stark auf Kontrolle bedacht ist, verliert man sie am Ende. Das ist mir schon oft passiert, vor allem im finanziellen Bereich, und deshalb habe ich diesem Thema ein ganzes Kapitel gewidmet.

Als ich mich entschließe, mein erstes Buch *„Höre auf deinen Körper, deinen besten Freund"* zu schreiben, verlaufen alle Schritte bis hin zur Veröffentlichung so reibungslos, dass ich mir selbst keine besonderen Verdienste zumesse. Da die Idee mir einfach so gekommen ist und ihre Umsetzung keine große Anstrengung meinerseits erforderte, betrachte ich die ganze Arbeit, die ich geleistet habe, als unbedeutend. Die Idee ist ausgezeichnet, aber ich halte mich nicht für sehr talentiert im Schreiben, auch dann nicht, als das Buch sofort ein Erfolg wird.

Es fällt mir schwer, zu akzeptieren, dass ich Talent habe oder etwas Verdienstvolles geleistet habe, wenn es mir so leichtgefallen ist. **Um mich als besonderer Mensch zu akzeptieren, muss ich auf allen Ebenen Leistung bringen, mich**

anstrengen, hart, schnell und gut arbeiten. Unter solchen Bedingungen fällt es mir leichter, mich selbst zu lieben und zu akzeptieren, aber – zu welchem Preis! Diese Einstellung bringt mich dazu, härter zu arbeiten als nötig.

Bei meinem ersten Buch ist das jedoch bei Weitem nicht der Fall. Und so bin ich auf die Idee gekommen: Einige Leute sagten mir: „Es wäre doch toll, wenn du alles, was du lehrst, schwarz auf weiß aufschreibst. Dann könnten wir nach dem Kurs darauf zurückgreifen und unser Gedächtnis auffrischen." Zunächst ignoriere ich diese Idee völlig. Schon immer graute mir vor allem, was auch nur im Entferntesten mit Schreiben zu tun hat. Schriftstellerin zu sein, ist für mich noch nicht einmal vorstellbar. Wie doch unser Verstand uns manchmal einen Streich spielen kann! Alles, was mich damals interessiert, ist der reibungslose Ablauf des Zentrums und meines Kurses.

Nachdem der Same jedoch gesät worden ist, keimt die Idee des Buches unbewusst in mir auf. Mein innerer GOTT ist am Werk. Die Idee des Schreibens dringt nach und nach in mein Bewusstsein vor. Und eines schönen Tages sage ich mir schließlich, dass es vielleicht doch eine gute Idee sein könnte. Da ich nicht gern schreibe und lieber rede, überlege ich, dass ich etwas zusammenschustern könnte, indem ich es auf Band aufnehme.

Eines Abends gebe ich einen Kurs, und in der Pause kommt eine Teilnehmerin zu mir und sagt: „Weißt du, Lise, ich biete dir an, dein Buch mit einem Textverarbeitungsprogramm zu tippen, ohne dass es dich einen Cent kostet. *Écoute Ton Corps* hat mir so viel gegeben, dass ich dir dieses Geschenk wirklich machen möchte!" Ich sage ihr, es stünde doch gar nicht zur Debatte, dass ich ein Buch schreibe (ich hatte es niemandem erzählt). Sie ist offensichtlich vom Gegenteil überzeugt: „Aber du hast es doch vorhin im Kurs gesagt!" Stutzig geworden, frage ich bei den anderen Teilnehmern nach. Niemand sonst hat es gehört. Daraus schließe ich, dass die Frau meine Idee telepathisch von mir empfangen hat. Wenn wir unserer Intuition folgen, **sorgt unser innerer GOTT dafür, dass wir die richtigen Personen zur richtigen Zeit treffen** – das habe ich schon oft festgestellt.

Außerdem bietet mir einer der Kursleiter, der in Teilzeit für *Écoute Ton Corps* arbeitet, an, das Cover meines Buches zu gestalten (er ist in einer bekannten Werbeagentur für die Ideenentwicklung zuständig). Ich begegne zwei Autoren, die mir raten, mein Buch selbst herauszugeben. Dazu entschließe ich mich tatsächlich, obwohl ich mit dem Verlagsgeschäft nicht im Geringsten vertraut bin. **Danke, GOTT, für all diese schönen Geschenke!**

Also ziehe ich mich aufs Land zurück, um mein Buch zu diktieren. Ich stelle meinen Rekorder hin und nehme mich selbst auf. Fünf Tage hintereinander spreche ich ununterbrochen. So erblickt das Buch *„Höre auf deinen Körper, deinen besten Freund"* das Licht der Welt. Die Dame, die mir angeboten hat, es zu transkribieren, hat Wort gehalten, und das Ganze ist bereit für die Korrektur. Die Veröffentlichung des Buches verzögert sich durch eine Reihe von Zwischenfällen: Fehler und Verwechslungen in den korrigierten Texten, Verlust der richtigen Transkriptionsunterlagen etc. Ich muss dreimal die Korrektorin wechseln, weil die ersten beiden kapitulieren: Das Buch bewirkt, dass es innerlich zu sehr in ihnen arbeitet, und davon werden sie krank.

Da es sich um ein Projekt handelt, bei dem ich nicht dränge, spielt diese Verzögerung für mich keine Rolle. Ich schwimme mit dem Strom der Ereignisse. Letztendlich dauert es anderthalb Jahre, bis das Buch auf den Markt kommt. Als der Moment gekommen ist, es in Druck zu geben, beschließe ich, dass die erste Auflage 10.000 Exemplare haben soll. Der Drucker ist verblüfft. Er sagt, dass in Québec das erste Buch eines Autors normalerweise in einer Auflage von 1000 Exemplaren erscheint. Wenn es sich gut verkauft, lässt man 3000 Exemplare nachdrucken. Doch ich bleibe beharrlich, ich will 10.000 Exemplare. Meine innere Stimme sagt mir sehr laut: „Nur zu, hab keine Angst. Vertrau dem Universum." Also verlangt er 1.500 Dollar Anzahlung. Ein solcher Betrag steht mir nicht zur Verfügung. Doch dann kommt mir die Idee, mehrere Bücher im Voraus zu verkaufen und eine Widmung zu versprechen. Viele lassen sich darauf ein und unterstützen mich.

Wie bei allem anderen, was mit dem Buch zusammenhängt, gehe ich mit Ruhe vor, ich fühle mich überhaupt nicht gehetzt oder gedrängt. Im April 1987 erscheint es. Das *Centre de Santé* hat zwei Monate zuvor seine Tore geöffnet. Dieses kleine rosafarbene Buch ist die Lösung für viele Probleme von *Écoute Ton Corps*. Erst einige Jahre später wird mir der Unterschied zwischen dem *Centre de Santé* und dem Buch bewusst: Letzteres wurde von meinem inneren GOTT gelenkt, und Ersteres von meinem Verstand.

In meinem Traum habe ich mich überall in Québec und sogar darüber hinaus unterrichten sehen, aber an den internationalen Markt wage ich noch nicht zu denken. Damals glaube ich noch, dass ich diesen Traum durch das Eröffnen von Zentren in ganz Québec verwirklichen könne. Doch zu meiner Überraschung ist es das Buch, das diese Tür öffnet. GOTT in mir hat mir die Idee für das Buch eingegeben und weiß, dass ich damit das Mittel in der Hand halte, das *Écoute Ton Corps* international bekannt machen wird. Ich habe nie an meinem Kommunikationtalent gezweifelt, und meine Bücher sind eine Möglichkeit für mich, in größerem Umfang zu kommunizieren. **Danke, GOTT, dass du meine wahren Bedürfnisse kennst.**

Vier Jahre nach seiner Veröffentlichung hat sich das Buch *„Höre auf deinen Körper, deinen besten Freund"* bereits 150.000-mal verkauft. Dass ein Buch so konstant nachgefragt wird, ist für unseren Distributor etwas noch nie Dagewesenes. Und während ich heute (1991, Anm. d. R.) diese Zeilen schreibe, setzt sich die Nachfrage fort. In Québec waren fast alle Bücher mit einer verkauften Auflage von über 100.000 Sensationstitel, die innerhalb weniger Monate vergriffen waren, woraufhin die restlichen Exemplare in den Regalen der Buchhandlungen liegen blieben. Bei *„Höre auf deinen Körper"* sind die Umsätze konstant, und das ist genau das, was wir brauchen, um schrittweise voranzukommen. Heute (1991, Anm. d. R.) wird dieses Buch mit seinem rosa-grauen Cover auch in Frankreich, der Schweiz und Belgien vertrieben sowie ins Englische übersetzt.

Nachdem es über ein halbes Jahr auf dem Markt ist, haben wir zunächst noch keinen Vertriebspartner für den englischsprachigen Markt gefunden. Ich will nichts überstürzen, denn ich habe meine Lektion gelernt – **ich habe gelernt, nichts zu erzwingen und dem göttlichen Plan zu folgen. Das heißt nicht, dass wir uns zurücklehnen und einfach abwarten sollen, bis uns die Lösung in den Schoß fällt.** Ganz und gar nicht! Die Leiterin des Verlags *Écoute Ton Corps* unternimmt weiterhin Schritte und holt Informationen aus ganz Kanada und den Vereinigten Staaten ein, um einen Distributor für die englischsprachige Ausgabe zu finden, aber es klappt nicht auf Anhieb. Es ist noch zu früh – und für diese Verzögerung gibt es sicherlich einen guten Grund. Alles ist so viel einfacher, wenn man loslässt.

Und dann ist es so weit: Im November 1990 bin ich auf dem *Salon du Livre Montréal,* der dortigen Buchmesse, und begegne dem Leiter einer Literaturagentur, der mir seine

Dienste anbietet. Nach der Lektüre des Buches ist er davon überzeugt, dass es in vielen Sprachen, einschließlich Englisch, veröffentlicht werden könnte. Er hat Kontakte in die Vereinigten Staaten.

Von ihm erfahre ich den Grund für die Verzögerung bei der Verbreitung meines Buches im englischsprachigen Kanada und in den Vereinigten Staaten: Es gibt dort keine Distributoren nur für Bücher. Vielmehr bauen die Verlage selbst ihre eigenen Vertriebsnetze auf. Nur in Québec gibt es Distributoren, die bereit sind, Bücher von verschiedenen Verlagen zu vertreiben.

Während ich also heute (1991, Anm. d. Red.) das Buch fertigstelle, das du gerade liest, habe ich soeben einen Vertrag mit dieser Literaturagentur unterzeichnet, damit sie dafür sorgt, dass mein erstes Buch in mehreren Sprachen veröffentlicht wird. Ein weiterer Teil meines Traums wird wahr. **WOW!**

Im Frühjahr 1988 kommt mir die Idee für ein zweites Buch. Es ist ein Jahr her, dass das erste erschienen ist, und ich fühle mich bereit, ein zweites zu schreiben. **Wieder hilft mir mein innerer GOTT auf eine sehr unerwartete Weise.** Im Verlauf einer geführten Entspannung finde ich eine Schatztruhe, und als ich sie öffne, liegt da ein Buch mit violettem Cover, auf dem in hell leuchtenden goldenen Buchstaben *„Qui es tu?"* („Wer bist du?") steht. Zu dem Zeitpunkt – etwa ein Jahr, bevor ich mit dem Schreiben beginne –, verstehe ich das nicht wirklich und denke, es ist ein Buch, das ich eines Tages lesen soll. Ich schreibe den Titel auf, zeichne das Coverdesign und lege all das in meinen Notizen beiseite. Seit ich mein erstes Buch fertiggestellt habe, will ich ein zweites über Beschwerden und Krankheiten und deren metaphysische Bedeutungen schreiben. Als Titel dieses zweiten Buches hatte ich „Beschwerden und Krankheiten" im Sinn.

Als ich in meiner geführten Entspannung dieses Buch mit dem Titel *„Qui es tu?"* sehe, stelle ich noch nicht die Verbindung zu meinem zweiten Buch her. Das tue ich erst ein Jahr später. Im Frühjahr 1988 kehre ich aus Québec zurück, und plötzlich ist es, als spräche eine innere Stimme zu mir. Sie sagt, ich solle das Buch *„Qui es tu?"* schreiben und ein Kapitel vollständig den Beschwerden und Krankheiten widmen. Ich empfange auch die Titel aller zwölf Kapitel. **Es ist für mich immer wieder aufregend, wenn ich eine solche Eingebung habe. Ich spüre die innere Stimme eher, als dass ich sie höre. In diesen kurzen Momenten besteht für mich nicht der geringste Zweifel: Mir ist bewusst, dass ich in Kontakt mit meinem inneren GOTT, meiner Intuition bin.**

Dann schlage ich meinen Taschenkalender auf und schreibe alles auf, noch während ich im Auto sitze. Seitdem bin ich klüger geworden: Ich habe mir ein Aufnahmegerät zugelegt, das ich im Auto aufbewahre. Zu Beginn des Sommers beginne ich also mit diesem neuen Projekt. Das zweite Buch ist heute genauso beliebt wie das erste. Wir haben sogar vorhergesagt, dass wir damit eine verkaufte Auflage von 100.000 schneller erreichen würden als mit dem ersten. *„Qui es tu?"* ist ein sehr nützliches Nachschlagewerk, und viele Ärzte, Pflegepersonal, Psychologen und Naturheilkundler erzählen mir, dass sie es zur metaphysischen Deutung bestimmter Beschwerden und Krankheiten verwenden.

Die letzten neun Jahre meines Lebens mit *Écoute Ton Corps* haben sich für mich eher wie neun Leben angefühlt. Was ich dabei gelernt habe, ist unbezahlbar. *Écoute Ton Corps* hat zwar schwierige Jahre durchgemacht, aber – und das empfinde ich als außergewöhnlich – die Schwierigkeiten mildern sich Jahr für Jahr immer mehr ab. Die Hindernisse sind jedoch nicht weniger geworden. **Etwas in mir hat gelernt, Hindernisse als Sprungbrett zu sehen, um höher aufzusteigen.**

1987 versuchten mehrere Nachrichtenmedien, das Thema „Persönlichkeitsentwicklung" zu zerstören. Ein Reporter der Zeitung *„La Presse"* wollte einen Artikel darüber schreiben. Er begab sich unter falschem Namen in unser Gesundheitszentrum in Sainte-Agathe-des-Monts. Dort angekommen, versuchte er mit allen Mitteln, die Angestellten zu provozieren, machte alles, was dort passierte, lächerlich, versuchte, anderen Bewohnern negative Kommentare zu entlocken, und gab nur Schlechtes über alles und jeden von sich. Das gehörte natürlich zu seinem Job. Nach zwei Tagen verlangte er von uns sein Geld zurück unter dem Vorwand, er habe seinen Aufenthalt überhaupt nicht genossen und keinen Nutzen daraus gezogen. Sein Artikel wurde auf der Titelseite der Tageszeitung *La Presse* abgedruckt und war der Auftakt für eine zehnwöchige Serie. Er richtete bei mehreren Einrichtungen zur Persönlichkeitsentwicklung großen Schaden an. Ich muss zugeben, dass er gegenüber *Écoute Ton Corps* nicht allzu hart war.

Überdies werde ich mehrfach persönlich kritisiert, nur eine „kleine Tupperware-Verkäuferin" zu sein! Zuerst hat mich das gestört. Diese Bemerkung weckte die Perfektionistin in mir, die nicht glauben wollte, dass ich „richtig" genug war, um Liebe zu lehren. Schon oft habe ich bedauert, keinen Hochschulabschluss zu haben. Mir ist klar, dass sich hinter diesem Bedauern der Glaubenssatz verbirgt, mit Abschluss glaubwürdiger zu wirken. Bedeutet das, man braucht einen Universitätsabschluss, um Liebe zu lehren? Was mir hilft, meinen Glaubenssatz zu ändern und mich nicht an diesem Urteil zu stören, ist das Wissen, dass diejenigen, die mich kritisieren, ebenfalls an Diplome glauben und es sicherlich gut meinen.

Diese Erfahrung ist eine von vielen, die mir hilft, meine eigene kritische Seite zu mildern. Kritik kommt mir schon immer viel leichter in den Sinn als Komplimente. Wenn ich etwas oder jemanden kritisiere, ärgere ich mich anschließend über mich selbst. Ich sage mir, dass ich es nicht so oft tun sollte. Ein anderer Teil von mir weiß, dass **Komplimente Menschen glücklich machen, dass es ein Mittel ist, das viel Gutes bewirkt.** Ein weiterer Teil von mir glaubt jedoch, wenn ich einer Person zu viele Komplimente mache, dann lässt sie sich gehen oder will sich nicht mehr verbessern. Der Grund ist offensichtlich der, dass auch ich so reagiere. Außerdem weiß ich: Die Tatsache, dass ich meine Mutter kritisiert habe, weil sie kaum Komplimente gemacht hat, hat dazu geführt, dass ich wie sie geworden bin.

Ob im Verkauf oder bei *Écoute Ton Corps*, ich hatte immer ein tolles Team, das mich in meiner Arbeit unterstützt hat. Wenn ich allein bin, denke ich manchmal darüber nach, was jemand getan oder gesagt hat, und meine dann: „Ich hätte ihm sagen sollen, wie sehr ich ihn in dieser Sache bewundere oder wie sehr ich ihn schätze!" Ich nehme mir vor, es der oder dem Betreffenden so schnell wie möglich zu sagen. Aber wenn sich dann die Gelegenheit ergibt, vergesse ich es oft. Was das angeht, habe ich mich schon sehr viel selbst kritisiert.

Die Kritikerin in mir bewusst wahrzunehmen, hat mir in meinem Berufsleben sehr geholfen. Wenn man sie dagegen beiseiteschiebt und kontrollieren will, wird sie negativ, und man verliert die Kontrolle. **Die kritische Seite eines Menschen ist der Teil von ihm, der ihn dazu bringt, stets über sich hinauszuwachsen und weiterzugehen.** Es ist unser innerer Kritiker, der uns antreibt, uns ständig zu verbessern. Ich bin dabei zu akzeptieren, dass Kritik sehr nützlich sein kann.

Ich erkenne auch, dass meine innere Kritikerin mir hilft, aufmerksamer zu sein und eine Situation oder eine Person so zu sehen, wie sie ist. Wenn ich Details aufmerksam wahrnehme, bin ich im gegenwärtigen Moment. Je mehr ich akzeptiere, dass ich mich und andere kritisieren kann, umso mehr tue ich es mit Liebe. **Ich nutze die Kritik als Unterstützung, um mich zu verbessern,** ohne streng und unnachgiebig zu sein, und gebe mir gleichzeitig das Recht, menschlich zu sein.

Im Lauf der Jahre kommen immer mehr Projekte hinzu. Ich wachse immer mehr über mich selbst hinaus. Bei *Écoute Ton Corps* stecken wir uns immer höhere Ziele und arbeiten immer mehr in Freude und Harmonie. Ich habe ein tolles Team, eine Familie und einen Ehepartner, die mich zu hundert Prozent unterstützen, eine eiserne Gesundheit und eine stetig wachsende Energie. Meine finanzielle Situation hat sich deutlich verbessert.

Ich habe gelernt, leichter mit der Perfektionistin in mir zu arbeiten. Sie hat mir immer geholfen, superorganisiert zu sein. Ich plane meine Zeiten sehr methodisch. Mein Terminkalender ist mehrere Monate im Voraus gefüllt, auch die Zeit für einen Urlaub habe ich dabei berücksichtigt. Außerdem plane ich meine monatlichen Vorträge für *Écoute Ton Corps.* Es gibt auch Organisationen, die mich einladen, Vorträge für ihre Mitglieder zu halten. Auch sie fragen oft schon sehr früh an.

Beim Erstellen meines Wochenplans halte ich mir einen ganzen Tag frei, um zu Hause zu bleiben. In dieser Zeit schreibe ich meine Kurskonzepte und bereite meine Vorträge vor. Ich gebe immer noch zwei bis drei Kurse pro Woche, darunter einen Tageskurs zur Schulung angehender Kursleiter. Außerdem halte ich durchschnittlich zwei bis drei Vorträge pro Woche. Die Perfektionistin in mir ist derjenige, die mich dazu bringt, in allem hervorragend sein zu wollen. Ich mag in einigen Bereichen anspruchsvoll wirken, aber ich strebe dennoch immer danach, sehr gut zu sein – sowohl im materiellen als auch im spirituellen Bereich.

Außerdem darf ich die administrative Seite nicht vernachlässigen. Mit drei Unternehmen, die ich leiten muss, habe ich oft Management-Meetings oder andere Besprechungen, um administrative Entscheidungen zu treffen.

Trotz all dieser Aktivitäten **gelingt es mir dank meiner Flexibilität – die ich entwickelt habe, indem ich die gute Seite meines „perfektionistischen" Aspekts akzeptiere –, verfügbar zu sein, wenn mich jemand braucht.** Ich organisiere meine Zeit einfach um, soweit möglich. Früher wurde ich immer ungeduldig, wenn jemand oder etwas meine Planung durcheinanderbrachte. Da ich jetzt flexibler bin, habe ich nicht das Gefühl, so viel zu arbeiten, obwohl die Stunden nicht weniger geworden sind als früher.

Auch bei einem weiteren Aspekt von mir habe ich mithilfe meiner Arbeit einen Prozess durchlaufen. Jemand mit einer so ausgeprägt arbeitsamen Seite wie ich hat normalerweise nicht viel Zeit für Vergnügungen. Seit sehr langer Zeit flüstert mir ein Teil meiner selbst ins Ohr, dass ich mich beeilen muss, dass mir die Zeit davonläuft. Der Teil von mir, der sich „Antreiberin" nennt, sagt: „Tu es jetzt, vielleicht schaffst du es sonst nicht mehr!" Der Antreiber ist jener Teil von uns, der immer, wenn wir etwas auf unserer Liste abgearbeitet haben, am Ende der Liste eine neue Aufgabe hinzufügt. Wenn wir es wagen, innezuhalten, sorgt er zuverlässig dafür, dass wir an etwas noch nicht Erledigtes denken. Solange ich zurückdenken kann, war ich stets in Eile, aus Angst, nicht genug Zeit zu haben.

Da wir immer dafür sorgen, dass das, wovor wir Angst haben, eintritt, nahm ich im Lauf des Lebens immer mehr

Verantwortung und Verpflichtungen auf mich, musste also immer mehr in derselben Zeit bewältigen. Ich kam nicht mehr aus dem Hamsterrad heraus. Obwohl ich hervorragend organisiert war, hatte ich zunehmend das Gefühl, dass mir die Zeit davonlief. Bis ich mich eines Tages mitten in einem Vortrag sagen höre: **Wenn man das Gefühl hat, nicht genug von etwas zu haben, braucht man nur etwas davon wegzugeben, dann erhält man es zurück.** Sofort sage ich mir innerlich: „Was mir nach meinem Empfinden momentan am meisten fehlt, ist Zeit!" In Bezug auf die Zeit fällt es mir schwer, die Stichhaltigkeit dieser Theorie anzuerkennen. In anderen Bereichen glaube ich daran.

Deshalb fällt es mir schwer, die Theorie zu glauben, weil ich den deutlichen Eindruck habe, dass ich bereits viel Zeit für *Écoute Ton Corps*, für meinen Mann und meine Mitarbeiter aufbringe. Jeden Tag, sobald ich ins Büro komme, bitten mich unweigerlich einige Personen, ihnen Zeit zu widmen. Ich sage immer Ja und schenke ihnen ein paar Minuten.

Eines Tages diskutiere ich mit meiner Tochter darüber, und sie hilft mir zu erkennen, dass ich den Betreffenden meine Zeit gar nicht wirklich widme! Denn wenn mich jemand in meinem geplanten Ablauf stört, gestehe ich ihm zwar Zeit zu, blicke aber oft auf die Uhr und denke, dass es nicht schnell genug geht. In Wirklichkeit gebe ich also nur so viel, wie es mir gerade passt. Doch wenn meine Mitarbeiter mich darum bitten, ihnen Zeit zu schenken, hilft das meinem Unternehmen und ist zu meinem eigenen Nutzen.

Dasselbe habe ich auch schon anderswo gesehen. So nehme ich zum Beispiel am Wochenende oft Arbeit mit nach Hause. Samstags arbeite ich an meinem Papierkram, und plötzlich denke ich: „Mein Mann ist ganz allein. Ich frage ihn, ob er spazieren gehen will." Das gibt mir das Gefühl, dass ich ihm Zeit schenke, obwohl ich ihm in Wirklichkeit gar nichts schenke. Denn ganz offensichtlich bin ich diejenige, die Lust auf einen Spaziergang hat und sich eine Pause gönnen will.

Was für eine Erkenntnis! Ich, die ich mich für großzügig halte, finde heraus, dass ich egoistisch bin. Als mir klar wird, dass ich ganz und gar nicht freigebig mit meiner Zeit bin, beschließe ich, das sofort zu ändern. Ich richte es ein, mir Zeit für eine Person zu nehmen, auch wenn es in meinem Terminkalender gar nicht vorgesehen ist, und auch dann, wenn es mir eigentlich nicht passt. Stattdessen entscheide ich mich bewusst für die Einstellung, mir einfach Zeit für die Person zu nehmen; etwas über sie zu erfahren; Dinge zu tun, um die sie mich nicht gebeten hat, und ihr umsonst, also ohne Erwartungen, meine Zeit zu schenken.

Heute (1991, Anm. d. Red.) habe ich den Eindruck, dass ich viel mehr Zeit habe als früher. Ich bin zwar genauso beschäftigt, aber meine Zeit erscheint mir flexibler, und ich tue mehr Dinge in derselben Zeitspanne als früher. Der Prozess, den ich diesbezüglich durchlaufen habe, war für mich fantastisch. **Es ist nicht nur wichtig, großzügig zu geben, sondern auch, dankbar sein zu können.** Meine Einstellung hat sich also geändert. Früher habe ich mich am Ende der Woche beschwert, dass ich nicht alles, was ich geplant hatte, erledigen konnte. Jetzt sage ich mir: „WOW! Was für eine Woche! Ich bin stolz auf das, was ich diese Woche geschafft habe."

Weiter oben habe ich einen Überblick darüber gegeben, wie viel Arbeit ich im Lauf einer Woche im Verkauf getan habe. Meine Woche ist heute noch genauso voll, aber die Abwechslung bei meiner Arbeit gefällt mir sehr. Hin und wieder sagt meine Mutter: „Du hast bestimmt mehr Zeit für dich, jetzt, da du abends unterrichtest oder Vorträge hältst. Da ruhst du dich tagsüber aus, nicht wahr?" Ich habe versucht, ihr zu erklären, dass ich tagsüber sehr beschäftigt bin. Ich glaube, man muss dabei sein, um in allen Details einschätzen zu können, was es bedeutet, ein Unternehmen wie *Écoute Ton Corps* zu führen.

An einem Tag können sich für mich folgende Aufgaben ergeben: mehrere Briefe beantworten; alles, was möglich ist, an meine Sekretärin delegieren; mich mit der Finanzchefin treffen, mit der ich Entscheidungen treffen muss und die mich Schecks und Formulare unterschreiben lässt; mir eine halbe Stunde Zeit nehmen, um einem Mitarbeiter oder einer Kursleiterin bei einem Problem zu helfen; Entscheidungen für das *Centre de Paix* – das Friedenszentrum – treffen; ein paar Anrufe tätigen; mich mit der Leiterin der *Edition E.T.C. (Écoute Ton Corps)* treffen, um über das Cover meines nächsten Buches zu entscheiden; an einem Management-Meeting (einmal pro Woche) teilnehmen; das Büro am späten Nachmittag verlassen, um in die Stadt zu fahren, wo ich am Abend einen Vortrag halten muss.

Außerdem nehme ich mir etwa einmal in der Woche Zeit für ein Mittag- oder Abendessen mit einer Freundin. Da ich alles gern tue, habe ich eigentlich nicht das Gefühl, zu arbeiten. Ich gestehe mir auch das Recht zu, zwei- oder dreimal im Jahr Urlaub zu machen. Dann **darf auch meine faule Seite zum Vorschein kommen.** Durch die Arbeit mit dem *Écoute-Ton-Corps*-Team habe ich eine Seite an mir entdeckt, die ich nie sehen, geschweige denn annehmen wollte. Diese Persönlichkeit ist die Einfältige in mir. Eines Tages gesteht mir meine Nichte, die mit mir zusammenarbeitet, sie habe Schwierigkeiten, mit mir zu reden, sich mir anzuvertrauen, weil sie Angst hat, dumm zu wirken. Ich frage sie: „Habe ich dir jemals gesagt, dass du dumm bist? Du bist so intelligent, finde ich! Wie kannst du denken, dass ich dich für dumm halten könnte? Was habe ich an mir, dass du das glaubst?" Sie antwortet: „Du hast mich nie dumm genannt. Ich weiß nicht, wie ich darauf komme, aber in mir empfinde ich es sehr stark so. Ich weiß auch, dass mehrere Mitglieder des Teams diese Angst ebenfalls haben."

Ich danke ihr für ihre Offenheit und beschließe, der Sache nachzugehen. Mehrere Personen bestätigen mir das, was meine Nichte mir gesagt hat. Eines Abends spreche ich mit meinem Mann, und auch er bestätigt es. Er sagt: „Du gibst manchmal Antworten, bei denen mir die Spucke wegbleibt. Du nennst mich nicht direkt Dummkopf, aber ich weiß, dass du es denkst. Bei solchen Gelegenheiten sage ich lieber nichts. Wenn ich dir dennoch antworte und es klingt heftig, dann deswegen, weil ich das Gefühl habe, dass ich wie ein Depp behandelt werde." Was für eine Offenbarung! Das hatte er mir gegenüber noch nie erwähnt. Da er introvertierter ist als ich, fällt es ihm schwerer, das, was er fühlt, in Worte zu fassen. **„Kein Rauch ohne Feuer" – mit diesem Wissen** gehe ich in mich und suche nach allem, was mit dem Wort „dumm" zu tun hatte. Mir wird bewusst, dass ich tendenziell viele Menschen einfältig finde, eine typische Eigenschaft von Menschen mit einem Teflon-Charakter. Sobald jemand etwas – nach meinem Empfinden – Unintelligentes sagt oder tut, werde ich innerlich ungeduldig und finde es tatsächlich dumm. Daraus schließe ich: Wenn ich anderen gegenüber so bin, dann bin ich auch mir selbst gegenüber so. Ich gestehe mir nicht das Recht zu, einfältig zu sein! **Ich gehe mit mir selbst genauso streng um wie mit anderen!** Je mehr ich darüber nachdenke, umso mehr wird mir bewusst, dass ich mich schon oft selbst als Dummkopf bezeichnet habe und es immer noch tue. Jedes Mal, wenn ich einen Fehler mache oder etwas vergesse, denke ich oder flüstere mir zu: „Wie kann man nur so dumm sein!"

Diese Bewusstwerdung erstreckt sich über einige Monate. Ich merke, dass meine Angst, vor anderen dumm dazustehen, sehr stark war. Sie verbarg sich hinter der Angst vor öffentlichem Reden, der Angst, eine falsche Entscheidung zu treffen, und vielen anderen Ängsten. Schließlich finde ich heraus, dass Jacques (mein zweiter Ehemann) und ich dieselbe Angst haben, sie aber unterschiedlich ausdrücken. Wenn er Angst hat, dumm dazustehen, zögert er und tut am Ende oft gar nichts. Ich dagegen tue das Gegenteil: Mein Mut bewirkt, dass ich umso schneller handle, je mehr Angst ich habe – oft ohne zu denken. Deshalb habe ich häufig zu schnell gehandelt. Mir standen nicht all meine Ressourcen zur Verfügung, weil mich diese Angst triggerte. Inzwischen fällt es mir immer leichter, die Einfältige in mir zu akzeptieren. Ich kann sogar darüber lachen, wenn ich wieder einmal so bin. Während ich dies schreibe, fällt mir auf, dass ich mich selbst schon lange nicht mehr als Dummkopf bezeichnet habe. Das bedeutet, ich bringe viel mehr Toleranz auch für andere auf.

Und noch eine weitere Erkenntnis habe ich durch das Schreiben dieses Buches gewonnen: Nicht alle Menschen verfügen über denselben Grad an Bewusstheit. Jemand kann sehr intelligent oder intellektuell sein, ist aber deswegen nicht zwangsläufig auch ein bewusster Mensch. Vielleicht hat er eine ganze Wand mit Universitätsabschlussurkunden tapeziert und weiß doch nichts von dem, was in ihm vorgeht. Eine Person kann ein phänomenales Gedächtnis haben und dennoch nicht wissen, dass sie Groll gegen ein Elternteil hegt oder neidisch ist usw. … Bewusstheit bedeutet, unsere Intelligenz zu nutzen, um zu erfahren, was auf allen Ebenen, einschließlich der physischen Ebene, geschieht. Als offenkundigste Beispiel kommt mir in den Sinn, dass die meisten

Menschen nicht einmal genügend Bewusstheit haben, um zu wissen, ob sie wirklich hungrig sind.

Früher habe Ich Intelligenz und Bewusstheit verwechselt. Ich dachte zum Beispiel über jemanden: „Eigentlich ist er doch intelligent genug, um zu wissen, dass es besser wäre …" Es lag jedoch nicht an der Intelligenz, sondern an der Bewusstheit. Jemand kann hochintelligent sein und dennoch Dinge nicht wissen.

Das hat mich früher dazu verleitet, intelligente Menschen zu kritisieren. Heute bin ich sehr dankbar, dass ich so ein bewusster Mensch bin. **Ich danke meinem inneren GOTT dafür, dass er mir hilft, meine Intelligenz zu nutzen, um mehr Bewusstheit zu erlangen, und nicht dafür, andere mit intellektuellen Meisterleistungen zu beeindrucken oder sie zu manipulieren.**

Diese neue Entdeckung macht mich toleranter. Ich weiß, dass der Grad der Bewusstheit bei jedem Menschen unterschiedlich ist und dass es uns allen freisteht, sie in unserem jeweils eigenen Tempo zu entwickeln. Für mich ist Bewusstwerdung das, was die größte Lebensfreude in mir hervorruft. Es ist ein Offenwerden, das mir Zugang zur Meisterschaft, zur Freiheit zum Glück, zu GOTT ermöglicht!

In dem Maße, wie ich lerne, die gute Seite aller Aspekte meiner selbst zu sehen, liebe ich mich mehr und bin zunehmend in Kontakt mit meinem inneren GOTT. Das vermittelt mir ein ausgeprägtes Gefühl des Wohlbefindens. **All die Schwierigkeiten, die ich überwinden musste, waren nicht umsonst. Ganz im Gegenteil! Ich brauchte sie, um einige Lebenslektionen zu lernen, um GOTT näherzukommen.** Nichts geschieht grundlos. Man kann an jeder schwierigen Situation immer etwas Gutes finden und wunderbare Geschenke daraus empfangen.

Ich hatte auch die Idee, eine Stiftung mit dem Namen *„Fondation d'Aide Morale à la Famille Monoparentale"* („Stiftung Moralische Unterstützung für Ein-Eltern-Familien") zu gründen. Sie kam mir, wie viele andere Ideen auch, im Traum. Darin sah ich eine alleinerziehende Mutter, die ihre drei Kinder unter schwierigen Bedingungen aufzog. Nach dem Aufwachen schrieb ich meinen Traum schnell auf und fasste ihn zusammen. Ich hatte das Gefühl, dass es gut wäre, alleinstehenden Frauen und Männern bei der Kindererziehung und vor allem den Kindern selbst zu helfen. Diese Kinder wachsen in der Regel in einem finanziell und emotional schwierigeren Umfeld auf. Das *Centre de Paix et de Santé* („Zentrum für Frieden und Gesundheit"), auf das ich später noch eingehen werde, ist nach meiner Einschätzung der ideale Ort, um ihnen zu helfen. Nach anderthalb Jahren hat diese gemeinnützige Organisation so viel Geld gesammelt, dass sie etwa hundert Personen unterstützen kann. Die Betreffenden können *Écoute-Ton-Corps*-Kurse besuchen oder verschiedene alternativmedizinische Behandlungen in Anspruch nehmen, deren Kosten nicht von der öffentlichen Hand übernommen werden.

Vorerst kommt die Stiftung nur langsam in Gang. Die Zeit, die sie braucht, um Gestalt anzunehmen, und meine Reaktion auf die Situation haben mir gezeigt, wie viel gelassener ich geworden bin. **Ich bin viel gemäßigter und neige weniger dazu, etwas erzwingen zu wollen, damit es schneller geht.** Früher wäre ich schnell zu dem Schluss gelangt, dass die Stiftung keine gute Idee gewesen sei, weil sie keine sofortigen Ergebnisse gebracht hat. Ich hätte mich selbst heftig für das Initiieren eines Projekts kritisiert, das nicht vorankam, und hätte an meinen Fähigkeiten gezweifelt. Heute folge ich seinem Rhythmus. Ich leite die monatlichen Vorstandssitzungen und bringe so viel Energie ein, wie mir in dem Moment zur Verfügung steht. Ich lasse das Göttliche in mir über das Schicksal dieser Stiftung entscheiden.

Während ich diese Zeilen schreibe, starte ich ein neues *Centre de Paix et de Santé,* diesmal in Bellefeuille. Welch ein Unterschied im Vergleich zum alten Zentrum! Als ich die Türen meines ersten Gesundheitszentrums schließen musste, sagte eine kleine Stimme in mir: „Es ist noch nicht vorbei, es wird wieder eins geben, nur Geduld!" Seitdem hat mich dieser Gedanke verfolgt. Ich wusste: Dieser Moment würde kommen, und dann wäre es viel einfacher als beim ersten Mal.

Eines Tages ruft mich eine Freundin an, eine Immobilienmaklerin. Sie hat gerade von einem Ort gehört, der sich gut für ein neues Zentrum eignen und nach meinem Geschmack sein könnte. Ich stimme einer gemeinsamen Besichtigung zu und gehe ohne jegliche Erwartung oder vorgefasste Meinung dorthin. Bei der Ankunft auf dem Gelände sage ich mir: „Ah, wie friedlich es hier ist!" Ich habe mich sofort in den Ort verliebt. Diesmal bin ich etwas bedächtiger und berate mich mit der Leiterin der Finanzen von *Écoute Ton Corps* und unserem Steuerberater.

Nachdem sie alles in Betracht gezogen haben, geben sie mir das Okay. Ich möchte nicht zweimal die gleiche große Schuldenerfahrung durchmachen. Als der Steuerberater mir versichert, dass das Geld hier gut angelegt ist, freue ich mich sehr. **Ich sehe die Fortschritte der letzten beiden Jahre,** seit der Schließung des ersten Gesundheitszentrums. Ich gebe ein Kaufangebot ab, und man macht mir einen sehr guten Preis. Außerdem erweisen sich die Vertreter der Stadt Bellefeuille als sehr kooperativ und erklären sich bereit, den Bauplan zu ändern, damit ich eine Betriebsgenehmigung erhalte. Alle Transaktionen werden reibungslos durchgeführt.

Diesmal muss ich niemanden um Geld anbetteln. Die Bank erklärt sich bereit, das Projekt zu finanzieren. Was für ein Unterschied! **WOW! Noch einmal: Vielen Dank, GOTT!** Die offizielle Eröffnung findet im Juni 1991 statt.

Meine Studien und Arbeitserfahrungen waren für mich die beste Schule, um mehr inneren Frieden zu erlangen. Diese Schule hat mir auch ermöglicht, bewussten Kontakt zu meiner großen inneren Macht herzustellen. **Je mehr ich in Kontakt mit meiner Macht bin, umso mehr bin ich auch in Kontakt mit der Macht aller Menschen um mich herum.** Ich beobachte die Menschen meines Umfelds und sehe, wie sie fortwährend über sich hinauswachsen. Wir alle arbeiten Hand in Hand, gemeinsam, bei der Arbeit ebenso wie in der Familie und mit Freunden. Je mehr Zeit vergeht, desto mehr sehe ich Entwicklung und Harmonie um mich herum.

Zu lernen, eine Geschäftsfrau zu sein, und gleichzeitig im Bereich der Seele, des Seins, zu arbeiten, ist für mich eine sehr interessante Herausforderung. Und da ich mich stets freue, Neues zu lernen, besteht kein Mangel an neuen Möglichkeiten!

Heute habe ich das Gefühl, dass ich viel mehr aus freien Stücken und aus dem Wunsch nach Verwirklichung heraus arbeite. **Ich brauche meine Fähigkeiten nicht mehr zu beweisen, weil ich jetzt an sie glaube.** Früher konnte ich meine Talente nicht akzeptieren, weil ich fürchtete, zu sehr von mir selbst eingenommen zu sein. Inzwischen kenne ich zwar mein Potenzial, weiß aber auch, dass ich bescheiden bleiben kann. Lange Zeit habe ich das, was die Nonnen mir gesagt hatten, geglaubt: dass GOTT mich bestraft, wenn ich meine Talente nicht nutze. So habe ich die Antreiberin in mir entwickelt. Heute weiß ich, dass GOTT das große Gesetz von Ursache und Wirkung ist, und dass ich niemals nur für das bestraft werde, was ich tue, sondern vor allem auch für meine Absichten. Das Gesetz von Ursache und Wirkung funktioniert von selbst. Wenn die Absichten gut sind, kann nur ein gutes Endergebnis herauskommen.

Ich weiß, dass mein Lebenszweck – das, was mich in diesem Leben motiviert – Wissen ist. Für mich ist **Wissen nicht in Büchern zu finden, sondern im Ausprobieren dessen, was in Büchern steht.** Deshalb glaube ich ans Handeln. Ich probiere etwas aus und entscheide dann, ob ich es glauben will oder nicht.

Es ist jedoch sehr wichtig, dass gute Absichten hinter unserer Motivation stehen. Bevor ich etwas tue, nehme ich mir jetzt die Zeit, zu prüfen, ob meine Absichten rein sind und den Gesetzen der Liebe entsprechen. Deshalb kann ich immer in Frieden schlafen, denn ich weiß: Was auch immer die Leute über mich sagen, meine Absichten sind gut.

Kapitel 4

Ich bin GOTT in meinen finanziellen Niederlagen und Erfolgen

Hinweis:
Viele Menschen haben den „Geld"-Aspekt in ihrem Leben noch nicht im Griff, weil bestimmte Blockaden den Prozess behindern. Solche Blockaden entspringen sehr alten Glaubenssätzen, die zwar falsch sind, in unserer Gesellschaft aber dennoch immer noch akzeptiert werden. Ich bin aufrichtig davon überzeugt, dass das, was ich in dieser Hinsicht erlebt habe, vielen Menschen helfen kann, im Bereich des finanziellen Wohlergehens mehr Bewusstheit zu entwickeln. Deshalb widme ich dem Thema ein komplettes Kapitel mit vielen Details zur Untermauerung. Wie im vorigen Kapitel, empfehle ich dir, ein Blatt Papier und einen Stift bereitzuhalten, damit du alles aufschreiben kannst, was eine Reaktion in dir auslöst.

Mein Erlebnis bezüglich meiner Ersparnisse für Schlittschuhe, die ich meiner Mutter anvertraut hatte, war mein erster Kontakt mit der Welt des Geldes. Viele andere kamen hinzu. Schon sehr früh lernte ich von meinen Eltern und meinem Umfeld, dass man im Leben zwar hart arbeiten muss, um Geld zu verdienen, aber nur gerade so viel, dass man sein Auskommen hat! Überdies sei es nicht so wichtig, reich zu sein, denn Reiche seien oft Diebe oder unehrliche Menschen. Oft fallen Sätze wie: „Wir sind vielleicht nicht reich, aber wenigstens sind wir anständige Leute!" Oder: „Wir sind vielleicht nicht reich, aber wenigstens sind wir gesund!" Diese Aussagen implizieren: „Man kann nicht zu den Guten oder Gesunden gehören und gleichzeitig reich sein." Es gibt unzählige weitere solche Glaubenssätze! Trotzdem verbinden wir in meinem Elternhaus und meinem Umfeld den Erfolg eines Menschen immer noch mit seinem Kontostand oder materiellem Besitz. Ist jemand reich, dann bedeutet das, er oder sie hat Erfolg im Leben. In der Tat bewundert meine Mutter Menschen, die in guten finanziellen Verhältnissen leben, und sucht ihre Gesellschaft.

Unsere ersten Erfahrungen bestimmen unsere zukünftigen Überzeugungen. In meinem Elternhaus werden wir an den Preis für ein Steak oder ein Pfund Butter oder eine Flasche Heinz-Ketchup erinnert. Lebensmittel sind eine große Ausgabe für eine dreizehnköpfige Familie. Meine Eltern ermutigen uns, Geld zu sparen. Ich erinnere mich, dass meine Mutter unsere Einstellung missbilligt, wenn wir das Fett am Fleisch nicht essen wollen. Sie sagt uns: „Ihr werdet schon sehen! Wenn ihr später selbst euren Lebensunterhalt verdienen und euer Essen selbst bezahlen müsst, dann werdet ihr es besser wertschätzen und nicht verschwenden!" Es ist wichtig, nichts zu verschwenden, selbst um den Preis, dass man sich zwingt, etwas zu essen, das der Körper nicht braucht. Um mit einer so großen Familie über die Runden zu kommen, muss Mutter sparen und sehr darauf achten, wie viel sie ausgibt. Und ich habe gut von meiner Mutter gelernt. Wie im vorherigen Kapitel erwähnt, komme ich finanziell gut zurecht und kann meine Ausbildung beenden. Darauf bin ich sehr stolz; ich fühle mich schon wie eine Erwachsene. Ich mache es wie Mutter. Mit diesen Überzeugungen beginne ich mein Leben als Erwachsene, als verheiratete Frau.

Nach der Rückkehr von meiner Hochzeitsreise finde ich mich ohne Arbeit und Ersparnisse wieder. Das Gehalt meines Mannes sichert unser Überleben. Er vertraut mir an, dass er sehr schlecht mit Geld umgehen kann und es hasst, sich um Finanzielles zu kümmern. Das passt mir gut. Auf diese Weise kann ich das Budget kontrollieren – als Einzige, die dafür zuständig ist. Doch dann finde ich heraus, dass mein Mann recht hohe Schulden bei einer Kreditfirma hat, mit astronomischen Zinsen. Über diese Entdeckung bin ich bestürzt. Ich finde es schrecklich, dass er mir nicht vor unserer Heirat davon erzählt hat. Ich nenne ihn unverantwortlich. Es ist für mich nicht nachvollziehbar, dass ihm Geld so unwichtig ist. In der Tat konnte ich diese Seite von ihm in unseren fünfzehn gemeinsam verbrachten Jahren niemals akzeptieren. Heute **weiß ich: Der Grund war, dass ich diesen Aspekt meiner selbst, der manchmal gern eine solche Einstellung gehabt hätte, nicht akzeptieren wollte. Was mich am meisten störte, war, dass er es sich erlaubte und ich nicht.** Aber damals ist mir das noch nicht bewusst. Ich habe zu viel Angst davor, so zu werden wie er, und ein Leben lang so zu bleiben. So kontrolliere ich mich und halte Geld weiterhin für sehr wichtig.

Vom Gehalt meines Mannes können wir kaum leben. Ein halbes Jahr nach unserer Heirat lernen wir einen Vermieter mehrerer Gebäude kennen und beschließen beide, einen Hausmeisterservice zu übernehmen. Natürlich ist Geld unsere Motivation. Es ist ein Gebäude mit vierzig kleinen Wohnungen, jeweils anderthalb Zimmer, möbliert, in der Rue Cherrier in der Innenstadt von Montréal. Ein Mietvertrag ist nicht erforderlich.

Zu jener Zeit brachte der Concierge-Service etwa achtzig Dollar im Monat ein, mehr als genug, um unsere Lebensmittel und die Telefonrechnung zu bezahlen. Da wir keine Miete zu zahlen brauchen, ermöglicht uns das Gehalt meines Mannes, Geld zu sparen und seine Schulden abzubezahlen. Ohne es zu erkennen, verhalte ich mich in meiner Partnerschaft genauso, wie meine Mutter sich gegenüber meinem Vater verhalten hat. Sobald ich verheiratet bin, handle ich in etlichen Bereichen wie meine Mutter. Ich habe fünfzehn Jahre gebraucht, um mir unserer Ähnlichkeit bewusst zu werden.

In jenem Jahr unserer Hausmeistertätigkeit arbeitet mein Mann weiterhin auf dem Flughafen Dorval, zu unregelmäßigen Zeiten. Während er arbeitet, halte ich das Gebäude sauber und kümmere mich um die Vermietung der Wohnungen. Dieses Jahr ist finanziell sehr erfolgreich, denn wenn jemand vor dem Ende eines Monats auszieht, dürfen wir das Appartement wiedervermieten und den Restbetrag des Vormieters behalten. Außerdem sind die Mieter aufgrund der vielen erbrachten Leistungen großzügig mit ihrem Trinkgeld.

Bei der Arbeit in diesem Gebäude lerne ich, mich anderen Ängsten zu stellen. Wenn mein Mann arbeitet, bin ich allein in der Wohnung. Es kommt zu mehreren Zwischenfällen. Hier ein Beispiel: Zwei junge Mädchen stürmen mitten in der Nacht in meine Wohnung und schreien: „Ein Einbrecher ist in unserer Wohnung! Er ist durchs Fenster eingestiegen!" In aller Eile schnappe ich mir die Schrotflinte meines Mannes, die er für den Notfall im Schrank gelassen hat, und renne mit ihnen den Flur entlang. Vor ihrer Wohnung verlässt mich plötzlich der Mut, die Tür zu öffnen und dem Dieb entgegenzutreten. Angst überwältigt mich. Ich klopfe an die Tür des Mieters nebenan, wecke ihn und frage ihn, ob er so freundlich wäre, uns drei Frauen zu Hilfe zu kommen. Er stimmt zu. Er öffnet die Tür, nur um festzustellen, dass der Einbrecher geflohen ist. Er hat es wahrscheinlich mit der Angst bekommen, als er gesehen hat, wie die beiden Mädchen aus ihrer Wohnung liefen.

So ereignen sich viele Vorfälle verschiedenster Art, mitten in der Nacht. Manchmal ist mein Mann dabei, manchmal auch nicht. Am Ende dieses Jahres **ist mein Mut definitiv gewachsen!** Damals hinterfrage ich nicht, was ich tue. Ich habe so oft gesehen, dass meine Eltern mehrere Arbeiten hatten, um ihren Lebensunterhalt zu verdienen, dass ich zu allem bereit bin. Außerdem danke ich fortwährend GOTT dafür, dass wir es schaffen, Geld für eine zukünftige Wohnung zu sparen.

Nach einem Jahr haben wir genug, um uns komplett einzurichten und eine kleine Anzahlung für ein neues Auto zu leisten. Für mich ist es ein erstaunlicher Erfolg, das alles in einem Jahr erreicht zu haben. Ich bin sehr stolz auf uns beide. Wir verlassen den Hausmeisterservice und ziehen in eine viel geräumigere Wohnung, eine schöne, ganz neue Viereinhalb-Zimmer-Wohnung. Ich bin nach wie vor für unsere Finanzen zuständig. Meine Budgetplanung ist sehr streng. Ich dulde keine Verschwendung – genauer gesagt, das, was ich als Verschwendung betrachte. Meiner ehrlichen Überzeugung nach ist mein Mann ein Verschwender, und ich bin sparsam. Er will sich oft alles Mögliche kaufen, das ich für völlig unnötig halte. Ich finde seine Einstellung unvernünftig und schaffe es fast immer, ihn davon abzubringen, sich das zu kaufen, was er will.

Meine „kontrollierende" Haltung führt zu vielen Auseinandersetzungen und Emotionen. Er sagt: „Du entscheidest immer alles für mich! Aber wenn du selbst etwas haben willst, sorgst du immer dafür, dass du es auch bekommst!" Und er hat recht. Meine Einkäufe sind immer sehr gut begründet, ich weiß, wie ich ihn davon überzeugen kann, dass meine Ausgaben gerechtfertigt sind. In Wirklichkeit bin ich genauso aufs Geldausgeben aus wie er, aber damals will ich mir das nicht eingestehen. Ich bin nicht immer einverstanden mit seinen Wünschen und Begehrlichkeiten, ohne Rücksicht darauf zu nehmen, dass er auch nicht immer mit meinen einverstanden ist. Er liebt mich jedoch genug, um meine Einkäufe zu akzeptieren. Er will nur, dass ich dasselbe für ihn tue.

Seitdem ist mir klar geworden, dass ich diese Einstellung auch deswegen hatte, weil ich das männliche Prinzip in mir nicht akzeptierte. Also hatte nur meine innere Frau das Recht, ihre Wünsche zu erfüllen. Damit ein Mann seine Wünsche erfüllen durfte, musste er viel tun. Da ich den Mann in mir zu unermüdlicher Arbeit antrieb, verdiente er (also ich) ab und zu mal eine kleine Sonderbelohnung. Ich hielt meinen Ehemann für viel weniger aktiv als mich. Ich musste ihn immer „antreiben", damit er etwas tat. Dabei übersah ich, wie hart auch er arbeitete. Im Gegensatz zu mir musste er gelenkt und angeleitet werden. Ich hätte mir gewünscht, dass die Initiative von ihm selbst ausging. Dann hätte er Anerkennung verdient. **Mein Verhalten gegenüber meinem Mann war ein Spiegel dessen, was in mir vorging, aber ich wollte es nicht sehen.**

Auch er akzeptiert sein männliches Prinzip nicht. Da er einen alkoholkranken, gewalttätigen Vater hatte, ist es nur allzu verständlich, dass er dieses Rollenbild ablehnt. Aus der Sicht meines heutigen Wissens gibt ein Mann, der sein inneres männliches Prinzip – also sein eigenes Geschlecht – nicht akzeptiert (ebenso wie eine Frau, die ihr weibliches Prinzip ablehnt), in der Regel den Wünschen anderer Vorrang vor seinen eigenen. Er stellt sich selbst hintan. Dadurch hört er jedoch nicht auf die Wünsche der Frau in ihm.

Mein Mann fordert nicht viel für sich selbst, aber wenn er es tut, finde ich seine Wünsche sehr oft unrealistisch. Er möchte zum Beispiel ein Flugzeug haben, obwohl wir in der

Innenstadt von Montréal wohnen. Er musste bis nach unserer Trennung auf sein eigenes Flugzeug warten! In einer Beziehung hat immer die Person, die das andere Geschlecht nicht akzeptiert, die Führungsrolle inne, wohingegen diejenige, die das eigene Geschlecht nicht akzeptiert, passiver ist und sich gern leiten lässt. Dass Gegensätze sich anziehen, ist hier nur eine Illusion, denn beide haben eines gemeinsam: dass sie dasselbe Prinzip nicht akzeptieren.

Zu jener Zeit **ist mir nicht bewusst, dass ich in unserer Ehe finanzielle Kontrolle ausübe. Auch von meiner finanziellen Unsicherheit weiß ich nichts.** Da mein Mann Alleinverdiener ist, reicht sein Gehalt nicht mehr aus, wenn wir einen kleinen Überschuss brauchen, um in den Urlaub zu fahren, oder wenn eine bestimmte Anschaffung ansteht. Also beschließe ich, für *Office Overload* zu arbeiten, eine Firma, die Sekretärinnen an Unternehmen vermittelt, wenn diese vorübergehend jemanden brauchen. Ich arbeite dort jeweils wochenweise, wenn wir mehr Geld brauchen, und da ich schöne Dinge mag und mein Mann auch immer mehr Gefallen daran findet, arrangieren wir dementsprechend alles so, dass wir berufstätig sind und Geld verdienen. Mein Mann absolviert sogar eine Schulung zur Reparatur von Radios und Fernsehern und erledigt diese Arbeit im Keller unserer vierten Wohnung. Inzwischen haben wir zwei Söhne, der erste wird am 30. Oktober 1962 geboren, und der zweite am 31. März 1966.

Im Sommer 1966 beginne ich mit *Tupperware*-Demonstrationen. Unsere finanzielle Situation bessert sich zusehends. In den ersten fünf Jahren unserer Ehe ziehen wir vier Mal um, und die Wohnungen werden immer schöner und geräumiger.

1967 beschließen wir, ein Haus am Stadtrand von Montréal zu kaufen. Ich bin gerade zur Teammanagerin bei der Firma *Tupperware* befördert worden, **und die Zukunft sieht**

sehr vielversprechend aus. Für mich ist es richtiger Luxus. Ich erlaube mir auch, eine Vollzeit-Kinderfrau einzustellen, die bei uns wohnt – wir haben ja genug Platz. Das neue Haus hat neun Zimmer.

In meinem ersten Jahr als Managerin übersteigen meine Ausgaben oft die Einnahmen. Zusätzlich zu allen Kosten, die meine Arbeit mit sich bringt, muss ich noch das Gehalt der Kinderfrau zahlen. In einem Vorort zu wohnen, bedeutet doppelte Benzinkosten für das Auto und hohe Ausgaben für Busfahrten. Aber **ich bin so zuversichtlich, dass ich das alles als Investition betrachte und weiß, dass ich eines Tages die Früchte ernten werde.** Rückblickend kann ich feststellen, dass ich diese Einstellung bei all meinen Unternehmungen gehabt habe. Ich glaube zutiefst daran, dass **man mit Ausdauer am Ende immer erntet.**

Ich habe trotz allem auch finanzielle Misserfolge erlebt. Heute verstehe ich die Gründe – damals fiel mir das nicht so leicht. Mein erster großer Misserfolg stellt sich ein, als ich für *Tupperware* arbeite.

Nachdem ich die Nummer eins der Manager in Kanada und den USA geworden war und meine Tochter zur Welt gebracht hatte, werde ich befördert. *Tupperware* bietet meinem Mann und mir im Herbst 1968 an, regionale Vertriebspartner zu werden. Sie wählen ihre Vertriebspartnerinnen immer aus bewährten Managerinnen aus, deren Ehemann bereit ist, seine Arbeit aufzugeben, um ein neues Vertriebszentrum zu leiten. Mein Mann beschließt also, am Flughafen zu kündigen. Er gibt seine Anstellung als Fluglotse auf, die ihm ein gutes Gehalt einbringt. Wir haben erfolgreich 11.000 Dollar gespart und investieren sie in das Vertriebszentrum, das uns in Wirklichkeit viel mehr kostet. Wir müssen sehr große Räumlichkeiten anmieten und mit Möbeln ausstatten, einen Raum für Meetings einrichten, ein Lager bauen und es mit *Tupperware*-Produkten und Geschenken für die Gastgeberinnen der Vorführungen füllen. Im März 1969 sollen wir bereit sein, das Zentrum zu eröffnen. Zu jener Zeit gibt es in Montréal bereits zwei Distributionszentren in zwei verschiedenen Stadtbezirken. Unser Zentrum wird das dritte in Montréal, das ein neues Gebiet abdeckt.

Wir beginnen bei null. Insgesamt werden wir schließlich vier Jahre mit diesem Zentrum verbringen – Jahre voller Reibereien, Getriebensein, Anstrengung und verbissenem Arbeiten. Wir müssen alles aufbauen, und weder mein Mann noch ich haben Erfahrung mit so großen Geschäften. Wir haben eine sehr hohe Miete, das Gehalt einer Sekretärin und viele andere Ausgaben. Da wir uns in den Jahren meiner Managerinnentätigkeit daran gewöhnt hatten, uns ein wenig Luxus zu leisten, führen wir unseren Lebensstil dennoch weiter. Ich fühle mich fortwährend schuldig. Je mehr ich mir einrede, dass wir den Gürtel enger schnallen müssen, umso mehr geben wir aus. Mein Mann, der seine kindliche Seite viel mehr zum Ausdruck bringt als ich, möchte weniger arbeiten und mehr Spaß haben. Er geht gern Golfspielen, tanzen und ins Kino. Er spielt mehr schlecht als recht den Chef, und ich versuche, seine Arbeit ebenso zu kontrollieren wie meine.

Vier Jahre später haben wir gravierende finanzielle Schwierigkeiten. Wir verschulden uns immer mehr bei der Firma *Tupperware,* die am Ende beschließt, dass es für uns das Beste ist, unsere Erfahrungen mit dem Vertriebszentrum zu beenden. *Tupperware* gibt die Schlüssel unseres Zentrums an jemand anderen weiter. Mein Stolz ist angekratzt. **Ich tue mich schwer mit der Situation, weil ich zu viele Erwartungen an mich selbst habe.** Nachdem ich als Managerin so viele spektakuläre Rekorde gebrochen hatte, erwartete ich, eine herausragende Vertriebspartnerin zu werden. Die Firma zahlt uns eine Entschädigung von 5.000 Dollar.

Wir stehen beide ohne Arbeit da, haben ein Haus abzubezahlen und drei Kinder zu versorgen, und all das Geld, das wir investiert haben, ist verloren. Ich stehe unter Schock und weine eine ganze Woche lang pausenlos – meistens aus Wut, denn ich empfinde die Situation als große Ungerechtigkeit. Ich bin wütend auf mich selbst, denn ich hatte es kommen sehen, habe es jedoch vorgezogen, die Augen davor zu verschließen. Gern hätte ich geglaubt, dass mein Mann schuld war, aber tief im Inneren ist mir klar, dass ich Fehler gemacht habe. Das war für mich eine große Einsicht, der Beginn einer Öffnung. Es war eine Erfahrung, die mich Demut lehrte und mich dazu brachte, zu akzeptieren, dass ich nicht alles kontrollieren kann.

All das geschieht im Sommer 1973. Wir haben schwierige Jahre in Québec durchlebt. Es ist eine Zeit, in der *die Front de Libération du Québec* („Befreiungsfront Québec") überall Bomben legt. Sie fordert Freiheit für Québec und will, dass die französischen Einwohner Québec regieren und nicht die englischsprachigen. Tausende ziehen ihre Ersparnisse aus Québec ab. Ich tröste mich mit dem Gedanken, dass es vielleicht nicht allein meine Schuld gewesen ist, dass das Vertriebszentrum nicht gut funktioniert hat. Die politische Situation war sicher nicht gerade hilfreich. Ich versuche zu verstehen, **obwohl es in Wirklichkeit sehr viel einfacher ist, die Tatsachen festzustellen und anzunehmen, ohne sie zu verstehen, in dem Wissen, dass nie etwas grundlos geschieht.**

Eine Woche später komme ich wieder zu Kräften und frage mich: „Was tun wir jetzt?" Mein Mann und ich beschließen gemeinsam, einen Teil der 5.000 Dollar dafür zu verwenden, mit den drei Kindern eine Reise nach Disneyworld in Florida zu machen. Das ist eine wunderbare Idee. Ich lasse das Kind in mir heraus. Ich kenne keine der Walt-Disney-Figuren, wie Mickey Mouse etc. Die Kinder lachen über meine Unwissenheit. **Ich war immer so sehr damit beschäftigt, vernünftig zu sein und zu beweisen, wie reif und erwachsen ich bin, dass es viele Jahre dauert, bis mein inneres Kind aus seinem Schneckenhaus hervorkommt.** Ich denke, dass es auch heute noch nicht präsent genug ist. Das gehört mit zu dem, was ich noch vorhabe.

Nach der Rückkehr entscheide ich mich, meine frühere Tätigkeit als Managerin bei *Tupperware* wiederaufzunehmen. Das habe ich immer gern getan, und ich war auch gut darin. Mein Mann kauft schließlich, nachdem er eine Weile hier und da gearbeitet hatte, einen *RadioShack*-Franchise-Laden und ich erkläre mich bereit, für ihn zu bürgen. Für mich ist die Rückkehr zu meiner Position als Managerin nicht einfach, weil ich bei null anfangen und ein neues Team aufbauen muss. Wir befinden uns im Herbst 1973. **Diese Erfahrung ist für mich enorm hilfreich, um innerlich zu wachsen, auch wenn mir das nicht sofort bewusst ist.** Es ist eine weitere Lektion in Demut.

Um mich herum gestehen mir Menschen ihre Überraschung darüber, dass ich in eine niedrigere Position zurückkehre. Viele sagen: „Ich könnte es nicht ertragen, wenn *Tupperware* mich so behandeln würde! Glaub mir, an deiner Stelle hätte ich die Firma verlassen!" Ich höre ihnen zu und sage mir: „Es ist eine große Firma, die weiß, was sie tut. Wenn man dort denkt, dass wir nicht qualifiziert sind, den Vertrieb zu übernehmen, dann haben sie wohl recht." Dennoch denke ich manchmal: „Vielleicht haben auch die Leute recht, vielleicht sollte ich wirklich nicht zurückkehren." Aber die Vorstellung gefällt mir nicht. Meine Managertätigkeit nicht wiederaufzunehmen, wäre Selbstbestrafung, denn das ist es, was ich wirklich tun will. Ich habe immer noch die Möglichkeit, wieder als Sekretärin zu arbeiten, aber am Verkauf gefällt mir vor allem, dass ich mich besser selbst übertreffen kann.

In diesem Metier werden wir ermutigt, Bücher über positives Denken zu lesen. Darin steht, Geld sei eine Form von Energie, und wenn man stark genug daran glaube, könne man so viel verdienen, wie man will. Dennoch ist mir, obwohl ich viele Bücher lese und regelmäßig Seminare besuche, **nicht bewusst, dass uns stets das widerfährt, woran wir zutiefst glauben.** Ich bin immer noch davon überzeugt, man müsse hart arbeiten, um Geld zu verdienen, also wähle ich einen harten Job. Es gibt einen guten Grund, warum es nur drei Prozent der Verkäufer bei *Tupperware* schaffen, dauerhaft gut zu verdienen. Es ist eine sehr anspruchsvolle Tätigkeit.

Die Überzeugungen, die wir in unserer Jugend erschaffen, werden im Lauf der Jahre stärker und sind später nur sehr schwer rückgängig zu machen. Ich lerne zum Beispiel, dass es in Ordnung ist, Geld zu haben, solange man es für Gutes verwendet und nicht anderen stiehlt. Doch meine alten Glaubenssätze rumoren laut in mir: „Es ist selten, dass Reiche in den Himmel kommen!" Ich glaube immer noch (unbewusst), wichtig sei nur, über die Runden zu kommen. Und ich glaube nicht, dass man mehr haben sollte, als man braucht. Als Kind habe ich nie gesehen, dass meine Eltern etwas übrig hatten. Diese Überzeugung ist so tief in mir verwurzelt, dass ich, selbst wenn ich viel Geld verdiene, regelmäßig dafür sorge, dass mir etwas passiert, um es zu verlieren. Ich muss immer wieder von vorne anfangen. Wenn ich mal ein kleines Polster habe, reicht es nie sehr lange. Doch inzwischen sehe ich eine gute Seite an diesem Glauben – vielleicht ist das der Grund, warum ich weiterhin daran festhalte: Wenn ich wieder von vorn anfange, **muss ich Risiken eingehen und gehe immer weiter. So überschreite ich zunehmend meine Begrenzungen.**

Also bleibe ich weiterhin Managerin, mehrere Jahre. Ich verdiene immer mehr Geld. Mein Mann kommt auch gut zurecht, und mit unseren gemeinsamen Einkünften leben wir sehr komfortabel, ohne dass wir uns einschränken müssen. Ich programmiere mich mental darauf, reich zu sein, wie ich es gelernt habe. Da regelmäßig Geld hereinkommt, bin ich überzeugt, dass ich nicht unter finanzieller Unsicherheit leide. Mir ist nicht bewusst: Je mehr wir einen Aspekt von uns zum Verschwinden bringen wollen, desto mehr widersteht er und bleibt bestehen. Er bleibt verdrängt in unserem Unterbewusstsein und wird immer stärker, bis er eines Tages erneut die Oberhand gewinnt und unübersehbar zutage tritt. Ich will nicht wahrhaben, dass ein Teil von mir glaubt, Geld bringe Sicherheit im Leben.

Wenn ich mehr Bewusstheit entwickelt hätte, dann hätte ich gesehen, dass ich immer noch in einem Grundgefühl finanzieller Unsicherheit lebte und dieselben Glaubenssätze immer noch in mir waren – ich hätte mir nur ansehen müssen, wie ich mich gegenüber meinem Mann und meinen Kindern verhielt. Es kommt nicht infrage, dass sie ohne meine Zustimmung etwas kaufen. Ich beurteile die Dinge, die sie sich anschaffen wollen, immer noch als unnötig. Ich kontrolliere weiterhin. Genau wie meine Mutter achte ich darauf, dass meine Kinder den Wert unserer Möbel und den Preis von allem kennen, „denn Geld wächst nicht auf Bäumen". Ich möchte ihnen Respekt vor materiellen Dingen einimpfen.

In Wirklichkeit ist es jedoch der von Unsicherheit geprägte Teil in mir, der glaubt, dass ich, wenn ein Kind etwas kaputtmacht, nicht die Mittel hätte, um es zu ersetzen. Das Schlimmste daran ist: Je mehr ich versuche, meinen Kindern und meinem Ehepartner Respekt vor materiellen Dingen und Geld einzuflößen, umso weniger Respekt zeigen sie. Die Kinder halten uns für sehr reich und haben volles Vertrauen. Für sie wird immer genug da sein. Ich wusste nicht, dass **unsere Kinder dazu auserkoren sind, uns die Aspekte unserer selbst widerzuspiegeln, die wir nicht ansehen wollen.**

Um so zu sein wie sie, müsste ich meine Überzeugungen ändern, und das erscheint mir viel zu bedrohlich. Ich habe zu viel Angst, verantwortungslos und verschwenderisch zu werden. Dass es nicht unbedingt gleichbedeutend damit ist, ins andere Extrem zu verfallen, wenn ich meine Überzeugungen ändere, weiß ich noch nicht. **Meinen Glaubenssatz zu ändern, bedeutet einfach, mir das Recht zuzugestehen, entweder das eine oder das andere zu sein.** Ich frage mich auch nicht, wie ich mich fühle, denn ich vertraue nur auf das, was ich glaube. Außerdem möchte ich meine Überzeugungen unbedingt an meine Angehörigen weitergeben. **Die Mittel, die ich einsetze, sind zwar nicht die besten, aber dafür ist meine Motivation gut.**

Ich praktiziere weiterhin mentale Kontrolle. Sobald ich mir etwas wünsche, beginne ich daran zu denken, es zu programmieren, es zu visualisieren. So habe ich es gelernt. Ich weiß damals noch nicht, dass es besser wäre, die Worte „Nur wenn es gut für mich ist" hinzuzufügen. So möchte ich zum Beispiel in dem Haus, das wir 1967 in Pierrefonds gekauft haben, die Küche im spanischen Stil einrichten und eine große Terrassentür zum Garten einbauen. Eine solche Renovierung ist sehr teuer. Ob du es glaubst oder nicht, ich habe am Ende tatsächlich die spanische Küche meiner Träume bekommen – aber zu welchem Preis! Es ist mir nie in den Sinn gekommen, näher festzulegen, *wie* sie sich materialisieren soll. Und so kam es dazu:

Mein Mann und ich verbringen gerade unseren Urlaub auf den Bahamas, als wir einen Anruf aus Pierrefonds erhalten, dass unser Haus brennt. Merkwürdiger Zufall: Der einzige Raum, der komplett verbrannt ist, ist die Küche! Der Rest des Hauses ist nur verrußt. Wir müssen anderswo unterkommen, bis die Arbeiter das repariert haben, was vom Feuer zerstört worden ist, und die Reinigung des restlichen Hauses abgeschlossen ist. Ich nehme die Gelegenheit wahr, eine Küche im spanischen Stil bauen zu lassen, mit einer Terrassentür, genau wie ich sie mir gewünscht habe. Die Versicherung übernimmt alle Kosten. Am Ende kostet uns meine spanische Küche nichts … finanziell gesehen!

Ich habe zwar bekommen, was ich wollte, aber nur um den Preis sehr vieler Scherereien und ärgerlicher Folgen! Auf die genauen Details komme ich später zurück. **Heute ist mir klar, dass das, was wir wollen, nicht unbedingt das ist, was wir brauchen.**

In den drei Jahren seit meiner Rückkehr als *Tupperware*-Managerin ist alles gut gelaufen, und wir haben es geschafft, mehrere Tausend Dollar zu sparen, auch ohne einen genauen Sparplan. Ich bin fest davon überzeugt, dass mein Geldprozess endgültig abgeschlossen ist und dass ich jetzt genug Vertrauen habe, um uns das Geld zu beschaffen, das wir brauchen, und mehr. Doch auch hier muss ich wieder eingestehen, dass das Gegenteil der Fall ist: nämlich, als ich mich im Jahr nach dem Brand, also 1976, von meinem Mann trenne.

Wieder einmal muss ich bei null anfangen – meine Reserven habe ich gerade verloren. In gegenseitigem Einvernehmen zieht mein Mann mit dem Geld unseres Bankkontos aus, und mir bleiben das Haus und die Kinder. Da ich an einen recht luxuriösen Lebensstil gewöhnt bin, behalte ich ihn auch weiterhin bei. Mein Mann akzeptiert unsere Trennung nicht und will sich rächen, indem er keinen Unterhalt für die Kinder zahlt. Er sagt, ich verdiene mehr Geld als er, sei ohnehin schon reich genug, und überdies wohne eine Freundin bei uns, die für Kost und Logis zahlt. Er meint also, mir nicht das geringste Geld geben zu müssen. Natürlich: **Je mehr ich ihn kritisiere und niedermache, umso weniger will er kooperieren,** umso weniger will er mir finanziell helfen.

Zwei Jahre nach unserer Trennung beschließe ich, das Haus, unser gemeinsames Zuhause, zu verkaufen, im Herbst 1979. Nachdem ich meinen Anteil am Gewinn erhalten habe, fühle ich mich wieder reich und sicher. Ich habe ein finanzielles Polster. Ich ziehe mit den Kindern nach Montréal und stelle eine Vollzeit-Kinderfrau und Assistentin ein. Zwischen Herbst 1978 und 1982, vor dem Beginn von *Écoute et Mange („Hör (auf deinen Körper) und iss")*, führe ich den gleichen Lebensstil weiter und lebe oft über meine Verhältnisse. Je mehr Geld ich verdiene, umso mehr meine ich, mir alles erlauben zu können.

Bei mehreren Gelegenheiten schöpfe ich meine Kreditkarten aus, und wenn ich dann fünf- oder sechstausend Dollar Schulden habe, gehe ich zur Bank und nehme einen Kredit auf, um meine Schulden zu konsolidieren. So kann ich all meine Kreditkartenschulden abbezahlen, immer mit dem guten Vorsatz, es nicht wieder zu tun. Dieser Vorsatz hält einige Monate an, dann beginne ich langsam wieder auf Kredit zu kaufen. Ich versuche, das Geld, das vom Hausverkauf übrig geblieben ist, nicht anzurühren, auch wenn ich einen Teil davon für den Umzug in unsere neue Bleibe in Montréal verwenden musste. Dennoch habe ich im Lauf der Jahre nach und nach den größten Teil davon für Urlaube, Möbel usw. ausgegeben – und um die wenigen Wochen zu überstehen, in denen ich keine Arbeit hatte, nachdem ich *Tupperware* verlassen hatte.

Ich merke immer noch nicht, wie verschwenderisch ich bin! Von 1979 bis 1982 habe ich ein Jahreseinkommen von 50.000 Dollar – ohne Auto und Spesen –, und am Ende jedes Jahres ist nichts mehr davon übrig. Genau das habe ich meinem Ex-Mann vorgeworfen! **Wie wichtig es doch ist, auf sich selbst zu schauen, wenn man jemand anderen anklagt!**

Als ich dem Geschäftsführer von *Belkraft* im August 1982 mitteile, dass ich meine Arbeit kündigen will, um meinem Traum zu folgen und *Écoute et Mange* zu gründen, empfiehlt er mir nachdrücklich, mein neues Unternehmen schrittweise anzugehen. Er ermutigt mich zwar mit meinem neuen Vorhaben, ist aber auch besorgt um mich. Ich sage ihm, dass ich zu sehr mit ganzem Herzen dabei bin, um mich halb hier und halb dort einzubringen. Er hat zwar mehr Erfahrung auf diesem Gebiet als ich, aber ich ignoriere es. Ich stelle mich taub, höre nicht auf seinen Rat, wie immer, besonders wenn er von einem Mann kommt. Ich möchte sofort anfangen, mich voll hineinstürzen. Als ich ihm sage, dass ich wirklich gehen will, fragt er, ob ich bereit wäre, meine Verkäufer ein bisschen zu beaufsichtigen, im Gegenzug würde er mir meine Managerprovision auf ihre Verkäufe zahlen. Er ist so freundlich, mir diese Provision noch bis Ende Dezember 1982 zu zahlen.

Ich bin so zuversichtlich mit meinem neuen Projekt, bin so begeistert davon, dass ich nicht einmal in Betracht ziehe, dass der Start langsamer vonstatten gehen könnte, als ich es mir wünsche.

Bei meinen Kalkulationen gehe ich davon aus, dass ich pro Abend zwanzig Teilnehmer haben werde, an vier Abenden in der Woche. Ich bin sicher, dass ich weiterhin ein gutes Einkommen haben werde. Um ehrlich zu sein: Wenn ich gewusst hätte, welche finanziellen Probleme auf mich zukamen, und wenn ich geahnt hätte, dass mit Kursen kein Geld zu verdienen ist, frage ich mich, ob ich *Écoute et Mange* überhaupt gegründet hätte. Danke, GOTT, dass ich es nicht wusste!

Zu Beginn von *Écoute et Mange* weiß ich nicht recht, warum ich so begeistert bin. Ich möchte Menschen helfen mit dem, was ich herausgefunden habe, doch die große Macht der Liebe ist mir noch nicht besonders bewusst. Mein Glaube an den mentalen Aspekt der Menschen ist immer noch sehr ausgeprägt. Durch die Aussagen meiner Kursteilnehmer wird mir diese Macht jedoch zunehmend bewusst. Wenn sie mir von ihren Heilungen erzählen, ist es offensichtlich: Ihre Transformation kommt zustande, weil sie anders lieben. Viele wussten noch nicht einmal etwas von mentaler Stärke und haben trotzdem gesehen, dass ihr Leben sich veränderte.

Heute ist mir klar, dass die Begeisterung, die ich für meine berufliche Neuorientierung empfand, meiner Seele, meinem ganzen Wesen entsprang. **Gibt es einen besseren Weg, Liebe zu entwickeln, als sie zu lehren? Und Liebe ist, sich für GOTT öffnen!**

Als ich im August 1982 beginne, muss ich weiterhin die Miete der für *Belkraft* gemieteten Räumlichkeiten zahlen; der Mietvertrag läuft erst im Februar 1983 aus. Das erste Büro von *Écoute et Mange* richte ich in meinem Keller ein, mit einem Geschäftstelefon. Die Kinderfrau, die seit einigen Jahren bei mir ist, wird nun auch meine Sekretärin und Assistentin während der Kurse.

Ein paar Tausend Dollar, die mir geblieben sind, investiere ich in Werbung und Raummieten. Nach einem Monat ist kein Cent mehr übrig. Es kommt kein Geld herein. Von September 1982 bis April 1983, also in sieben Monaten, belaufen sich meine Einkünfte auf genau 4.755 Dollar! Es gelingt mir, eine meiner Schwestern, die nach dem Tod ihres Mannes geerbt hat, zu überreden, mir Geld zu leihen. Ich muss mich noch mehrmals an sie wenden. Immer denke ich, im nächsten Monat wird es besser. Ich leihe mir jeweils die Summe für den Bedarf eines Monats.

Ich verkaufe meine Versicherungspolicen. Als letzten Ausweg muss ich mir etwas von meinen Eltern leihen. Es fällt mir sehr schwer, diese Bitte zu äußern, weil ich nicht möchte, dass Mutter von meinem finanziellen Misserfolg weiß. Sie hat mich immer für erfolgreich gehalten, weil ich bisher von allen Familienmitgliedern immer das höchste Einkommen hatte. Ich beurteile den Grad meines Erfolgs immer noch danach, wie viel ich verdiene. Es kommt sehr oft vor, dass meine Sekretärin auf ihr Gehalt warten muss. Einmal schulde ich ihr sogar das Gehalt von sechs Wochen.

In der Zwischenzeit entwickelt sich alles, was die menschliche Seite des Kurses betrifft, immer besser. Ich kann es kaum glauben, so gut sind die Ergebnisse. **Es geschehen Wunder, ohne dass ich wirklich verstehe, was vor sich geht. Ich kann nur feststellen, dass es die Kraft der Liebe ist. Tief in mir habe ich das Gefühl, dass ich um jeden Preis weitermachen muss.** Ohne dass ich es merke, verschiebt sich langsam meine Motivation. Die Ergebnisse und die Veränderung der Teilnehmer werden in meinen Augen wichtiger als die finanziellen Probleme. **Mein Ziel ist es nicht mehr, Geld zu verdienen. Vielmehr wird Geld zu einem Mittel zum Zweck.** Das ist mir jedoch nicht vollständig bewusst. Ich spreche immer öfter mit meinem inneren GOTT. Ich bete sehr viel. Ich arbeite mit Affirmationen.

April 1983. Ich bin drei Monate mit der Miete im Rückstand, und auch mit den Ratenzahlungen für mein Auto und meinen Kreditkartenzahlungen bin ich im Verzug. Meine Schulden belaufen sich auf 57.000 Dollar. Ich tue mein Bestes, um die Gläubiger zu überzeugen, zu warten. Ein Teil von mir ist in Panik, aber ein anderer Teil glaubt immer noch an ein mögliches Wunder.

In meiner Verzweiflung schalte ich eine Anzeige in der Zeitung, um einen Geschäftspartner zu finden. Es ist eine ganz kleine Anzeige, weil ich kein Geld habe. Das lang ersehnte Wunder tritt ein. Ich erhalte 25 Antworten, alle von Männern – das an sich ist schon eine Botschaft. Im Lauf meiner Karriere habe ich viele Hilfsangebote von Männern erhalten, und das sehr oft, ohne dass von mir eine Gegenleistung erwartet wurde. **Sie waren da, um mir zu zeigen, wie sehr mein innerer Mann mich liebte, mir helfen wollte und alles tat, um von mir akzeptiert zu werden.**

Mit zehn dieser Männer treffe ich mich, darunter auch mit einem alten Mann, der bestimmt auf die Achtzig zugeht. Er empfängt mich in seinem Haus in Outremont, einem reichen Viertel von Montréal. Es ist ein Haus, wie man es in Filmen sieht, ein traumhafter Ort. Ich erzähle ihm von meinem finanziellen Problem und zeige ihm einen kleinen Flyer mit meinen Kursen – ich habe ihn selbst gestaltet und von Hand erstellt. Die Philosophie, die ich lehre, basiert zum damaligen Zeitpunkt nicht nur auf Liebe. Ich lehre eher, wie wir auf die Botschaften des Körpers hören können, um unsere Krankheiten oder Gewichtsprobleme zu heilen. Ich weiß zwar, dass meine Lehre auf Selbstliebe hinausläuft, fürchte aber, Menschen Angst zu machen, wenn ich zu offen über Liebe oder GOTT spreche. Das ist auch im Flyer so. Ich spreche darin weder von Liebe noch von Spiritualität.

Nachdem er ihn schnell gelesen hat, blickt er mir direkt in die Augen und sagt: „Endlich mal jemand, der die Liebe lehrt! Das braucht die Erde am meisten." Dann fügt er hinzu: „Sei unbesorgt. Du wirst sehen, alles wird sich fügen. Du brauchst mich wirklich nicht, denn **du hast alles Nötige in dir, um er-**

folgreich zu sein." Mein Herz sinkt, und ich denke: „Mein Gott, wenn er nur wüsste, wie sehr ich jemanden brauche, der mir hilft!" Er gibt mir zwei Bücher über die Liebe und spricht eine gute Stunde mit mir. Ich selbst sage kaum etwas. Seine Worte im Einzelnen sind mir nicht genau in Erinnerung geblieben, aber ich weiß noch, dass ich am ganzen Körper eine Gänsehaut hatte, während er zu mir sprach und mich ermutigte. Dieser Mann wird mir immer im Gedächtnis bleiben. Es war, als wäre er mir direkt vom Himmel gesandt worden, um mich zu führen. Ich war so bewegt, dass ich weinte, als ich ins Auto stieg. Eine halbe Stunde, nachdem ich sein Haus verlassen habe, bin ich auf dem Weg zu meinem nächsten Termin – und begegne meinem künftigen Geschäftspartner …

Mein Geschäftspartner in spe ist englischsprachig und ein Mann, dessen Hintergrund sich sehr von meinem unterscheidet. Unsere Überzeugungen und unsere Erziehung sind ganz und gar nicht dieselben. Ich treffe ihn acht Mal, bevor er sich entscheidet. Am Ende unseres achten Treffens sagte er: „Okay! Niemand empfiehlt mir, in ein Unternehmen wie deins zu investieren!" Dann fragt er: „Was willst du tun, wenn ich nicht bei dir investiere?" Ich antworte: „Ich habe keine Ahnung, aber eines ist sicher: Ich schaffe es – und wenn ich betteln muss!" Angesichts meiner Entschlossenheit willigt er schließlich ein. Es ist Mai 1983, und unsere offizielle geschäftliche Partnerschaft beginnt im Juni 1983. Er investiert 35.000 Dollar und ist als Partner zu 50 Prozent beteiligt. Danke, GOTT!

Auf Anraten des neuen Partners, der alles sehr professionell machen möchte, mieten wir schöne Hotelräume. Wir schalten große Anzeigen in *La Presse* und *Le Journal de Montréal* mit Einladungen zu kostenlosen Informationsabenden. Ich versuche auch, durch Heimveranstaltungen auf *Écoute et Mange* aufmerksam zu machen. Ich finde Kundinnen, die ihre Bekannten einladen, und halte einen Informationsabend ab, der mit einer geführten Entspannung endet. Die Gastgeberin wird entsprechend der Anzahl der in ihrem Haus erzielten Registrierungen entlohnt. Ich gebe Schulungen, wie man solche Info-Veranstaltungen zu Hause abhält. **Meine Entschlossenheit ist so groß, dass ich bereit bin, alles zu versuchen, um mein Ziel zu erreichen.**

Mein Partner mag den Namen *Écoute et Mange* nicht. Er schlägt mir vor, einen Namen mit einer einprägsamen Abkürzung zu suchen. Den Namen *Écoute Ton Corps* – Hör auf deinen Körper – finde ich auf besondere Weise. Ich fahre hinter einem großen Lkw und lese mechanisch die Beschriftung der hinteren Türen. Plötzlich sehe ich in großen Lettern die Worte *Écoute Ton Corps* – und die Buchstaben „E.T.C." stechen sehr deutlich hervor. Die Anfangsbuchstaben lesen sich wie „etc." – und genau so etwas haben wir gesucht. Der Name des Kurses und des Unternehmens sind nun miteinander verknüpft, genau wie wir wollten. Der Grundkurs trug mehrere Jahre den Namen „ETC-Kurs". Im Lauf der Jahre hat man mich schon mehrmals davon überzeugen wollen, den Namen zu ändern, aber niemandem wird das gelingen. Denn der Name kommt nicht von mir. Er entspringt einer Inspiration.

Es fällt mir nicht leicht, mit einem Partner zusammenzuarbeiten, weil ich schon immer unabhängig war und meine Geschäfte gern allein führe. Ich muss ihm über alles Rechenschaft ablegen und bin ihm gegenüber ängstlich. In seiner Gegenwart fühle ich mich klein und unterlegen. Er wirkt so selbstsicher in geschäftlichen Dingen! Da er immer finanziell erfolgreich war, habe ich das Gefühl, ich müsse auf all seine Ratschläge hören. Ohne es zu merken, habe ich mich in eine Situation gebracht, in der ich anfangen muss, auf den Rat eines Mannes zu hören. Einige Male spreche ich ihm gegenüber an, dass ich in bestimmten Punkten nicht mit ihm übereinstimme, und es kostet mich große Überwindung.

Seit den Anfängen von *Écoute et Mange* gehe ich immer wieder auf Radio- und Fernsehleute wie auch auf Journalisten zu, um mich bekannt zu machen. Hier und da gelingt es mir, ein Interview zu ergattern. Und jedes Mal, wenn ich irgendwo interviewt werde, hoffe ich, dass sich etwas daraus ergibt. **Da ich immer in Aktion bin, habe ich viele Hoffnungen.** Doch Monat für Monat sind die Ausgaben höher als die Einnahmen.

Im August 1983 beschließen wir, Mitarbeiter einzustellen. Mein Partner glaubt, dass wir mit Unterstützung schneller vorankommen. Ich stelle eine Person ein, die Erfahrung mit dem Durchführen von Kursen, Workshops und Seminaren hat und sich damit auskennt, wie man sie aufbaut. Zwei weitere Mitarbeiterinnen (von denen eine heute (1991, Anm. d. Red.) immer noch für mich tätig ist) boten an, nahezu ehrenamtlich zu arbeiten. Meine Kinderfrau und Sekretärin hat mich gerade nach mehreren Jahren verlassen. Sie möchte sich verändern. Wir versuchen alles Mögliche – Gesundheitsmessen, Heim-Informationsabende und sogar Hausieren. Dennoch gibt es nur sehr wenige Anmeldungen. Unsere Ausgaben sind mindestens doppelt so hoch wie unsere monatlichen Einnahmen.

Ende 1983 ist von der Investition meines Partners nichts mehr übrig. Er sagt, dass meine Idee wohl zu avantgardistisch sei. Als Fachmann für Unternehmensführung rät er mir, alles dichtzumachen und in ein paar Jahren neu anzufangen. Diesen Vorschlag lehne ich ab. Stattdessen frage ich meine Mitarbeiter, ob sie weiterhin an meiner Seite bleiben wollen, und meinen Partner, ob er mich auch künftig bei der Geschäftsführung unterstützen will. Ich verspreche ihm, ihn nicht mehr um Geld zu bitten. Gemäß unserer Vereinbarung hatte er immer einen Tag in der Woche *Écoute Ton Corps* gewidmet, und er erklärt sich bereit, diesen Rhythmus beizubehalten.

Wieder verfalle ich in Unsicherheit. Ich verstehe nicht, warum die Anlaufschwierigkeiten so lange anhalten. Bisher war ich stets gewohnt, die Früchte meiner Arbeit entsprechend den investierten Stunden zu ernten, doch diesmal bleibt die Ernte aus – trotz der neunzig Stunden Arbeit, die ich jede Woche hineinstecke. **Rückblickend bin ich froh, dass ich so entschlossen geblieben bin und mich nicht aufhalten ließ.**

Ich verschulde mich weiter. Ende 1983 muss meine Schwester, die bei mehreren Krediten für mich gebürgt hatte, eine Entscheidung bezüglich ihrer Geldanlagen treffen, deren Laufzeit endet. Ich wende mich erneut an sie und bitte sie, mir Geld zu leihen, um all meine Schulden einschließlich der Kreditkartenschulden zu bezahlen. Die ganze Woche habe ich mich darauf vorbereitet. Ich biete ihr einen höheren Zinssatz an als die Bank und verpflichte mich, nur die Zinsen sofort zu zahlen und ihr innerhalb von fünf Jahren den vollen Betrag der Schuld zu begleichen. Insgesamt brauche ich 39.000 Dollar. Während sie minutenlang darüber nachdenkt, halte ich den Atem an. Als ihre Überlegungen abgeschlossen sind, sagt sie schließlich: „Warum nicht? Selbst wenn *Écoute Ton Corps* seine Pforten schließt: Ich kenne dich, du arbeitest so hart, dass ich weiß, du wirst es mir zurückzahlen!" Puh! Was für eine riesige Erleichterung, und welch ein schönes Geschenk! Ich weine vor Glück. **Es ist eine weitere Manifestation der großen Macht GOTTES in mir!**

Ich kann wieder durchatmen. Mit dieser Schuldenkonsolidierung spare ich zudem über 500 Dollar pro Monat allein an Zinsen für die verschiedenen Kredite, die ich aufgenommen hatte. WOW!

Anfang 1984 reicht das Einkommen dennoch immer noch nicht aus, und das Bankkonto ist leer, darum muss ich erneut meine Kreditkarten benutzen, um zu überleben. Einen Monat nach dem anderen schaffe ich es, und etwa im März 1984 kalkuliere ich, dass *Écoute Ton Corps* etwa 900 Dollar für angemietete Räume pro Monat zahlt, die Kurse der beiden anderen, die mich unterstützen, mit eingerechnet. Ich ziehe daraus den Schluss, dass die Zeit für eigene Räumlichkeiten gekommen ist. **Diese Entscheidung ist wirklich ein Akt des Vertrauens von meiner Seite.**

Ich entscheide mich für die Rue Saint-Denis, weil ich unbedingt in der Nähe einer U-Bahn-Station sein möchte, und beschließe, dass wir im Juni umziehen werden, damit die neue Unterrichtsreihe, die dann beginnt, schon in den neuen Räumen stattfinden kann. Erfolglos suchen wir nach einem geeigneten Ort. Allen, die sich für den Kurs im Juni anmelden und nach der Adresse fragen, antworten wir, es sei in der Rue Saint-Denis, aber die genaue Hausnummer hätten wir noch nicht. Ich miete nichts zusätzlich an, weil ich zuversichtlich bin, dass wir unsere Räumlichkeiten in der Rue Saint-Denis auf jeden Fall haben werden.

Ich finde sie eine Woche vor Kursbeginn. Puh! Mir kamen schon Zweifel an meinem Akt des Vertrauens. Wieder einmal bin ich gerettet. **Ich fühle mich zunehmend göttlich beschützt.** Dennoch sehne ich mich nach dem Moment, wenn ich meinem inneren GOTT genug vertraue, um noch schneller gerettet zu werden. Meinem Eindruck nach kommt die Rettung oft in letzter Minute. **Dennoch hilft mir diese Erfahrung, Vertrauen zu entwickeln.** Es wird noch einige Jahre dauern, bis ich lerne, weniger „last minute" zu sein.

Wir haben nur vier Tage Zeit, um die Wände einzureißen und die Klassenräume und Büros zu gestalten. Es sind knapp hundert Quadratmeter mit einem großen Lagerkeller. Wir richten eine sehr rudimentäre Küche im Keller ein. Mehrere Helfer packen mit an, auch meine Kinder, und wir bewältigen diesen Kraftakt. Der Unterricht beginnt planmäßig am folgenden Montagabend.

In Anbetracht der finanziellen Lage von *Écoute Ton Corps* **mag diese Entscheidung auf den ersten Blick wie ein spontaner Impuls meinerseits erscheinen, doch sie wird sich tatsächlich noch als sehr vorteilhaft erweisen.** Auch wenn wir in diesen Räumlichkeiten sehr beengt sind, werden wir vier Jahre lang dort bleiben. Sie bieten Platz für bis zu fünfzehn Mitarbeiter.

Während meiner ersten Jahre bei *Écoute Ton Corps* erhalte ich weiterhin regelmäßig Arbeitsangebote im Verkauf, einige davon sehr verlockend. Eines hätte ich beinahe angenommen. Es war ein Einjahresvertrag, um in Florida einen Verkaufsplan auf die Beine zu stellen. Die Firma bietet mir an, die Kosten meines Umzug und eines Strandhauses für meine Kinder und mich zu übernehmen, plus ein tolles Gehalt. WOW! Was für ein Angebot. Ich erbitte mir einen Monat Zeit für meine Antwort und spreche mit meinen Mitarbeitern darüber. Es wäre ein Weg, genug zu verdienen, um meine Schulden zu bezahlen und *Écoute Ton Corps* zu helfen.

Meine Mitarbeiter sind bereit, *Écoute Ton Corps* während meiner Abwesenheit weiter zu betreiben. Was für eine Versuchung! Aber mein innerer GOTT kennt meine Bedürfnisse. Ich begegne jemandem, dem ich vertraue, erzähle ihm von meinem Dilemma und bitte um Rat. Er erklärt: „Ob du nun den einen oder den anderen Weg wählst, du kannst nichts falsch machen. Beide bieten dir eine Herausforderung, und du wirst viel dabei lernen. Dennoch: **Welcher dieser beiden Wege kann dir nach deinem Empfinden am meisten helfen, per-**

sönlich zu wachsen?" Da habe ich meine Antwort! Es geht also weiter mit *Écoute Ton Corps!*

Meine Entscheidung ist endgültig. Deshalb habe ich danach auch keine weiteren Angebote mehr. Diese Entscheidung treffen zu müssen, hat mir bewusst gemacht, dass ich nicht mehr um des Geldes willen arbeite. So war es auch, als ich im Verkauf anfing. Zunächst war es ein Weg, mir meinen Lebensunterhalt zu verdienen. Doch irgendwann habe ich das, was ich tat, so sehr geliebt, dass nur noch meine Ziele zählten – und die Freude, zu sehen, wie sich meine Teammitglieder entwickelten.

Das, was ich bei *Écoute Ton Corps* tue, gefällt mir immer mehr. Inzwischen nutze ich mein Motivationstalent, um Menschen dazu zu ermutigen, mit Liebe zu sich selbst und anderen zu leben. Mein Lohn ist es, zu sehen, wie Menschen sich wandeln und mehr in Frieden, Liebe, Harmonie und Gesundheit leben. Der Lohn des Geldverdienens kommt erst an zweiter Stelle. Da ich es gern schön habe und schöne Dinge etwas kosten, muss ich mich gut organisieren, um entsprechende Einkünfte zu haben. In schwierigen Jahren leiste ich mir Schönes nur so weit, wie es mir möglich ist.

Im Dezember 1984 stehe ich finanziell so schlecht da, dass ich nicht einmal einen Cent Gehalt zahlen kann und meine beiden Büroangestellten entlassen muss. Nun muss ich mich um alles selbst kümmern: Buchhaltung, Bankangelegenheiten, Werbung … Mehrere Personen bieten mir an, ehrenamtlich für mich zu arbeiten. Ich finde es schwierig, solche Hilfe anzunehmen, denn es gibt mir das Gefühl, in ihrer Schuld zu stehen, und ich frage mich, wie ich das alles zurückgeben kann. Es ist, als würde ich um ein Almosen bitten. Zudem glaube ich, ich sei nicht gut genug, nicht kompetent genug, weil ich mir bezahlte Hilfe nicht leisten kann.

Ich werde mir des Teils meiner selbst bewusst, der immer mit Erwartungen gibt. Bisher hielt ich mich für großzügig, aber nun wird mir klar: Wenn ich Mühe habe, zu akzeptieren, dass mir jemand gern und ohne Erwartungen etwas gibt, dann deswegen, weil ich selbst nicht in der Lage bin, ohne Erwartungen zu geben. Sonst wüsste ich, dass diese Menschen aufrichtig sind, wenn sie mir versichern, dass sie nichts als Gegenleistung wollen. Oft sagen sie: „Was ich hier bei *Écoute Ton Corps* lerne, bedeutet mir so viel. Mehr will ich gar nicht." Es fällt mir schwer, ihnen zu glauben. Ich denke, dass sie es nur mir zuliebe sagen. Durch diese Erfahrung lerne ich, ohne Erwartungen zu geben. Es ist eine gute Lektion für mich.

Seit jenem Tag, an dem ich den alten Herrn aus Outremont traf, hat mich die Idee, mit der Ausbildung von Kursleiterinnen zu beginnen, nicht mehr losgelassen. Er hatte mir unter anderem gesagt: „Es wird wichtig für dich sein, deine Lehre überall zu verbreiten. Dafür musst du andere schulen. Du solltest vor allem dafür sorgen, deine Kurse bekannt zu machen, denn was nützt ein guter Kurs, wenn niemand weiß, dass es ihn gibt?" Zur Zeit unseres Gesprächs konnte ich mir das kaum vorstellen, aber 1984 nahm es allmählich Gestalt an.

Zwei Frauen sind nun Kursleiterinnen geworden. Sie haben mich mehrere Monate begleitet und unterstützt, um auf diese Weise von mir ausgebildet zu werden. Im Januar 1985 beschließe ich, einen Intensivkurs zu belegen, um zu lernen, wie man Kursleiter schult. Ich kreiere einen offiziellen Kurs, der 33 Wochen dauert. Im Februar weihe ich ihn mit elf Teilnehmern ein. Um Kursleiter zu werden, müssen sie einen Tag pro Woche im Zentrum verbringen. Dadurch lernen sie die verschiedenen Aspekte der Arbeit kennen. Ich hatte also das ganze Jahr 1985 über Hilfe von diesen Auszubildenden.

Schließlich kommt doch noch der Tag, an dem ich alles bezahlen kann, auch meine beiden Kursleiter. Allmählich komme ich sogar ins Plus. Eine Teilnehmerin bietet an, mir ehrenamtlich bei der Buchhaltung zu helfen. Sie gesteht mir, sie habe sich während einer geführten Entspannung selbst als Geschäftsführerin des *Centre Écoute Ton Corps* gesehen, und diese Vorstellung gefalle ihr ausnehmend gut. **Was für eine tolle Chance! Nochmals vielen Dank, GOTT.** Diese Frau ist auch heute noch (1991, Anm. d. Red.) Mitglied der Geschäftsführung von *Écoute Ton Corps.* Im September 1985 werden von den elf Personen, die den Seminarleitungskurs belegt haben, neun tatsächlich Kursleiter und beginnen zu unterrichten. **Eine rosigere Zukunft kündigt sich an.**

Im folgenden Monat beantragen wir eine staatliche Förderung zur Schaffung neuer Arbeitsplätze. Bei Bewilligung würde die Regierung zwei Drittel des Gehalts neuer Mitarbeiter zahlen. Mehrere Ehrenamtliche, die ein paar Tage in der Woche kommen, und die zukünftigen Kursleiter möchten unbedingt Vollzeit für uns arbeiten. Sie freuen sich sehr, dass dies allem Anschein nach nun Realität wird. Während wir auf den Zuschuss warten, entwickeln sich die Kurse immer besser, und wir finden uns im Januar 1986 mit einem Einnahmeüberschuss von 20.000 Dollar auf der Bank wieder! WOW! Das ist wunderbar.

Kurz darauf teilt uns die Regierung mit, dass keine Mittel mehr zur Verfügung stehen. Das Projekt ist ins Wasser gefallen. Was für eine Enttäuschung! Ich weiß nicht, was ich tun soll. Ich weiß, dass ich nicht verpflichtet bin, die Ehrenamtlichen einzustellen, aber ein Teil von mir hat das Gefühl, in ihrer Schuld zu stehen. Ich beschließe, aufs Ganze zu gehen und alles zu riskieren.

Mein Partner ist nicht damit einverstanden. Ihm zufolge will ich zu überstürzt vorgehen. Ich möchte nicht mehr auf ihn hören, auch wenn ich weiß, dass er ein bedachtsamer Mensch ist und Geschäftssinn hat. Er pflegt eine Situation sorgfältig zu analysieren, bevor er eine Entscheidung trifft. Aber je mehr er mich leiten will, umso mehr tue ich das Gegenteil von dem, was er mir sagt. Ich weiß es damals noch nicht, aber es liegt daran, dass ich den Mann in mir nicht akzeptiere. Mein Geschäftspartner ist in meinem Leben, um mich daran zu erinnern, dass es vorteilhaft wäre, den Mann in mir zu konsultieren, bevor ich zur Tat schreite.

Ich höre nur auf meine Wünsche, die von der Frau in mir kommen. **Meine Angst, auf einen Mann hereinzufallen, ist sehr stark, aber leider unbewusst.** Die Frau in mir will sich nicht einmal mehr die Zeit nehmen, auf die rationale Seite des Mannes in mir zu hören, und ich rase mit voller Geschwindigkeit drauflos. Die Menschen, die an meiner Seite arbeiten, können kaum noch mit mir Schritt halten.

Mein Partner lässt mich zwar nach meinem Gutdünken handeln, weigert sich aber, irgendetwas zu unterschreiben. Er lässt mich allein die Risiken eingehen. Daran, dass er mir so einen Freibrief gibt, merke ich, dass er mich sehr mag, denn normalerweise fällt es ihm sehr schwer, sich von einer Frau leiten zu lassen. In seinem Fall ist es die Frau in ihm, die er am wenigsten akzeptiert. Das ist sicherlich auch der Grund, warum er in seinen Beziehungen zu Frauen mehr Schwierigkeiten hat als bei der Arbeit. Er hat Angst, auf eine Frau hereinzufallen. Leider ist ihm das nicht bewusst, ebenso wenig wie mir. Sein Verhalten mir gegenüber überrascht ihn selbst. Oft sagt er mir, dass er einen derartigen Widerstand bei einer anderen Frau nicht zuließe.

Da wir Gewinn gemacht haben und das Geschäft immer besser läuft, entscheide ich mich, die Betreffenden alle einzustellen und ihnen ein festes Gehalt zu zahlen, einschließlich der Kursleiterinnen. Heute weiß ich, dass ich nicht auf meinen inneren GOTT hörte, sondern mehr auf eine Überzeugung oder eine Angst, die unmittelbar aus meinem Verstand kam. Ich fürchtete, dass diese Menschen, die mehrere Monate lang ehrenamtlich gearbeitet hatten, mich verurteilen und sagen würden, ich hätte sie ausgenutzt, indem ich ein Versprechen gegeben und es nicht gehalten hatte. **Durch solche Erfahrungen unterscheiden wir letztendlich zwischen unserem inneren GOTT und unserem Verstand.**

Februar 1986. Ich habe vierzehn Mitarbeiter, die mit festem Gehalt angestellt sind. Unser finanzielles Plus löst sich schnell auf. Da kommt mir die Idee, mehrere kleine Zentren zu eröffnen und jeweils ein oder zwei Personen dort zu platzieren, die sich darum kümmern. In meinem Traum hatte ich gesehen, dass *Écoute Ton Corps* sich in alle Richtungen ausbreitet, und glaube jetzt, dies durch die Eröffnung weiterer Zentren erreichen zu können. Also miete ich in mehreren Gemeinden Räumlichkeiten mit Zwei- oder Dreijahres-Mietverträgen an und richte sie ein. Ich ahne nicht im Geringsten, dass *Écoute Ton Corps* letztendlich durch das Buch bekannt werden wird.

Im April 1986 eröffnen wir ein Zentrum in Laval, im August 1986 eines in Sainte-Agathe und eines in Beloeil, im September 1986 eines in Saint-Jean und eines in Trois-Rivières, im Dezember 1986 ein weiteres in Québec. Mit dem Zentrum in Montréal gibt es nun insgesamt sieben Geschäftsstellen. Die ganze Zeit über missbilligt mein Partner meine Entscheidungen. Er sagt ständig, dass ich die Dinge überstürze. Ich will immer noch nicht auf ihn hören.

Selbst wenn ich eine schlechte Entscheidung treffe, vertraue ich so sehr auf einen guten Ausgang, dass ich weitermache, ohne allzu sehr darunter zu leiden. Mir wird immer erst im Nachhinein bewusst, dass ich schwierige Situationen durchlebt habe.

Sieben Zentren zu führen, wird zu einer großen administrativen Belastung. Ich mache immer mehr Schulden, sowohl in meinem Namen als auch im Namen von *Écoute Ton Corps*. Es ist immer das gleiche Lebensszenario. Ich gelange immer an den Punkt, dass ich vom Überschuss, den ich angesammelt habe, nicht profitiere. **Glücklicherweise kann im Leben selbst eine scheinbar schlechte Entscheidung zu einer bereichernden Erfahrung werden für jemanden, der bereit ist, sie auf diese Weise zu betrachten.** Ich sehe es so, dass ich als Gewinnerin aus all meinen Erfahrungen hervorgegangen bin.

Zu allem Überfluss entscheide ich mich im selben Jahr auch noch für den Kauf des Gesundheitszentrums in Sainte-Agathe. Im Winter zuvor hatte ich in Sainte-Agathe Kurse abgehalten. Jedes Mal, wenn ich in diese Stadt kam, brachte das eine Saite in mir zum Schwingen. „Mein Gott, ich fühle mich so gut, wenn ich hier nach Sainte-Agathe komme. Dieser Ort ist so voller Energie!", sagte ich immer zu den Ortsansässigen. „Ich weiß, dass ich eines Tages ein Gesundheitszentrum haben werde, und frage mich, ob es hier sein wird!" Dann erfahre ich, dass tatsächlich ein Anwesen am Ufer des Lac des Sables zum Verkauf steht, ein altes Herrenhaus. Da mir schon mehrere Personen davon erzählt haben, nutze ich meinen Besuch in Sainte-Agathe im August, um mir zwei Tage freizunehmen. Ich umrunde den Lac des Sables und sehe zum ersten Mal dieses berühmte Anwesen, das als *Gutshaus Belvoir* bekannt ist.

Als ich dort ankomme, stelle ich fest, dass die Bewohner nicht da sind. Ich verbringe eine halbe Stunde in starkem emotionalem Aufruhr und sage mir: „Hier möchte ich mein Gesundheitszentrum haben!" Ich finde den Namen des Besitzers heraus. Wir vereinbaren einen Termin zur Besichtigung des Anwesens. Ich erkläre ihm meinen Fall: Ich habe kein Geld und möchte ein Gesundheitszentrum eröffnen. Innerlich sagte ich mir, das Schlimmste, was geschehen könnte, ist, dass er Nein sagt. **Ich habe nichts zu verlieren und alles zu gewinnen. In solchen Situationen gehe ich immer direkt drauflos.** Der Besitzer hört mir höflich zu. Ich erfahre, dass sich nur ein Hauswart dort aufhält. Neben dem Herrenhaus gibt es noch ein kleines Haus und einen Stall. Das Land ist 11 Hektar groß, und ein Teil davon liegt direkt am See.

Da ihn dieses große Anwesen viel Geld für Steuern, Heizung, Strom und sonstigen Unterhalt kostet, ganz zu schweigen vom Gehalt des Hauswarts, denkt er bestimmt ebenfalls, dass er nicht viel zu verlieren hat. Schließlich willigt er ein, es mir, nach einer Anzahlung von 10.000 Dollar, für 560.000 Dollar zu verkaufen.

Der Kauf ist für den 1. Oktober 1986 geplant. Er unterstützt mich dabei, die Finanzierung des restlichen Betrages zu regeln. Die monatlichen Tilgungen belaufen sich auf 5.000 Dollar. Ich mache mich sofort auf die Suche nach Geld, weil ich nicht einmal die 10.000 Dollar habe, die ich hinterlegen muss. Natürlich lehnen alle Banken meine Anfrage ab. Ich spreche mit jedem, der zuhören will, über mein Projekt: in meinen Kursen, mit Freunden und mit allen, die meinen Weg kreuzen.

Zwischen September 1986 und Ende 1987 erklärten sich 33 Personen bereit, Beträge zwischen hundert und 35.000 Dollar zu investieren. Diese Erfahrung ist schwierigste, die ich in finanzieller Hinsicht je gemacht habe. Es ist ein Wettlauf mit der Zeit, die Türen des Gesundheitszentrums im Februar 1987 zu öffnen. Ich muss das Geld nach und nach auftreiben, immer wenn Arbeiten erledigt sind und Möbel ankommen.

Natürlich fühle ich mich verpflichtet, dieses Herrenhaus so einzurichten, wie es sein sollte: mit Stil. Ich bin in ein Räderwerk geraten. **Alles geht so schnell, dass mir keine Minute bleibt, um mich hinzusetzen und darüber nachzudenken, was ich eigentlich tue.**

Mein Geschäftspartner kommt angesichts der Ereignisse nicht mehr mit, und das aus gutem Grund! Er will nichts von diesem Kauf wissen. Er lässt mich zwar gewähren, ist jedoch besorgt um mich. Ich sage ihm, wenn er mich schon nicht ermutigen kann, verbiete ich ihm, mich zu entmutigen. Ich will nichts von dem hören, was er zu sagen hat. Auch mehrere andere sind seiner Meinung, **doch ich möchte von niemandem etwas hören. Eines Tages werde ich den Preis dafür zahlen müssen!**

Zum Glück habe ich am Anfang viel Unterstützung durch Freiwillige. Einige opfern ihre Zeit, um zu streichen, die Böden und Sanitäranlagen zu erneuern und alle möglichen Reparaturen durchzuführen. Die dritte Etage dieses alten Herrenhauses wird in einen Übernachtungsbereich mit 21 kleinen Zimmern umgewandelt. Ich habe ausgerechnet, dass das Gesundheitszentrum bei 21 Gästen pro Woche ein gutes Geschäft ist. Mit etwa zwölf Gästen könnten wir unsere Ausgaben decken. Ich glaube fest daran, dass dieses Zentrum sehr schnell populär werden wird.

Ich stelle zehn Mitarbeiter in Vollzeit ein, was eine hohe Grundbelastung ist. Was ich nicht bedacht habe, ist, dass ich nicht oft genug vor Ort sein und für einen reibungslosen Ablauf sorgen kann. Ich muss mich um die anderen Zentren kümmern, die ich gerade eröffnet habe, und bilde gerade neue Kursleiter aus, ganz abgesehen davon, dass ich selbst Kurse gebe und auch für die Verwaltung der Zentrale in Montréal zuständig bin. Außerdem arbeite ich gerade an den Korrekturen meines ersten Buches. Mir steht daher nur ein Tag pro Woche für das *Centre de Santé* zur Verfügung, was sehr wenig ist.

Finanziell sind die Jahre 1987 und 1988 sehr schwierig. Am Tag, an dem ich nach Sainte-Agathe fahre, kümmere ich mich um die Mitarbeiter und stelle Schecks aus; ich prüfe die Buchhaltung und gebe allen Gästen hintereinander eine Einzelbehandlung. Ich leite auch das Gruppentreffen, das etwa zwei Stunden dauert. Es ist ein hektisches Tempo. **Ich will nicht sehen, dass ich viel zu rasant vorpresche, zu schnell meine Grenzen überschreiten will. Ich verlange mir ungeheuer viel ab.**

Derweil muss ich ruhig und entspannt wirken. Die Gäste sollen nicht merken, dass ich dabei bin, die Kontrolle zu verlieren. Ich will es noch nicht einmal selbst wahrhaben. Ich warte auf ein Wunder. Wegen des Geldmangels stehe ich unter enormem Stress.

Es kommen nicht genug Kunden, um die Kosten zu decken. Ich habe weder Zeit noch das nötige Geld, um Werbung zu machen. Wir geraten jeden Monat in Rückstand und schieben viele Zahlungen auf, die wir nicht mehr leisten können, darunter auch die Hypothek. Ich nehme ständig neue Kredite auf. Je mehr Zeit vergeht, desto mehr Schulden mache ich. Soweit ich mich erinnern kann, gab es in den zwei Jahren des Betriebs dieses Zentrums überhaupt nur drei Monate, in denen wir all unsere Ausgaben decken konnten.

Mir fällt es auch sehr schwer, erst mich selbst und dann mein Team zu motivieren. Alle, auch mein Geschäftspartner, sagen mir, dass ich in einer Traumwelt lebe. Von ihnen kann ich keine Ermutigung erwarten. **Ein Teil von mir weigert sich kategorisch, realistisch zu sein, weil er die Vorstellung von sich weist, dass er im Leben auch einmal sein Ziel verfehlen**

kann. Die Alternative, die Tore des Zentrums zu schließen, will ich gar nicht erst in Betracht ziehen. Ich lasse den Gedanken nicht zu, dass es schiefgehen könnte, denn das würde in meinen Augen bedeuten, es heraufzubeschwören. Ich sage mir: Wenn ich negativ denke, nicht an mich und mein Vorhaben glaube, oder wenn es mir an Vertrauen mangelt, muss zwangsläufig etwas Negatives passieren. Ich warte immer auf die Wunderlösung oder die Wunderperson. Den Teil von mir, der sich der Realität stellen und die unrealistische Seite dieses Projekts eingestehen will, verdränge ich.

Wenn ich den Teil, der realistisch sein will, bewusst wahrnehme, ärgere ich mich darüber, dass ich denke, es wäre vielleicht besser, gleich aufzugeben. Ich nenne mich Schwarzmalerin und Drückebergerin, werfe mir vor, nicht genug zu vertrauen. **Ich erlaube mir nicht, Grenzen zu haben.** Ich bin ehrlich davon überzeugt, es sei GOTTES Wille, dass ich weitermache, da er mir ja erlaubt hat, zu beginnen. Eine Schließung des Zentrums in Betracht zu ziehen oder auch nur daran zu denken, dass mein Projekt platzen könnte, kommt für mich regelrecht einer Ablehnung der kreativen Kraft meines inneren GOTTES gleich. Ich kann nicht einmal einem Budgetplan folgen. Ich zahle jede Woche das, was ich kann, und lebe von einem Tag zum nächsten. Doch nach zwei zermürbenden Jahren wird es schließlich so belastend, dass ich meine Grenzen akzeptieren muss.

Diese Erfahrung hilft mir, mehrere Dinge zu verstehen. Mir ist klar, dass es nicht GOTT ist, der uns Prüfungen und Hindernisse schickt. Von Kindheit an habe ich zu hören bekommen, Prüfungen kämen von GOTT, und wir müssten Seinen Willen hinnehmen. Das will ich nicht mehr glauben. GOTTES Wille bedeutet für mich heute, auf alles, was mir widerfährt, in Liebe und in Wahrheit zu reagieren. GOTT sagt nicht: „Okay, es wird Zeit, ihr ein Unglück zu schicken!" Nein! Ich erkenne allmählich, dass **Leid und Schmerz nicht GOTTES Willen entspringen, sondern unserem eigenen Widerstand gegen unsere göttliche Energie.**

GOTT ist eine Energie des Friedens, der Harmonie, der Liebe, des Glücks. Wenn wir unter Stress stehen, etwas erzwingen wollen oder uns Sorgen machen, dann liegt es daran, dass wir uns vor unserem inneren GOTT verschließen. GOTT will das nicht. **Was GOTT will, ist, dass wir jede neue Erfahrung nutzen, um zu lernen, uns selbst und andere mehr zu lieben, uns unter allen Umständen anzunehmen.** Ich tue das Gegenteil. Anstatt zu lernen, mich selbst in dieser Erfahrung zu lieben, beschuldige ich mich, nicht annehmbar zu sein, weil ich finanziell nicht erfolgreich bin.

Auch mein Geschäftspartner ist zur Stelle, um mich daran zu erinnern. Unsere Partnerschaft besteht seit fast vier Jahren, und sehr oft sagt er mir, ich müsse etwas in mir ändern, dann liefe es auch mit *Écoute Ton Corps* besser. Ich frage ihn: „Was soll ich denn ändern?" Er antwortet: „Ich weiß es nicht, es muss von dir kommen!" Ich glaube ihm und will mich ändern. Also akzeptiere ich mich nicht so, wie ich bin. Es fällt mir schwer, mich seinem Einfluss zu entziehen. Ich weiß, dass er mich sehr mag und *Écoute Ton Corps* aufrichtig Erfolg wünscht, aber ich selbst glaube nicht wirklich daran. Etwas zu wissen und daran zu glauben, kann sehr unterschiedlich sein.

Nach unseren Treffen habe ich immer häufiger Halsschmerzen. **Ich erkenne, dass ich innerlich Wut empfinde und sie verdränge.** Es fällt mir schwer, in dem, was er mir sagt, Liebe zu spüren. Ich kritisiere ihn innerlich.

Kurz darauf habe ich eine Vision über ein früheres Leben mit diesem Mann. Es ist das erste Mal, dass mir das so bewusst passiert. Ich sehe einen Film vor meinen Augen ablaufen, genau so, als sähe ich einen Film im Kino. Alles ist klar und präzise: Ich bin die Tochter dieses Mannes. Körperlich sieht er ganz anders aus als jetzt, aber ich weiß, dass er es ist. Wir leben in einem großen Schloss, und unsere Familie ist sehr reich. Nach einem Sturz vom Pferd sind seine Beine gelähmt. Ich sehe ihn in seinem Sessel am Fenster. Die Diener tragen ihn von einem Platz zum anderen. Obwohl er gelähmt ist, bestimmt er über alles und ist mir gegenüber sehr dominant. Er besteht darauf, dass ich den Großteil der Zeit mit ihm verbringe.

Seine Frau, meine Mutter, ist viel unterwegs, denn sie führt ein sehr aktives gesellschaftliches Leben. Zur Zeit seines Unfalls bin ich etwa drei Jahre alt, ein blondes kleines Mädchen. Ich werde sein Sonnenschein. Er lässt mich nicht auf eigenen Füßen stehen. Er besteht darauf, dass ich bei ihm bleibe, trotz meiner Schulbildung. Mehrmals versuche ich, das Familienanwesen zu verlassen, aber er bringt mich immer wieder davon ab, indem er mit meinen Schuldgefühlen spielt.

Dann sehe ich mich erneut, diesmal mit vierzig Jahren. Es ist ein schöner Tag, und ich reite nach Hause, meine Reitgerte in der Hand. Diesmal bin ich fest entschlossen zu gehen. Während des Ausritts habe ich geprobt, was ich meinem Vater zum Abschied sagen werde. Obwohl ich gern lese und mir eine gut ausgestattete Bibliothek zur Verfügung steht, langweile ich mich immer mehr. **Ich möchte etwas mit dem Wissen anfangen, das ich mir angeeignet habe.** Ich möchte die Erfahrung machen, in einer Stadt zu leben.

Ich verkünde ihm noch einmal, dass ich fest entschlossen bin, zu gehen. Er spürt wahrscheinlich, dass er mich diesmal nicht aufhalten kann, und holt aus, um mir ins Gesicht zu schlagen. Ich will mich schützen, aber da ich die Reitgerte noch in der Hand habe, dringt sie mir direkt ins linke Auge. Ich erblinde auf diesem Auge. Das ereignet sich, wie mir scheint, in Australien. Ich sehe mich kurz darauf mit einer schwarzen Augenklappe. Da ich entstellt bin, kann ich nicht mehr arbeiten gehen. Also finde ich mich damit ab, bei meinem Vater zu bleiben. Er hat furchtbare Schuldgefühle. Jedes Mal, wenn er mich ansieht, plagen ihn Gewissensbisse. Ich bin nicht mehr schön anzuschauen. Ich sehe ihn zusammengekrümmt in seinem Sessel, wie er immer mehr in sich zusammenfällt. Zwei Jahre nach dem Vorfall stirbt er.

Diese Vision hilft mir zu verstehen, warum dieser Mann in meinem Leben ist, und zu erkennen, welch eine komplexe Beziehung uns verbindet. Sie erklärt, warum er mir geholfen hat und mir auch weiterhin hilft, obwohl er oft anderer Meinung ist als ich. Er will Wiedergutmachung leisten. In diesem Leben hält er mich nicht von der Arbeit ab, sondern unterstützt mich. Was mich selbst angeht, so verstehe ich nun, warum ich so große Schwierigkeiten habe, mich ihm gegenüber zu behaupten. Wenn ich es versuche, habe ich stets das Gefühl, etwas Unrechtes zu tun. Ich habe Angst, von ihm gescholten zu werden, obwohl das nur selten vorkommt.

Im Frühjahr 1988 habe ich das Bedürfnis, allein in den Urlaub zu fahren. Ich muss mir über vieles klar werden und möchte auch an meinem zweiten Buch arbeiten. Das ist der Moment, in dem ich tief in mich gehe und herausfinde, dass ich unsere Geschäftsverbindung beenden muss. **Ich muss mich behaupten und lernen, auf eigenen Füßen zu stehen.** Im früheren Leben konnte ich es nicht, aber dieses Mal muss ich es angehen. Ich treffe ihn am Tag nach meiner Rückkehr und verkünde ihm die Neuigkeit. Es ist einer der schwierigsten Momente meines Lebens. Ich brauche all meine Mutreserven, um es durchzustehen.

Das ist ein schwerer Schlag für ihn. So etwas hat noch nie jemand mit ihm gemacht. Das Schlimmste ist, dass er überhaupt nicht damit gerechnet hat. Ich spüre, wie schwer es für ihn ist, aber er bewahrt die Ruhe. Er hat sich immer sehr unter Kontrolle. Ich dagegen breche in Tränen aus, nachdem ich ihm meine Absichten mitgeteilt habe. Er versucht mich zum Lachen zu bringen: „Ich bin derjenige, der weinen sollte, nicht du." Ich weine hauptsächlich vor Erleichterung, weil ich so froh bin. **Ich empfinde eine große Befreiung.** Die Art und Weise, wie er meine Entscheidung akzeptiert, zeigt mir einmal mehr, dass seine Liebe zu mir groß ist. Wir einigen uns über den Wert seiner Anteile an der Firma. Seitdem zahle ich ihm jeden Monat den ihm zustehenden Anteil. Unsere Partnerschaft endet also im Juni 1988 nach genau vier Jahren.

Nach dieser Entscheidung bin ich viel energiegeladener und zuversichtlicher. Allmählich komme ich mehr in Kontakt mit dem Mann in mir und **habe nicht mehr unaufhörlich das Bedürfnis, etwas zu beweisen.** Ich werde wieder vernünftiger, handle überlegter, bin offener für den Rat meiner Mitarbeiter. Wir bilden ein Management-Team, das einmal wöchentlich zusammenkommt. Ich treffe Entscheidungen nicht mehr allein.

Gemeinsam beschließen wir, die Mietverträge für die kleinen Regionalzentren nicht zu verlängern. Die Energie ist zu zerstreut, die Kursleiter fühlen sich isoliert und zu sehr sich selbst überlassen. In Zukunft werden sie von Montréal aus arbeiten und bei Bedarf jeweils Räume in den Regionen anmieten. So werden die Verwaltungskosten reduziert. Wenn es für einen Kurs nicht genügend Anmeldungen gibt, wechseln wir den Ort und stornieren die Anmietung. So haben wir keine unrentablen Mietkosten mehr, und wir sind auch nicht gezwungen, immer volle Kurse zu haben.

Der Gedanke, das Gesundheitszentrum Sainte-Agathe zu schließen, wirkt auf mich immer weniger unerträglich. Wenn ich dort bin, mache ich manchmal lange Spaziergänge in der Natur. Einen Baum liebe ich ganz besonders. Ich gehe oft hin, lehne mich an ihn und und kommuniziere mit ihm. Bei einem dieser Spaziergänge, im Sommer 1988, erkenne ich die reale Situation des Gesundheitszentrums ganz klar. Ich bin seit über einem Jahr nicht in der Lage, meine Hypothek zu bezahlen und habe gerade einen Räumungsbescheid mit 60-Tage-Frist erhalten. Ich beschließe, diesen Bescheid zu ignorieren und auf die Gerichtsvorladung zu warten. Dabei akzeptiere ich im Voraus, dass geschieht, was geschehen muss. Ich beginne loszulassen und **sage zu meinem inneren GOTT: „Dein Wille geschehe!"**

Während ich auf das Gerichtsurteil warte, tue ich mein Bestes im Gesundheitszentrum, aber ich dränge nicht mehr so wie früher. Ich weiß jetzt: Selbst wenn ich schließen muss, hat mich diese Erfahrung einige unglaubliche Dinge über mich selbst gelehrt. Gleichzeitig durchlaufe ich meinen Prozess mit *Écoute Ton Corps*. Ich glaube nun, dass unerfreuliche Einkünfte nicht bedeuten, dass *Écoute Ton Corps* kein Erfolg ist. Schließlich **erfahre ich, dass Erfolg nicht unbedingt an Geld gemessen wird. Erfolg ist das, was ich innerlich durchlebe** – so wie ich durch alles, was mir widerfährt, wachse und wie andere durch die Botschaft der Liebe, die ich an immer mehr Menschen weitergebe, innerlich wachsen.

Ich erkenne immer besser, wie erfolgreich *Écoute Ton Corps* ist. Sowohl in den Kursen als auch im *Centre de Santé* sagen uns viele, wie stolz sie auf ihre Transformation sind. Einige haben ihre Suizidgedanken überwunden, andere wurden von körperlichen Beschwerden oder Krankheiten geheilt, und für wieder andere haben sich ihre familiären Beziehungen zum Besseren verändert. Ich höre diese Geschichten schon lange und freue mich immer wieder darüber, aber ich habe lange gebraucht, bis ich erkannt habe, dass hierin der wahre Erfolg liegt, nicht im Finanziellen. Ich weiß zwar schon seit mehreren Jahren von dieser schönen Philosophie, aber erst jetzt habe ich sie endlich integriert und innerlich gespürt. **Was für ein Unterschied es doch ist, etwas zu wissen oder es innerlich zu spüren!**

Mir ist die seltsame Ähnlichkeit zwischen der Erfahrung des *Centre de Santé* und der Erfahrung des *Tupperware*-Vertriebszentrums bewusst geworden. Die Geschichte wiederholt sich nur. Was ich bei meiner ersten Erfahrung nicht verstehen wollte, verstehe ich jetzt angesichts der Erfahrung mit dem Gesundheitszentrum. Selbst wenn ich mit einem Unternehmen keinen Erfolg habe, bedeutet das nicht, dass mein Leben ein Misserfolg ist – das ist mir endlich klar geworden. Nach meiner Erfahrung als *Tupperware*-Vertriebspartnerin hatte ich das Gefühl, versagt zu haben. Das Leben richtet es so ein, dass wir alles wiederholen, was wir nicht akzeptieren. **GOTT weiß, dass wir lernen müssen, unter allen Umständen zu lieben, also anzunehmen, statt uns oder jemand anderem zu grollen.**

Weiter zu wachsen, indem ich jede Erfahrung meines Lebens nutze, um zu lernen, mehr zu lieben: Das ist meine neue Definition von Glück. Auch wenn ich es mir im Moment nicht vorstellen kann, bin ich sogar offen für den Gedanken, dass ich, sollte es eines Tages für mich vorteilhaft sein, *Écoute Ton Corps* verlasse und einen anderen Weg einschlage. **Mir kommt es im Wesentlichen darauf an, dass ich mir anhand all meiner Lebenserfahrungen durchgehend die Frage stellen kann: „Werde ich ein immer besserer Mensch?"** Das ist eine der großen Lektionen, die mich das Leben bis heute gelehrt hat. Diese Offenheit empfinde ich als sehr befreiend – aufgrund dieser neuen Einstellung durchlebe ich die Schließung des *Centre de Santé* in innerem Frieden.

Im November 1988 werde ich nach dem Räumungsbescheid mit Sechzig-Tage-Frist vor Gericht geladen. Der Richter entscheidet, dass ich das Zentrum an den früheren Eigentümer zurückgeben muss, so wie es ist, mit all unseren Renovierungen. Sogar das ans Herrenhaus angrenzende Cottage haben wir komplett renoviert. Die Leiterin des Zentrums lebt dort seit zwei Jahren mit ihrer Familie.

Der Eigentümer und ich setzen ein Schließungsdatum fest: der 24. Dezember 1988. Er bietet mir mehrere Tausend Dollar für die Möbel. Ich nehme sie an, um davon die noch ausstehenden Gehälter zu zahlen. Dieser Abend wird mir immer in Erinnerung bleiben. Vor der Schlüsselübergabe organisiere ich am 23. Dezember eine Weihnachtsfeier für das Team von *Écoute Ton Corps*, etwa vierzig Personen. Wir alle wissen, dass wir das letzte Mal an diesem Ort sind, aber wir akzeptieren es alle.

Am nächsten Tag begleitet mich mein Mann, um meine Habseligkeiten zu holen. Nachdem ich fertig bin, mache ich einen letzten Rundgang, allein, und verabschiede mich schweren Herzens von jedem Zimmer. Ich bin emotional sehr aufgewühlt, doch zum Glück nur wenige Minuten. Nach der Schlüsselübergabe geht es mir schon besser. Dieses Kapitel der Geschichte ist nun abgeschlossen.

Tief im Inneren habe ich das Gefühl, dass mir diese schwierige Erfahrung lange dienlich sein wird. Ich empfinde weder Bitterkeit noch Enttäuschung, wie bei meiner Erfahrung mit *Tupperware*. Der einzige Wermutstropfen ist die hohe Geldsumme, die ich mir in den letzten beiden Jahren geliehen habe, um das Zentrum zu gründen und zu unterhalten. Ich habe allen versprochen, dass ich ihnen ihr Geld innerhalb von fünf Jahren zurückzahlen würde. **Ich akzeptiere, dass die Dinge möglicherweise ganz und gar nicht so lau-**

fen, wie ich es geplant habe. Das heißt jedoch bei Weitem nicht, dass ich ein schlechter Mensch bin.

Ich schulde den Investoren insgesamt 250.000 Dollar. Rechnet man unbezahlte Steuern, Lieferanten und Versorgungskosten hinzu, belaufen sich meine Gesamtschulden auf fast 300.000 Dollar. Hinzu kommt, dass *Écoute Ton Corps* mit 75.000 Dollar in den roten Zahlen steht und ich den Anteil meines Ex-Geschäftspartners zurückzahlen muss. Ich tröste mich mit der Theorie, derzufolge **unsere Schulden den Grad des Vertrauens repräsentieren, den das Universum in uns hat.** Wenn das Universum zulässt, dass uns ein Kredit gewährt wird, dann deshalb, weil wir ihn verdienen, ihn wert sind und in der Lage sind, ihn zurückzuzahlen. Ich bin sehr viel mehr wert, als ich gedacht hätte! WOW! Ich möchte gern an diese Theorie glauben, also halte ich mich daran fest und visualisiere, dass ich tatsächlich alles zurückzahlen kann.

So beginnt das Jahr 1989. Das Buch *„Höre auf deinen Körper, deinen besten Freund"* ist seit anderthalb Jahren auf dem Markt und verkauft sich weiterhin mit einer für den Québecer Markt erstaunlichen Geschwindigkeit und Beständigkeit. Auch mein zweites Buch *„Qui es-tu?"* ist gerade erschienen, im Dezember 1988. Ich hatte über ein Jahr lang daran gearbeitet. Es verkauft sich sehr gut. *Québec Livres,* unser Distributor, hat einen hervorragenden Vorverkauf durchgeführt: Bereits vor der offiziellen Veröffentlichung wurden mehr als 10.000 Exemplare vorbestellt.

Nachdem das *Centre de Santé* geschlossen und mein zweites Buch fertiggestellt ist, kann ich mich nun voll und ganz meinen Aufgaben bei *Écoute Ton Corps* widmen. Wir schließen die regionalen Zentren eines nach dem anderen, jeweils wenn ihr Mietvertrag ausläuft. **Die allgemeine Einstellung ändert sich allmählich, hin zu einer Haltung des Loslassens**

und nicht des „Erzwingens“. Das Team von *Écoute Ton Corps* steht weiterhin hinter mir. Wir mieten Räume und halten Kurse nur in Städten ab, in denen ausreichende Nachfrage besteht.

Ich organisiere auch ein Treffen mit allen Investoren des Gesundheitszentrums. Ich erkläre ihnen, dass das Zentrum geschlossen und meine finanzielle Situation sehr schlecht ist. Ich sage ihnen auch, dass ich mich weigere, Insolvenz anzumelden, obwohl mein Anwalt und mein Buchhalter mir dringend dazu raten. Das *Centre de Santé* ist ein von *Écoute Ton Corps* unabhängiges Unternehmen, und ich könnte mich für diese einfache Option entscheiden. Ich bin jedoch außerstande, guten Gewissens Insolvenz anzumelden. Wenn ich jemandem etwas schuldig bliebe, dann hätte ich schon ein schlechtes Gewissen, wenn ich mir nur ein neues Kleid kaufe, sage ich mir. Mir ist sehr wohl bewusst, dass mir die dreiunddreißig Investoren für das Gesundheitszentrum Geld geliehen haben, weil sie daran geglaubt haben. Sie haben an mich geglaubt und mir einen Teil ihrer Ersparnisse geliehen. **Dafür werde ich ihnen immer dankbar sein.**

Ich bitte sie, Geduld zu haben und zu warten. Meinen Berechnungen zufolge werde ich ihnen mithilfe meiner Einnahmen aus den Büchern ihr Geld innerhalb der nächsten fünf Jahre zurückgeben. Ich nehme mir vor, es noch früher zurückzuzahlen, sofern mir das möglich ist. Ich verspreche ihnen ein Minimum von fünfzig Cent pro verkauftem Buch. Da wir zu dieser Zeit monatlich etwa 6.000 Bücher verkaufen, ergibt das 3.000 Dollar pro Monat, also insgesamt etwa acht Jahre, um alles abzubezahlen. Aber ich nehme mir vor, es innerhalb von fünf Jahren zu schaffen.

Einige Investoren reagieren recht heftig. Sie wollen, dass ich mich persönlich verpflichte, ihnen jedes Jahr einen bestimmten Geldbetrag zu zahlen und einen entsprechenden persönlichen Vertrag zu unterschreiben. Ich weigere mich. Inzwischen habe ich gelernt, zu denken, bevor ich unterschreibe. Ich werde immer bedachter in Geschäftsangelegenheiten. Tief in meinem Herzen weiß ich, dass ich beabsichtige, ihnen alles bis auf den letzten Cent zurückzuzahlen. Ich bitte sie, mir zu vertrauen. Denjenigen, denen das nach dem, was gerade passiert ist, schwerfällt, mache ich keinen Vorwurf.

Nur drei Personen haben mir ein Zwei-Jahres-Darlehen gegeben, die anderen dreißig haben mir für fünf Jahre Geld geliehen. Zwei Jahre sind bereits vergangen, und es passt ihnen nicht, noch länger zu warten, um ihre Investition zurückzuerhalten. Ich verspreche ihnen, dass ich ihnen dreimal im Jahr – alle vier Monate – einen bestimmten Betrag, der im Verhältnis zu ihrer Investition steht, zahlen werde. Einige von ihnen drohen, mich zu verklagen. **Ich kann es ihnen nicht verübeln, denn ich spüre, wie viel Angst sie haben. Ich bin froh zu sehen, dass ich mehr Mitgefühl habe als früher.** Glücklicherweise hat mich niemand verklagt. Ich glaube wirklich, es lag daran, dass ich mir die Zeit genommen habe, sie in ihrer Angst anzunehmen.

Ich erinnere mich, dass es mir im Herzen wehtut, als ich 1989 die ersten Rückerstattungsschecks unterschreibe. Ich denke mir: „Das ist unglaublich … so viel Geld bezahlen zu müssen und unterm Strich nichts zu haben! Nachdem ich sie alle ausbezahlt habe, werde ich nichts mehr haben, das mir gehört, kein einziges Möbelstück, kein Eigentum, absolut nichts!" Ich finde die Situation sehr ungerecht. Ich merke, dass ich immer noch Schwierigkeiten mit dem Begriff der Gerechtigkeit habe. Ich weiß zwar, dass **wir immer ernten, was wir säen,** aber ich habe Schwierigkeiten zu erkennen, was ich in dieser Situation gesät habe.

Erst im August 1989 erkenne ich, **wie nützlich die Erfahrung war,** und mache einen großen Schritt vorwärts in meinem Prozess des Umgangs mit Geld. Ich sehe ein, dass ich ein großer Dickschädel sein muss, um erst solche intensiven Verschuldungserfahrungen machen zu müssen, bevor ich meine Lektion verinnerliche. Seit ich ein kleines Mädchen war, ist mir immer wieder dasselbe passiert. Der einzige Unterschied ist, dass die Botschaften mit der Zeit immer massiver geworden sind. Aber mich so sehr zu verschulden – das war jetzt wirklich der letzte Streich!

Ich bin gerade dabei, die Schecks für August zu unterschreiben, als mir mit einem Mal aufgeht, was ich über Fülle gelernt und gelehrt habe. Schon immer habe ich andere gelehrt, dass Geld eine zirkulierende Energie ist und kein Gut, das wir besitzen, anhäufen und nach dem Tod mitnehmen; dass es wichtig ist, diese Energie zirkulieren zu lassen, und dass wir umso mehr empfangen, je mehr wir geben.

Plötzlich wird mir klar, dass das Geld, das *Écoute Ton Corps* zufließt, im Grunde von vielen Leuten stammt, und dass die Gewinne all den Québecern zu verdanken sind, die meine Bücher mögen und kaufen … Ich nehme also mit der einen Hand das Geld, das mir aus den Büchern zufließt, und gebe es mit der anderen an die Investoren weiter. In Wirklichkeit kann ich mich also sehr glücklich schätzen, dass ich das Geld habe, um sie zu bezahlen. **Es ist Zeit, dass ich aufhöre, mein Schicksal zu beweinen,** wird mir nun klar. Es wird nicht mein ganzes Leben dauern, meine Schulden abzubezahlen, und nach der vollständigen Rückzahlung kann ich über den Gewinn aus meinen Büchern nach eigenem Gutdünken verfügen!

Wie wir doch unsere Wahrnehmung in wenigen Jahren verändern können! Vor *Écoute Ton Corps* hielt ich 5.000 Dollar Schulden für eine schlimme Sache und war besorgt, sie nicht abbezahlen zu können. Und jetzt kann ich einfach planen, wie ich meine 400.000 Dollar Schulden abzahle, und ruhig schlafen. Genau das heißt es, die eigenen Grenzen zu erweitern. Auch diesmal konstatiere **ich einen großen Unterschied zwischen „etwas wissen" und „es innerlich spüren".** Diese Philosophie zu lehren, macht mich glücklich, denn ich bin selbst meine beste Schülerin.

Seit meiner neuen Erkenntnis im August 1989 sage ich Danke, GOTT, für jeden Scheck, den ich ausstelle, Danke dafür, dass ich das Nötige habe, um zu bezahlen und jemand anderem Fülle schicken zu können. Ich merke schnell: Wenn wir Geld gern loslassen, ohne Angst, dass es uns fehlt, dann kehrt es bald zu uns zurück. Endlich ist mir klar geworden, dass widerwilliges Geben kein echtes Geschenk ist. Im Bereich des Unsichtbaren bedeutet es: nicht gegeben. Darum ist dann kein Raum da, um im Gegenzug etwas zu empfangen.

Seit September 1989, dem Folgemonat, ging alles finanziell wieder aufwärts. Zum zweiten Mal seit Beginn seines Bestehens beginnt *Écoute Ton Corps*, sich selbst zu finanzieren. Alles scheint einfacher zu sein. Wir treffen die richtigen Entscheidungen zur richtigen Zeit. In den letzten zwei Jahren mussten wir uns Geld vom Bankkonto der *E.T.C. Publishing Inc.* (meiner Firma, die die Bücher herausgibt) leihen, um über die Runden zu kommen.

Im Juni 1988 ist das *Centre Écoute Ton Corps* in neue Räumlichkeiten umgezogen. Die Räume in der Rue Saint-Denis sind zu klein geworden, wir waren alle zu eng zusammengepfercht. Nun sind wir in der Rue Papineau und steigern uns von 90 auf 370 Quadratmeter. WOW! Wie aufregend!

Wieder finanzieren wir mit den Einnahmen aus den Büchern unsere neue Einrichtung: acht Telefonleitungen und vierzehn Telefone, weiße Schreibtische, violette Teppiche überall und eine schöne helle Küche, große Seminarräume und, glücklicherweise, ein privates Büro für mich! Alles klimatisiert! **Angesichts der Fortschritte von einem Jahr zum nächsten fühle ich mich bestärkt!**

Die Entscheidung, umzuziehen, ist ein weiterer Akt des Vertrauens, denn sie fällt voll in eine Zeit, in der unsere Aktivitäten aufgrund schlechter Publicity für Kurse zur Persönlichkeitsentwicklung stark zurückgehen. Ich habe die Entscheidung nicht allein getroffen, und die Idee des Umzugs ist ausgereift und wohlüberlegt.

Im Herbst 1989, als die Bucheinnahmen nicht mehr *Écoute Ton Corps* und das Gesundheitszentrum finanzieren müssen, kann ich den Investoren also mehr Geld zurückzahlen. Ich freue mich, berichten zu können, dass ich zum Zeitpunkt der Drucklegung dieses Buches, im September 1991, gerade alle meine Schulden bei den Investoren vollständig beglichen habe. Am Ende habe ich es geschafft, alle Rückzahlungen in weniger als drei Jahren zu leisten! Alles ist sogar noch besser gelaufen als erwartet. **WOW! WOW! WOW! Noch einmal: Danke, GOTT!**

Es fällt mir jetzt leicht zu glauben, dass Schulden den Grad des Vertrauens, den das Universum in mich hat, repräsentieren können. Das ermöglicht mir, vertrauensvoll mehr und mehr zu riskieren. Wenn ich möchte, dass *Écoute Ton Corps* ein internationales Unternehmen wird, weiß ich, dass ich weiterhin Risiken eingehen muss, aber auf eine überlegtere Art und Weise.

Ich merke, dass sich meine Lebensszenarien Jahr für Jahr wiederholen, mit dem Unterschied, dass **es immer schneller und leichter wird, sie aufzulösen, wenn man es mit Vertrauen, Liebe und Akzeptanz tut.** Bei der Geschwindigkeit, mit der das abläuft, werde ich sie nicht einmal mehr als Risiko betrachten können, so leicht wird es sein! Das ist ein Ziel für mich!

Ich bin immer wieder erstaunt, wie weit unser innerer GOTT alles, was wir uns zutiefst und mit aufrichtiger Motivation wünschen, geschehen lässt. Ich hätte mir nie vorstellen können, dass meine Bücher mir eines Tages das Einkommen verschaffen würden, das ich benötige, um *Écoute Ton Corps* damit zu finanzieren. Mir wurde gesagt, dass man mit dem Schreiben von Büchern kein Geld verdient! Da ich diese Bücher nicht geschrieben habe, um Geld zu verdienen, kümmerte mich das nicht. Ich tat es, um das, was für mich wahr ist, weiterzugeben. Für mich sind meine Bücher immer eine Erweiterung des Unterrichts im Kursraum gewesen. Das ist sicherlich der Grund, warum sie sich so gut verkaufen.

In viereinhalb Jahren hat sich *„Höre auf deinen Körper, deinen besten Freund"* 150.000-mal verkauft. *„Qui es tu?"* nähert sich der Zahl von 100.000 in drei Jahren. WOW! Wenn in Québec ein Autor eine Auflage von 5.000 Exemplaren erreicht, gilt sein Buch schon als Bestseller. Oft sage ich, das sind Geschenke des Himmels, aber ich muss zugeben: Ich glaube auch, dass es ein Teil der Ernte ist.

Mein Team und ich haben mittlerweile eingesehen, dass das Unterrichten kein besonders lukratives Feld ist und dass die Chancen, Gewinn zu machen, sehr gering sind. Unsere Gewinne kommen nur aus konkreten materiellen Verkäufen, wie Bücher und Kassetten. **Wir akzeptieren das und sind froh, dass wir diese Einnahmen haben.** Sie ermöglichen es uns, Gewinne zu machen, um unsere Lehre in größerem Maßstab zu verbreiten.

Was die Kurse angeht, ist der Zeitraum vom Herbst 1989 bis Ende 1990 hervorragend verlaufen. Die Gewinne sind zwar gering, aber wir schaffen es, die meisten Zahlungsrückstände zu begleichen und uns finanziell selbst zu tragen. Das Unternehmen expandiert.

Am 1. Oktober 1990 haben wir das neue Zentrum für Frieden und Gesundheit – das *Centre de Paix et de Santé* – in Bellefeuille gekauft. Unmittelbar danach ist von einer Rezession die Rede, aber ich glaube nicht wirklich daran. Alles läuft so gut! Doch das Jahr 1991 hält tatsächlich Überraschungen für uns bereit, und wir spüren allmählich die Auswirkungen der Rezession. Unsere Ersparnisse fallen ihr alle zum Opfer. Wieder können weder das Zentrum *Écoute Ton Corps* noch das *Centre de Paix* ihre Kosten decken. Ich bin erneut in den roten Zahlen!

Diesmal **bin ich jedoch viel zuversichtlicher.** Ich empfinde die Situation anders als früher. Wir leben von Woche zu Woche, und ich weiß, dass mir das die Möglichkeit geben soll, zu prüfen, wie weit ich in diesem Bereich Fortschritte gemacht habe.

Der Grund für solche Rezessionen, die etwa alle sieben Jahre auftreten, liegt offenbar darin, dass sie bereinigend wirken, sodass nur die Starken im Geschäft bleiben, und dass sie Verschwendung Einhalt gebieten. Bei *Écoute Ton Corps* ermöglicht uns das, mehr als Team zu arbeiten. Wir ermutigen uns gegenseitig, diese schwierigeren Zeiten möglichst gut zu überstehen. Um dieselben Ergebnisse wie vorher zu erzielen, **müssen wir uns mehr anstrengen, aber das stärkt uns.**

Mir ist wichtig, darauf hinzuweisen, dass ich während meiner gesamten Erfahrungen bei *Écoute Ton Corps* immer ein tolles Team hatte, das mich unterstützt hat. Auch wenn einige von ihnen nicht immer mit meinen Entscheidungen einverstanden sind, respektieren sie meine Wünsche und tun ihr Bestes. Mehrere haben das Zentrum zwischendurch verlassen, aber sie sind mit Dankbarkeit für alles, was sie gelernt und erhalten haben, gegangen. Um mit mir Schritt zu halten, müssen meine Mitarbeiter schnell umschalten können und Spaß an neuen Erfahrungen haben. Ich liebe Innovation und bleibe gern in Bewegung. Sieben meiner Mitarbeiter sind schon seit mehr als fünf Jahren bei mir (1991, Anm. d. Red.). Sie sind sehr loyal und engagiert. Nochmals, danke GOTT!

Natürlich haben wir hohe Kosten mit unseren 29 Vollzeitmitarbeitern, Telefonrechnungen in Höhe von 5.000 Dollar im Monat, Tausende Dollar für Saalbuchungen, Mieten, Steuern, Honorare, Werbung usw. Geschäftsleute wissen, wovon ich spreche. All das erfordert auf jeden Fall, dass ich immer aufmerksamer werde, je mehr das Unternehmen wächst. Aber welch eine tolle Erfahrung ist das für mich!

Ich lerne wirklich, leicht von der spirituellen Seite zur Geschäftswelt überzugehen, ebenso wie von der Psychologie zur Spiritualität. **Ich bin dabei zu lernen und zu verstehen, dass all diese Aspekte des irdischen Lebens zu GOTTES Schöpfung insgesamt gehören.** Ob ich über Spiritualität oder Geschäftliches spreche, ich bringe damit GOTT zum Ausdruck. Solange ich in Liebe und in meiner Wahrheit bin, bin ich in Kontakt mit meinem inneren GOTT, und das ist alles, was für mich zählt.

In den neun Jahren des Bestehens von *Écoute Ton Corps* habe ich immer viele Pirouetten drehen müssen, damit Geld hereinkam, außer im Jahr 1990. Von Jahr zu Jahr dieselben Pirouetten zu drehen, erfordert jedoch weniger Aufwand, setzt mich weniger unter Stress und bereitet mir weniger Sorgen. Wie oft habe ich schon erlebt, dass Geld, das für die Gehälter der Mitarbeiter oder die Telefonrechnung benötigt wurde, erst in allerletzter Minute hereinkam, kurz bevor uns *Bell Canada* die Telefonleitungen kappte.

Vor etwa zwei Jahren (von 1991 aus gesehen, Anm. d. Red.), um die Weihnachtszeit herum, kam meine Tochter Monica, die die Gehaltsabrechnung macht, zu mir und sagte: „Mama, uns fehlen 3.500 Dollar, um morgen die Gehälter zu bezahlen. Wenn du noch einmal dafür sorgen kannst, dass ein Wunder geschieht, werde ich nie wieder zweifeln. Dann habe ich für den Rest meines Lebens Vertrauen." Noch einmal werde ich kreativ und finde eine Lösung. Und meine Tochter hat Wort gehalten! Sie hilft mir weiterhin bei der Geschäftsführung und macht sich keine Sorgen mehr. **Jede dieser Erfahrungen hilft mir auch, meinen Glauben an GOTT weiterzuentwickeln, um tief in mir zu glauben zu können, was ich schon weiß: Das Universum kümmert sich um uns, wenn wir ihm vertrauen.**

Ich habe weiterhin das Ziel, so viele Menschen wie möglich die Liebe zu lehren. 1990 hören etwa tausend Menschen wöchentlich über Kurse und Vorträge von der Philosophie der Liebe, nicht eingerechnet jene Tausende, die die Bücher lesen! Gerade (1991, Anm. d. Red.) habe ich einen Vertrag unterschrieben, mit dem Bücher in den Vereinigten Staaten und Europa verkauft werden. Nach und nach sehe ich, wie mein Ziel Realität wird. Seit fünf Jahren bilde ich meine Tochter aus, damit sie das Unternehmen übernimmt, wenn ich in den Ruhestand gehe. So können die Lehren von *Écoute Ton Corps* noch lange weitergeführt werden.

Für dich, die du diese Zeilen liest, habe ich einige Fragen vorbereitet, die dir helfen sollen, dich selbst besser kennenzulernen:

Was würdest du antworten, wenn ich dich bitten würde, mir auf die Schnelle dein Ziel zu nennen? Wie viel Geld brauchst du, um es zu erreichen? Wo willst du in einem Jahr sein? Was willst du erreicht haben?

Es ist wichtig, zu wissen, was du willst, und darum zu bitten, wenn du etwas haben oder erreichen willst, was auch immer es ist. Dein Innerer GOTT ist da, um dir zu helfen. Vertraust du ihm? Dankst du ihm regelmäßig? Bringst du ihn immer mehr in Liebe zum Ausdruck? **Das sollen Denkanstöße für dich sein!**

Ich habe oft unüberlegt gehandelt, habe aber die Früchte dieser Erfahrungen genutzt, um weiter voranzugehen. Ein Teil von mir hat von meinen Ausrutschern enorm profitiert. Mein Horizont hat sich erweitert. Der gesamte Druck, den ich aufgebaut habe, hat mich dazu getrieben, weiterzumachen. *Écoute Ton Corps*, mein Team und ich sind zusammengewachsen.

Finanziell war ich zwar am Boden, doch das war vergleichbar damit, einen Schritt zurückzutreten, um Anlauf zu nehmen und besser nach vorn springen zu können. Auch mein Privatleben profitiert sehr von diesen beruflichen Erfahrungen. Ich bin großzügiger geworden, lerne, Besitz loszulassen. Ich weiß theoretisch, dass das, was ich besitze, der Energie gehört. Aber ich möchte dahin gelangen, dass ich es auch tief im Inneren glaube. Wenn ich etwas verliere, dann geht es an jemand anderen, daran möchte ich stets denken. Das schafft Platz für etwas Besseres.

Ich akzeptiere: Je mehr ich mit meinem inneren GOTT in Kontakt bin, umso mehr kann ich in Liebe, Harmonie, Gesundheit und Fülle leben – in allen Bereichen.

Kapitel 5

Ich bin GOTT in meinen Beziehungen

Hinweis:
Wie im vorigen Kapitel empfehle ich dir, dass du ein Notizbuch griffbereit hältst, damit du alles aufschreiben kannst, was eine Reaktion in dir hervorruft.

Sexualität kommt in mein Leben, als meine ältere Schwester beschließt, mir etwas über die Dinge des Lebens beizubringen. Zu jener Zeit bin ich elf. Ich sehe uns beide noch vor mir, wie wir eines schönen Sonntagnachmittags in der Küche sitzen, scheinbar allein. Meine Eltern sind nicht da, und die Älteste kümmert sich um uns. Ich weiß nicht, dass dieses Gespräch schon mit meinen anderen Schwestern geplant worden ist, die sich alle versteckt haben und zuhören. Ein paar Tage zuvor hatte ich meiner älteren Schwester einige Fragen gestellt.

Da bin ich also mit meiner Schwester in der Küche. Sie beginnt mir zu erklären, wie ein Mann und eine Frau Liebe machen und durch ihre körperliche Vereinigung ein Kind erschaffen können. Das ist ein furchtbarer Schock für mich. Der Gedanke, dass Mutter und Vater diese Dinge miteinander tun, von denen mir meine Schwester erzählt, ist für mich ungeheuerlich. Was ich gerade gehört habe, passt überhaupt nicht zu der sorglosen Welt, in der ich immer gelebt habe. **Ich will mich nicht für diese neue Vorstellung öffnen.** Diese Erfahrung werde ich später noch oft machen, in verschiedenen

Bereichen. Sie wird bei mir zu einem Verdauungsproblem (Verstopfung) führen, das mehrere Jahre andauert.

Ich bin immer noch Papas kleines Mädchen, und meine einzigen Sorgen sind Spielen und Lernen. Bisher ist mein Leben sehr gut verlaufen – und nun tritt auf einmal etwas völlig Unbekanntes in meine Welt, etwas „Ekliges", „Schmutziges", „Schweinisches", „Tierisches". Ich bin erschüttert. Natürlich habe ich mich schon immer sehr zu kleinen Jungs hingezogen gefühlt ... Seitdem ich sechs Jahre alt bin, ist da immer einer, auf den ich ein Auge geworfen habe. Es gefällt mir, einen Jungen neben mir zu spüren und mit ihm Hand in Hand zu gehen. Aber das ist immer so rein!

Nachdem ich mehr über Sexualität erfahren habe, finde ich es ungerecht, dass Jungen mehr dürfen als Mädchen. Wir müssen brav sein und früh nach Hause kommen, damit wir „nicht schwanger werden". Ich finde das furchtbar unfair. Jungen dürfen alles. Sie können ausgehen, ohne etwas fürchten zu müssen, tun, was sie wollen, und nach Hause kommen, wann sie Lust haben. Sie dürfen auch Liebe machen, wohingegen ein Mädchen dann automatisch einen schlechten Ruf hätte. Irgendetwas bei alldem widerstrebt mir.

Obwohl meine Brüder noch sehr klein sind, gibt meine Mutter uns zu verstehen, wenn wir Jungen wären, hätte sie eine Sorge weniger. Auf keinen Fall darf es dazu kommen, dass eine junge Bourbeau schwanger wird, bevor sie heiratet! Das ganze Dorf Richmond würde darüber sprechen. Welche Schande! **Es gibt wirklich Überzeugungen, die machen das Leben armselig!** Meine Eltern glauben immer noch, sie seien verantwortlich, wenn einem ihrer Kinder etwas geschähe. Sie hätten dann Schuldgefühle, weil sie meinen, keine guten Eltern gewesen zu sein. Auch ich war noch lange nach meiner Heirat von diesen Glaubenssätzen überzeugt.

Ich lerne auch, dass es auf sexueller Ebene normal ist, wenn ein Mann Forderungen stellt, ein wohlerzogenes, noch unverheiratetes Mädchen müsse diese jedoch ablehnen. Nach der Heirat müsse eine Frau jedoch zu den Forderungen ihres Mannes Ja sagen. Was mich betrifft, so sage ich mir: „Ich werde Liebe machen, wenn ich es selbst will, und niemand wird mich jemals dazu zwingen!"

Ich erinnere mich, dass ich schon sehr früh lieber ein Junge gewesen wäre. Dennoch, ein anderer Teil von mir, der mir noch nicht bewusst ist, steht dem männlichen Geschlecht sehr ablehnend gegenüber. Was bedeutet dieser Widerspruch? Ich bin mir nicht sicher, aber meines Erachtens sind mehrere Erklärungen möglich. Vielleicht will ich unbewusst ein Junge sein, um von meinem Vater noch mehr geliebt zu werden, und nehme es dem Universum übel, dass ich nicht männlichen Geschlechts zur Welt gekommen bin. Vielleicht kommt es aber auch aus einem früheren Leben? Oder aber es ist deswegen so, weil ich es sehr unfair finde, dass Männer in allen Bereichen außer der Kindererziehung mehr Macht haben. Außerdem könnte es sein, dass der Mann in mir versucht, sich so zu manifestieren, weil ich ihn nicht akzeptiere.

Ich bin mir sicher: Je weniger ich den Mann in mir akzeptiere, umso mehr verhalte ich mich wie einer. Der Mann in mir müht sich ab, damit ich ihm den Platz zugestehe, der ihm gebührt. Doch bevor ich mir dessen bewusst werde, muss ich über dreißig Jahre kämpfen. **Diese Nicht-Akzeptanz wird meine Beziehungen stark beeinträchtigen.** Die Auswirkungen kannst du im Lauf dieses Kapitels immer wieder sehen.

In dem Jahr, in dem ich vierzehn werde, gehe ich „fest" (wie wir es damals nannten) mit einem Jungen. Es hält mehrere Monate an. Er ist achtzehn und holt mich mit dem Auto seines Vaters ab. Ich bin immer noch das brave, wohlerzogene Mädchen und lege Wert darauf, dieses Image zu bewahren. Wir gehen ins Kino oder zum Tanzen, und ich bin immer pünktlich zu der Zeit wieder zu Hause, die meine Eltern mir vorgeschrieben haben. Sobald mich ein Junge etwas zu leidenschaftlich umwirbt, es zum Beispiel wagt, mir seine Hand auf die Brust zu legen, stoße ich ihn heftig von mir und sage ihm, ich sei doch kein leichtes Mädchen, und wenn er so eine wolle, sei die Straße voll von ihnen, die nichts lieber täten, aber bei mir könne er sich diese Befriedigung nicht holen. Die Jungen, die mit mir ausgehen, sind umfassend vorgewarnt: Sie sind mit mir zusammen wegen dem, was ich bin, und nicht wegen meines Körpers. Es fällt mir sehr schwer, meine weibliche Sexualität zu akzeptieren, die mir überdies noch gar nicht richtig bewusst ist.

Rückblickend wird mir klar, dass es sich wie ein totaler Kontrollverlust angefühlt hätte, wenn ich bei mir sexuelles Verlangen zugelassen hätte. Denn genau das war es, was mir solche Angst machte. Es kann nicht angehen, dass ein Mann mich dazu bringt, die Kontrolle zu verlieren. Ich selbst will die Kontrolle haben – auch die Kontrolle über Männer. Interessanterweise hatte ich meinen allerersten Orgasmus in der Position „Frau über Mann“. Unbewusst entwickle ich die Kontrollierende in mir. Heute weiß ich: **Je weniger wir bestimmte Aspekte unserer selbst akzeptieren, umso mehr wollen wir sie kontrollieren.** Aber letztendlich verlieren wir immer die Kontrolle. Deshalb tun wir oft das Gegenteil von dem, was wir wollen. Wir wollen so wenig klar sehen, dass wir uns selbst täuschen. Hätte mich jemand darauf hingewiesen, dass ich mich wie ein Mann verhalte, dann wäre ich beleidigt gewesen. Ich habe es überhaupt nicht gesehen.

Wir alle treffen innere Entscheidungen, wenn wir sehr jung sind, und im Lauf der Zeit erfüllen diese Entscheidungen weiterhin ihren ursprünglichen Zweck, ohne dass es uns bewusst ist. Spannend ist meiner Meinung nach, dass es durch Arbeit an uns selbst möglich wird, all unsere alten Entscheidungen, die uns nicht mehr nützlich sind, zu entdecken und zusammenzufassen, damit **wir jene Glaubenssätze ändern können, die uns dazu gebracht haben, diese ungünstigen Entscheidungen zu treffen.**

Ich bin ziemlich beliebt bei Jungen. Sobald ich einen verlasse, finde ich genauso schnell einen anderen. Ich frage mich, was es ist, das sie anzieht, denn auf sexueller Ebene passiert nichts.

Ich lerne meinen zukünftigen Ehemann mit neunzehn kennen. Er ist dreiundzwanzig. Es ist Liebe auf den ersten Blick. Er lebt in Montréal, genau wie ich. Er gesteht mir, dass er schon mit vielen anderen Mädchen ausgegangen ist und dass er Mädchen gewohnt ist, die leicht Ja sagen. Ich bin mit ihm ebenso streng wie mit meinen früheren Freunden. Er akzeptiert meine Bedingung, mit dem Sex bis zu unserem Hochzeitstag zu warten. Wir lieben uns sehr, leben nur füreinander. Wir versuchen, so oft wie möglich zusammen zu sein. Ich habe immer mehr Verlangen nach ihm. Da ich noch nie eine sexuelle Beziehung gehabt habe, bin ich gespannt auf diese Erfahrung mit ihm. Es wird für uns immer schwieriger, uns zurückzuhalten. Da wir ja die Heirat planen, lasse ich zu, dass er mit ein paar gewagteren Zärtlichkeiten etwas weitergeht. Ich selbst aber weiß ich nicht so recht, was ich tun soll, da ich keine Erfahrung auf diesem Gebiet habe.

Als wir heiraten, entdecke ich schließlich die Sexualität und bin enttäuscht. Es ist nicht das „WOW", das ich erwartet habe, das, was ich in Filmen gesehen und von dem ich in Romanen gelesen habe. Ich mag die Zärtlichkeit, die Zuneigung, ich mag, dass er mich in den Arm nimmt, aber der sexuelle Akt selbst ist für mich nicht besonders erregend ...

In den fünfzehn Jahren unserer Ehe ist es immer wieder dieselbe Leier. Er hat liebend gern Sex mit mir. Pausenlos sagt er mir, er fände mich sinnlich und brauche mich nur anzusehen, und schon würde die Lust aufs Liebemachen in ihm aufsteigen. Das ist mir unbegreiflich, ich kann es nicht verstehen. **Es kommt so weit, dass ich seine Komplimente nicht mehr glauben kann. Ich habe den Eindruck, er versucht mir etwas vorzumachen.** Nach meinem Empfinden schauspielert er nur, ist nicht aufrichtig und macht mir nur Komplimente, um häufiger Sex mit mir zu haben.

In unserer Beziehung ist die Sexualität die Quelle für viele Streitereien und Missverständnisse. Wenn ich Verlangen in seinen Augen sehe (fast immer), denke ich: „Oh nein, nicht schon wieder heute Abend! Nicht schon wieder dasselbe Spielchen!" Im Lauf der Jahre zögere ich das Zubettgehen immer weiter hinaus. In der Zeit, in der ich im Verkauf arbeite, komme ich spät von der Arbeit nach Hause, so gegen 23:00 oder 23:30 Uhr, und ich lasse mir Zeit. Ich lese lange, in der Hoffnung, dass er einschläft, bevor ich ins Bett gehe. Wenn ich mich zu lange aufhalte, kann es passieren, dass er mich bis zu zehnmal ruft, damit ich zu ihm komme. „Wann kommst du endlich ins Bett, ich warte auf dich! Dauert es noch lange?" Meine Antwort ist immer dieselbe: „Benimm dich doch nicht wie ein großes Baby, als könntest du nicht allein einschlafen. Das kann doch wohl nicht sein!"

Er kann sich nicht vorstellen, dass zwei Menschen, die sich lieben, trotzdem nicht immer Lust auf Sex haben. In den fünfzehn Jahren unseres Zusammenlebens versuche ich auf tausend verschiedene Arten zu vermeiden, mit ihm zu schlafen, und er wiederum kann nicht einschlafen, bevor ich ins Bett gehe.

Sobald drei oder mehr Tage ohne Sex vergehen, wird er mürrisch, arrogant und ungeduldig mit den Kindern und mit mir. Oft sage ich mir: „Okay, dieses Mal sage ich Ja, dann lässt er mich zwei oder drei Tage in Ruhe und hilft mir engagierter, wenn ich ihn um etwas bitte." Als ich für *Tupperware* arbeite, brauche ich ihn oft, um Besorgungen oder Lieferungen für mich zu erledigen. Wenn ich am Vortag Ja gesagt habe, ist er sehr einsatzbereit! Mit allen Mitteln will er mich überzeugen, seine Avancen anzunehmen: „Wie kannst du mich heute Abend noch abweisen, wenn ich den ganzen Tag über mit deinen Kindern gespielt oder deine Besorgungen erledigt habe?" Er versucht alle möglichen Taktiken, damit ich mich schuldig fühle und irgendwann Ja sage. Im Durchschnitt haben wir zwei- oder dreimal in der Woche Sex.

In der Tat fühle ich mich schuldig, wenn ich Nein sage, denn ich habe gelernt, sobald ich verheiratet bin, müsse ich Ja sagen. Nicht schuldig gegenüber ihm, sondern mir selbst gegenüber. Ich mache mir Vorwürfe, keine gute Ehefrau zu sein.

Wenn ich damals nur etwas mehr Bewusstheit entwickelt hätte, dann hätte ich erkannt, dass mein Glaubenssatz nicht hilfreich war. **Je mehr man sich Selbstvorwürfe wegen etwas macht und versucht, sich zu ändern, umso mehr bleibt es bestehen, umso weniger ändert es sich!** Zum Glück habe ich die Dinge irgendwann klarer gesehen. Aber für meine erste Ehe war es zu spät …

Ich bin oft zornig wegen unseres Sexlebens. Ich fühle mich benutzt und manipuliert und hege enormen Groll auf mich selbst. Diese Wut richtet sich gegen meinen Mann, obwohl ich in Wirklichkeit viel wütender auf mich selbst bin. Ich hatte beschlossen (erinnerst du dich?), dass kein Mann mich jemals kontrollieren oder manipulieren würde. In anderen Bereichen geschieht das tatsächlich nicht, nur bei der Sexualität.

Schließlich schlage ich ihm etwas vor: „Sprich mich ein paar Tage lang nicht mehr darauf an und warte, bis ich selbst Lust habe. Lass mich die Initiative ergreifen. Mir wäre es lieber, wenn ich vor dir Lust darauf haben könnte!" Nach drei Tagen kommt er wieder an: „Dabei verliere ich nur, ich habe dich drei Tage in Ruhe gelassen und dich nicht darauf angesprochen, und du machst trotzdem nicht den geringsten Annäherungsversuch!" Diese neue Herangehensweise ist nicht zu seinem Vorteil, sodass er schon kein Interesse mehr hat, sich daran zu halten. Ein weiterer Versuch, der danebengegangen ist!

Bessere Ergebnisse bringt es offenbar, ein Glas Alkohol zu trinken. Nachdem ich eines Abends gefeiert und ein Glas getrunken hatte, ergab sich mein erster richtiger Orgasmus (nach fünf Jahren Ehe). WOW! Endlich weiß ich, wie es ist. Aber leider machte es ihm noch mehr Lust auf Sex. Nach dieser Erfahrung merken wir, dass ich nach dem Genuss von ein oder zwei Cocktails tatsächlich sinnlicher bin. Ich bin leichter davon zu überzeugen, mit ihm zu schlafen. Also bietet er mir einen an, wenn ich von der Arbeit nach Hause komme. So entwickle ich die Gewohnheit, vor dem Schlafengehen einen Drink zu nehmen. Ich sage zwar nicht öfter Ja, aber wenn, dann mit mehr Lust. Ich will alles in unserem Eheleben kontrollieren, auch unsere sexuelle Intimität. Natürlich ist es die Angst vor dem Kontrollverlust, die mich davon abhält, mich gehenzulassen. Ich fürchte, wenn ich ihm zeige, dass ich gerne Liebe mache, verlangt er noch häufiger danach.

Heute **ist mir klar, dass ich das entschieden habe, ohne überhaupt zu überprüfen, ob es stimmt (ebenso wie viele andere Glaubenssätze).** Manchmal tue ich so, als sei ich zum

Höhepunkt gekommen, damit wir es so schnell wie möglich hinter uns bringen. Wenn ich beschließe, Ja zu sagen (denn das entscheide ich im Voraus), trinke ich vor dem Zubettgehen mindestens zwei Gläser Alkohol. Das macht es für mich einfacher, ihn gewinnen zu lassen. Auf diese Weise, so glaube ich, habe ich mehr Kontrolle.

Bei mehreren Gelegenheiten versuche ich, ihn mit Schuldgefühlen zu manipulieren. Ich werfe ihm vor, dass er mir ein schlechtes Gewissen einredet, und tue dasselbe! Ich sage ihm: „Okay, dann mach – nur zu, wenn es das ist, was du willst, wenn es dich befriedigt ...!" Ich bleibe völlig passiv, während er Sex mit mir hat. Dann blicke ich ihm direkt in die Augen und überhäufe ihn mit Vorwürfen: „Wie kannst du das einem Menschen nur antun? Einfach den Körper eines anderen zu benutzen, schämst du dich nicht? Wie fühlst du dich jetzt, nachdem du das getan hast?" Und er antwortet: „Nicht sonderlich gut, aber andererseits wollte ich unbedingt Sex und habe bekommen, was ich wollte." Ich kann ihm nicht einmal ein schlechtes Gewissen einreden! Innerlich bin ich nicht nur ärgerlich, sondern auch rasend vor Wut. Stell dir meine Nächte vor! Beim Einschlafen werfe ich ihm vor, herzlos, egoistisch und so vieles mehr zu sein. Was ich nicht rechtzeitig erkenne und **was mich am meisten schockiert, ist, dass er es wagt, sein Verlangen zu äußern und zu befriedigen, während ich mir dieses Recht nicht zugestehe.** Ich bin mehr damit beschäftigt, mein Verlangen zu kontrollieren und zu unterdrücken.

Ich setze Drohungen ein: „Eines Tages wird GOTT dich bestrafen!" Ich sage ihm, dass er es mit dem Sex so weit treibt, dass GOTT ihn eines Tages bestrafen und ihm seine Männlichkeit ganz wegnehmen wird. Ich füge hinzu, dass ich mir dann einen anderen Mann suchen muss! Ich drohe ihm mit allem

Möglichen. Ich wage sogar zu behaupten, ich wüsste, was GOTT für das Leben eines anderen Menschen vorgesehen hat. Welcher Hochmut! Nur um recht zu haben. Und während all dieser Jahre habe ich mich selbst um die schönen Liebeserlebnisse gebracht, die ich hätte genießen können. Ich weiß jetzt, dass mein erster Mann nichts mit meinem mangelnden sexuellem Verlangen zu tun hatte. Ich kann sogar hinzufügen, dass er ein ausgezeichneter Liebhaber war. Das alles ist geschehen, weil ich glaubte, sexuelles Vergnügen stünde nur Männern zu.

Wenn ich schon beim Thema bin, möchte ich ein wenig über Harmonie in der Partnerschaft sprechen. Die Entdeckung der inneren Harmonie zwischen dem weiblichen und dem männlichen Prinzip war ein Wendepunkt in meinem Leben, und ich möchte dir gern mehr darüber erzählen. In meinen Kursen und Vorträgen treffe ich immer wieder Menschen, die mit ihrem Sexleben unzufrieden sind.

Es ist die Frau in uns (das weibliche Prinzip), die die Bedürfnisse unseres Wesens kennt. **Wahre Harmonie entsteht, wenn die Frau in uns ihre Wünsche oder Bedürfnisse äußert und dann besonnen genug ist, den Mann zu respektieren, der** Madame **nur glücklich machen will.** Der Mann in uns ist jener Teil unseres Wesens, der analysiert, Zusammenhänge herstellt und herausfindet, auf welche Weise er die Wünsche der Frau in uns manifestieren kann. Es ist also *Monsieur*, der weiß, wie und wann es am besten ist, diesen Wunsch der Frau zu erfüllen. Um vollkommene Harmonie zu erreichen, muss die Frau in uns ausnahmslos akzeptieren, dass der Mann in uns alles in seiner Macht stehende tut, um sie zufriedenzustellen. Der innere Mann seinerseits muss ausnahmslos akzeptieren, dass die innere Frau weiß, was sie braucht, um glücklich zu sein. So sieht die ideale Beziehung in uns aus.

In einer idealen Paarbeziehung funktioniert das genauso. Wenn einer der beiden einen Wunsch äußert, dann ist es seine oder ihre innere Frau, die sich äußert; und der andere Partner, der zur Verwirklichung dieses Wunsches beitragen will, setzt seine rationale Seite, sein männliches Prinzip, ein, um das zu erreichen.

In meiner jetzigen Beziehung (1991, Anm. d. Red.) schaffen wir es meistens, so zu funktionieren. Es sind immer noch einige männliche Aspekte vorhanden, die ich nur schwer akzeptieren kann. Doch ich weiß, dass das nur eine Frage der Zeit ist.

Mit meinem ersten Mann konnte es nicht funktionieren, weil ich wollte, dass der Mann ganz im Dienst der Frau steht. Das ist zwar so gedacht, aber die Frau in mir weigerte sich, auf die Vernunft von *Monsieur* zu hören, und lehnte all seine Ratschläge rundweg ab. Wenn mein Mann einen Wunsch äußerte, beispielsweise sexuelles Verlangen, dann äußerte sich die Frau in ihm. Um Harmonie zu erreichen, hätte der Mann in mir auf ihn eingehen müssen. Da ich den Mann in mir nicht akzeptierte, konnte ich auf keinen Fall zulassen, dass dieser seiner inneren Frau half. Genau wie in der Geschäftswelt, kam mich diese Nicht-Akzeptanz teuer zu stehen! **Mein ganzes Leben lang habe ich die Wünsche anderer nur dann bereitwillig akzeptiert, wenn sie mit meinen eigenen übereinstimmen. Fehlende Bewusstheit kommt einen mitunter teuer zu stehen.** In meinem Sexualleben habe ich den Preis gezahlt, bis ich zweiundvierzig Jahre alt war!

Trotz allem habe ich mehrere gute Jahre mit meinem ersten Mann gehabt. Heute weiß ich, dass ich die fünfzehn Jahre unserer Ehe sehr unbewusst gelebt habe. Ich wollte hauptsächlich eine gute Ehefrau und eine ebenso gute Mutter sein, entsprechend dem, was ich von meiner Umgebung darüber gelernt hatte. Ich habe mich nie gefragt, wie ich mich fühlte, ob ich wirklich das Leben führte, das ich wollte. Stattdessen habe ich mich vom Leben leiten lassen. Alles stand unter meiner Regie: das Budget, wohin wir ausgingen, die Erziehung und Ausbildung der Kinder, wo wir wohnten, die Urlaube und alle Einkäufe.

Wenn wir zu zweit waren oder uns beim Abendessen unterhielten, ging es meistens darum, uns gegenseitig zu sagen, was wir nicht mochten und was wir voneinander erwarteten. Es ging weder darum, herauszufinden, wie es dem jeweils anderen ging, noch darum, uns gegenseitig wirklich zuzuhören. Denn wie hätten wir einander zuhören können, wenn weder er noch ich wussten, wie wir uns selbst zuhören konnten? Aus diesem Grund lege ich heute in allen *Écoute-Ton-Corps*-Kursen so viel Wert auf Kommunikation. **Zuhören ist ein sehr wichtiges Element, um in unseren Beziehungen wahre Vertrautheit und Intimität zu genießen.**

In unserem letzten Ehejahr beginne ich, mir Fragen zu stellen. Elf Monate vor unserer Trennung sind wir zu Weihnachten alle bei meiner Mutter zusammengekommen, und ich beobachte meine Geschwister. Seit einiger Zeit bin ich eher traurig. Dieses Gefühl hält auch während der Weihnachtsferien an. Es fällt mir schwer, Spaß zu haben, alles langweilt mich, ich habe nicht einmal Lust zu tanzen. Ich sitze da, beobachte meine Geschwister mit ihren Ehepartnern und denke: „Nicht eine meiner Schwestern scheint mit ihrem Mann glücklich zu sein!" Ich kann keine wortloses Einverständnis, keine Vertrautheit in ihren Beziehungen erkennen.

Ich sehe, dass meine Schwestern in ihrer Beziehung alles kontrollieren wollen, ebenso wie ich selbst. Auch sie geraten emotional in Aufruhr, genau wie ich, wenn ihnen diese Kontrolle entgleitet, wenn der Mann sich ihnen widersetzt.

An jenem Abend ist eine meiner Schwestern besonders frustriert. Sie hat ein Glas zu viel getrunken und sagt laut zu ihrem Mann: „Lass es gut sein, eines Tages erfülle ich mir einen großen Traum … bevor ich sterbe, werde ich Sex mit einem anderen Mann haben."

Auf dem Weg zurück zum Auto spreche ich mit meinem Mann über meine Eindrücke. „Ich habe heute Abend all meine Schwestern beobachtet und finde es schade, dass die Liebe einfach so endet, nach nur ein paar Jahren Ehe! Bei keiner von ihnen habe ich eine schöne, aufregende Liebe gesehen. Wie schade!" Überrascht fragt er mich: „Willst du mir damit sagen, dass deiner Meinung nach zwischen uns auch keine Liebe mehr da ist?" Ich antworte: „Ja, tatsächlich, es ist nicht mehr wie früher. Wir haben immer dieselben Streitereien über Sex, und auch wenn du mir versprichst, dass es eines Tages besser wird, sehe ich nur, dass sich die Situation von Jahr zu Jahr verschlimmert. Ich habe das Gefühl, dass wir uns inzwischen nur noch gegenseitig ertragen, **dass wir einfach aus Gewohnheit zusammen sind. Das ist das Einzige, was noch von unserer Beziehung übrig ist: eine Gewohnheit!** Tatsache ist, dass ich mich an keinem einzigen Abend darauf freue, ins Bett zu gehen, wegen unseres berühmten Sexproblems!" Und er sagt: „Mein Gott, was ist denn in dich gefahren? Soll das etwa heißen, dass du dich scheiden lassen willst?"

Diese Erwiderung trifft mich völlig überraschend. Ich habe nie über eine Trennung nachgedacht, geschweige denn über eine Scheidung. Ich antworte, das sei überhaupt nicht meine Absicht, so etwas hätte ich nie gesagt. Es ist ein Thema, mit dem wir uns nicht wohlfühlen. Wir sprechen lieber über etwas anderes und geben vor, es sei nichts gesagt worden. Dieses Gespräch markiert den Beginn einer Zeit, in der ich unsere Ehe infrage stelle.

Obwohl ich es eigentlich nicht will, denke ich mehr und mehr darüber nach. Und je mehr ich darüber nachdenke, umso mehr lächelt mich diese Alternative an. Ich bin begeistert von der Vorstellung, Ruhe zu haben, wenn ich abends nach Hause komme; dass niemand mehr da ist, der mich nur benutzen will. Nach meiner Überzeugung brauche ich keinen Ehemann mehr – eine Person weniger, um die ich mich kümmern muss. Ich denke so viel an mich selbst, dass ich die Qualitäten meines Mannes und die guten Seiten unserer Ehe nicht sehe – zu sehr bin ich damit beschäftigt, mich über alles, was er nicht tut, zu beklagen. Und wenn er doch etwas tut, beschuldige ich ihn, er täte es nur deswegen, weil ich ihn dazu gedrängt habe. Ich erkenne nicht, dass ich nur deswegen so viel zu tun habe, weil ich alles nach meinem Geschmack haben will. Ich stecke meine Nase in alles, damit dieser Wunsch erfüllt wird: dass alles so gemacht wird, wie ich es will. Niemand hat je von mir verlangt, so hart zu arbeiten, aber es fehlt mir an Bewusstheit, um das zu erkennen.

Der Vorteil (wenn man es so nennen will) dieser mangelnden Bewusstheit ist, dass ich nicht einmal wusste, dass es mir nicht gutging. Der Nachteil hingegen ist, dass ich immer wieder dieselben Hindernisse auf dieselbe Art und Weise durchlebte. Wenn uns Dinge nicht bewusst sind und Situationen, die uns stören, immer wiederkehren, dann sind sie entweder gleich oder schlimmer, doch sie werden mit der Zeit nicht besser. Heute bin ich froh, dass ich immer mehr Bewusstheit entwickle, denn dadurch kann ich mein Leben zum Besseren verändern.

Mit solchen Trennungsgedanken beginne ich auszurechnen, wie ich mit meinen Einkünften und den Kindern in meiner Obhut finanziell über die Runden kommen könnte. Je mehr das möglich ist, desto mehr sagt es in mir Ja. Schon bei der Vorstellung, allein zu sein, steigt große Erleichterung in mir auf. Ich denke so oft daran, dass ich das Gefühl habe, wir wären schon getrennt. Ein Monat vergeht, und schließlich sage ich es ihm. Es ist ein Schock für ihn. Er ist davon überzeugt, dass ich „Mist baue", von anderen beeinflusst worden sei und dass mit mir etwas nicht stimme. Beharrlich verlangt er, ich solle einen Psychologen konsultieren. Ich erwidere, das täte ich nur unter der Bedingung, dass er auch mitkäme.

Wir haben einen Termin bei einem Psychologen, jeweils einzeln, hintereinander. Dem Psychologen zufolge ist es normal, dass mein Mann unter Schock steht, denn bisher sei ich sein Halt, seine Mutter, seine Geliebte, seine Ehefrau und die Mutter seiner Kinder gewesen. Das ist der Grund, warum unsere Verbindung so schwierig ist. Ihm zufolge besteht **der einzige Weg, wie ich unsere Situation verbessern könne, darin, dass ich aufhöre, mich um alles zu kümmern.** Ich weiß nicht, was er meinem Mann erzählt hat, weil der nicht einmal darüber sprechen will. Beim Verlassen der Psychologenpraxis sagt er nur: „Hier setze ich keinen Fuß mehr hin, er hat meine Situation überhaupt nicht verstanden!"

Danach gingen wir zu einer Eheberaterin, einer Psychotherapeutin. Wir besuchen sie abwechselnd mehrere Wochen lang jeweils einzeln, einmal pro Woche. Ihr Honorar ist sehr hoch. Sie gibt uns Anregungen, die jedoch kaum etwas bewirken. Wir versuchen zwar, ihrem Rat zu folgen, aber es wird trotzdem immer schlimmer. Innerlich stelle ich mir nun erst recht fortwährend vor, allein mit den Kindern zu leben, und der Gedanke erscheint mir immer attraktiver.

Die Psychologin rät uns nachdrücklich, gemeinsam in den Urlaub nach Hawaii zu fahren, so wie es der Zeitplan, den wir uns erstellt hatten, vorsah. Wir folgen ihrem Rat. Dieser Urlaub, im Februar 1976, erwies sich als katastrophal. Mein

Mann, der noch nie eifersüchtig gewesen war, macht mir eine große Szene. Er spürt, dass ich mich darauf vorbereite, ihn zu verlassen, und ist sehr aufgebracht. Er ist nicht mehr er selbst. Ich verurteile ihn sehr. Alle aufwühlenden Emotionen sind dabei im Spiel: Überraschung, Wut, Enttäuschung, Aggression.

Für mich ist es unbegreiflich, dass ein Erwachsener in solchem Ausmaß die Kontrolle verliert. **Es ist leicht zu erkennen, dass dies eine Zeit in meinem Leben ist, in der es mir wirklich an Mitgefühl mangelt. Ich bin gefühllos gegenüber dem, was er durchmacht. Mein Verstand hat die Kontrolle übernommen, und ich urteile sehr streng über ihn.** Ich erkenne heute, dass ich nicht in Kontakt mit dem war, was ich selbst tief innen empfand. Es ist für uns unmöglich, gleichzeitig im Verstand und im Fühlen zu sein. Nach der Rückkehr von der Reise bin ich noch fester entschlossen, ihn zu verlassen. Wir gehen nicht mehr zur Eheberaterin. Irgendetwas bringt mich dazu zu glauben, dass ich zu viel Verantwortung und Pflichten habe, dass mein Mann immer unerträglicher wird. Ich empfinde ihn als Klotz am Bein.

Das vergangene Jahr war von einer Reihe schlimmer Vorfälle geprägt. Im Februar 1975 kommt plötzlich die Tochter meiner beiden Chefs (*Tupperware*-Vertriebspartner) im Alter von sechzehn Jahren beim Skifahren ums Leben. Sie ist das jüngste ihrer vier Kinder. Es ist ein enormer Schock für das Paar und die ganze Familie. Mein Mann und ich haben uns sehr mit ihnen angefreundet, und seit der Nacht, als wir die Nachricht per Telefon erhalten haben, kümmern wir uns um alles. Mein Mann sorgt dafür, dass der Leichnam des jungen Mädchens, der sich noch in einem Krankenhaus in Sherbrooke, etwa 150 km von Montréal entfernt, befindet, überführt wird. Er kümmert sich auch um alle Beerdigungsvorbereitungen.

Ich erledige alles im *Tupperware*-Büro. Als Vertretung meiner Chefin leite ich in dieser Woche alles.

Da unser Urlaub bereits für die folgende Woche geplant ist, muss ich mich um meine eigene Arbeit, um die meiner Chefin und obendrein um die Reisevorbereitungen kümmern. Was für eine Woche! Ich schlafe kaum ein paar Stunden. **Wie unser innerer GOTT uns in Notsituationen hilft! Mein Mann und ich wissen intuitiv, was zu tun ist.**

Ich nehme mir vor, mich im Urlaub zu erholen. Meine Schwägerin wohnt seit einem Jahr bei uns, seit ihre Mutter verstorben ist. Sie ist vierundvierzig und ledig und hat immer bei ihrer Mutter gelebt. Sie soll sich während unseres Urlaubs um die Kinder kümmern. Meine Chefin und ihr Mann bieten an, hin und wieder bei uns vorbeizuschauen und meiner Schwägerin zu helfen, denn sie ist sehr nervös und wird von einer Psychologin betreut. Sie wollen uns helfen, um sich für all die Unterstützung, die sie gerade von uns erhalten haben, zu revanchieren.

Nur wenige Tage nach unserer Ankunft auf den Bahamas, an meinem Geburtstag, erhalte ich einen Anruf von meiner Chefin. Ich denke, sie will mir „Happy Birthday" wünschen, und freue mich sehr. Sie wünschte mir zwar tatsächlich alles Gute zum Geburtstag, sagt mir aber unmittelbar darauf, dass das eigentlich nicht der Zweck ihres Anrufs ist. Ein Brand hat unser Haus zerstört! Welch ein Schock! Mir bleibt fast das Herz stehen. Sie fügt hinzu: „Keine Sorge, deine Schwägerin und die Kinder sind bei uns sicher. Wir haben euer Haus verbarrikadiert, weil die Feuerwehrleute an mehreren Stellen die Wände eingeschlagen haben. Wir warten auf euch." Natürlich eilen wir zurück nach Montréal. Wir müssen einen Monat bei meinen Chefs wohnen bleiben. Sie haben ein riesiges Haus.

Die Wochen nach dem Brand sind sehr schwierig, denn neben meiner Arbeit, die überhaupt nicht weniger geworden ist, muss ich die Kinder zur Schule bringen, sie mittags abholen und die Reinigungs- und Wiederaufbauarbeiten in unserem abgebrannten Haus beaufsichtigen. **Natürlich möchte ich, dass alles nach meinem Geschmack gemacht wird, also muss ich mich um alles kümmern.**

Alle Wände des Hauses sind mit Ruß bedeckt. Die Küche ist komplett verbrannt – dort ist das Feuer ausgebrochen. Am Tag des Feuers sind die Kinder nach dem Mittagessen wieder in die Schule zurückgekehrt, und meine Schwägerin ist einkaufen gegangen. Tony, mein zehnjähriger Sohn, ist dann wieder nach Hause gekommen, er wollte an jenem Nachmittag die Schule schwänzen. Er erblickt Feuer in der Küche und läuft los, um die Nachbarn um Hilfe zu bitten. Wie das Feuer entstanden ist, ist immer noch ein Rätsel. Die Feuerwehr kommt sehr schnell, aber dennoch zu spät, um die Küche zu retten. Sie muss komplett wiederhergestellt werden. Ich nutze die Gelegenheit, um sie in eine Küche im spanischen Stil zu verwandeln, von der ich schon seit einigen Jahren träume. Ich muss die Materialien auswählen und mit dem Bauunternehmer alle Entscheidungen treffen. Das alles dauert einen Monat.

Ich rege mich sehr über die Leute auf, die mit der Reinigung des restlichen Hauses beauftragt sind. Das Entfernen der Rußschicht, die alles im Haus bedeckt, ist kein leichtes Unterfangen! Ich hoffe, dass ich das nie wieder durchmachen muss. Nur sehr wenige sind bereit, eine solche Arbeit zu tun. Also müssen wir die Hilfskräfte akzeptieren, die wir bekommen können. Sie lassen nicht die geringste Vorsicht walten. Damals hänge ich noch sehr an meinen schönen Dingen, meinen Möbeln, meinem Kristall, meinem Porzellan und meinen Dekorationen. Ich muss die Arbeit beaufsichtigen und jeden

Tag anwesend sein, um den Arbeitern neue Anweisungen zu geben. **Je mehr ich sie kritisiere, umso weniger arbeiten sie so, wie ich es will. Ich weiß noch nicht, wie ich meine Gefühle äußern soll.** Anstatt ihnen zu erklären, was in mir vorgeht, bin ich mehr damit beschäftigt, sie bei jedem, der zuhören will, herunterzuputzen.

In der dritten Woche dieses erzwungenen Aufenthalts bei unseren Freunden brechen zwei junge Diebe nachts ins Haus unserer Gastgeber ein. Sie haben am Eingang sechs parkende Autos gesehen und gestanden später, beim Prozess, dass sie beim Anblick der Autos dachten, es gäbe mehr Personen zu berauben. Sie kennen die Familie gut und wissen, dass sie recht wohlhabend ist. Einer der beiden Diebe ist achtzehn und der andere sechzehn. Letzterer wohnte früher in dieser Straße und war mit der Tochter, die erst wenige Wochen zuvor gestorben ist, befreundet.

Sie dringen also ins Haus ein und beschließen, mit dem ersten Zimmer am oberen Treppenabsatz anzufangen, dem Zimmer, in dem meine Schwägerin schläft. **Sie war so voller Ängste,** dass sie sich angewöhnt hatte, ihre Handtasche auf den Boden neben das Bett zu stellen, wenn sie schlief, aus Angst, bestohlen zu werden. Sie erwacht, schlägt die Augen auf und sieht, wie jemand neben ihrem Bett ihre Handtasche durchwühlt. Was für eine Angst sie ausgestanden haben muss! Sie beginnt zu schreien, und der junge Mann neben ihr sticht mehrmals auf sie ein. Sie schreit noch lauter. Währenddessen steht der andere junge Mann mit einem Gewehr an der Tür. Er gerät in Panik und gibt einen Schuss in Richtung Bett ab. Ich weiß nicht, ob er geschossen hat, um meine Schwägerin zum Schweigen zu bringen, oder um seinen Freund davon abzuhalten, sie zu erstechen. Die Kugel dringt in die Matratze ein.

Ich war gerade eingeschlafen, nachdem ich von einer Vorführung zurückgekommen war. Später, während des Prozesses, werden sie gestehen, dass sie eine lesende Frau in der Küche gesehen und abgewartet haben, dass sie zu Bett ging, bevor sie eingebrochen sind. Das war ich. Sie haben tatsächlich die Terrassentür der Küche aufgebrochen.

Die Schreie meiner Schwägerin wecken mich auf, aber sie scheinen von weit her zu kommen, denn ihre Schlafzimmertür ist geschlossen. Ich vermute, dass eins der Kinder einen Alptraum hat, und wecke meinen Mann. Das Haus ist sehr groß. Meine beiden Söhne schlafen unten im Keller, und Monica, meine Tochter, ist in dem Zimmer neben unserem.

Mein Mann steht auf, läuft aus dem Zimmer und hört in diesem Moment den Schuss. Obwohl die Tür geschlossen war, weiß er sofort, dass er aus dem Zimmer seiner Schwester gekommen ist. Er ruft mir zu: „Schnell, ruf die Polizei, jemand hat gerade auf Mary geschossen!" Während ich die Polizei rufe, rennt er los, öffnet die Tür zum Zimmer seiner Schwester und steht dem Einbrecher mit dem Gewehr gegenüber, das auf ihn gerichtet ist. Er läuft in vollem Tempo rückwärts, stürzt die Treppe hinunter und verkriecht sich in einem anderen Raum im Erdgeschoss.

Währenddessen wacht Monica weinend auf. Sie ist sehr verängstigt. Ich hole sie in unser Zimmer. Immer wieder rufe ich meinem Mann zu: „Was ist los? Was ist passiert?" Ich höre viel Hin und Her, aber mein Mann antwortet nicht. Diese Momente werde ich nie vergessen. Ich bin völlig erstarrt. **Genau in diesem Moment wusste ich, wie Panik einen Menschen lähmen und daran hindern kann, sich zu bewegen**. Ich will zwar um jeden Preis wissen, was los ist, kann mich aber nicht dazu durchringen, das Zimmer zu verlassen. Meine Tochter halte ich fest an mich gedrückt. So stehen wir beide mitten im

Zimmer. Währenddessen laufen die beiden Diebe die Treppe herunter, greifen nach ihren Mänteln und rennen über das Feld davon. Mein Mann kommt genauso schnell die Treppe herauf und erzählt mir, was er gesehen hat. Ich kann meine Beine wieder benutzen und bringe Monica in unser Ehebett. Dann gehe ich zu meinem Mann, um zu sehen, wie es meiner Schwägerin geht. Sie ist blutüberströmt.

Ich habe das Gefühl, dass alles in Zeitlupe abläuft und die Zeit stehen geblieben ist. Wenn wir den gegenwärtigen Moment sehr intensiv erleben, scheint die Zeit entweder stillzustehen oder sehr schnell zu vergehen. Die Polizei trifft nach wenigen Minuten ein. Alles geht jetzt sehr schnell, es ist wie in einem Film. Kurz nach der Polizei kommt auch der Krankenwagen. Es ist zwei Uhr nachts. Während wir auf den Krankenwagen warten, bleiben wir bei meiner Schwägerin. Sie ist bewusstlos, ihr Gesicht wirkt ruhig. Wir versuchen sie zu beruhigen, für den Fall, dass sie uns hören kann. Mein Eindruck ist, dass sie eher vor Angst als vor Schmerzen bewusstlos geworden ist. Meinem Gefühl nach stirbt sie etwa zu dem Zeitpunkt, als sie auf einer Krankentrage die Treppe hinuntergetragen wird.

Bei der Ankunft im Krankenhaus wird sie tatsächlich für tot erklärt. Ich erinnere mich, dass ich dachte, dass der Tod für sie eine Erlösung gewesen sein muss. Ich habe sie nie wirklich glücklich gesehen. Sie hat sich immer für andere aufgeopfert und war innerlich voller Zorn. Ich finde es nur schade, dass sie auf diese Weise gestorben ist. Ich wusste nicht, **dass ihre verdrängte Gewalt bewirkt hat, dass sie äußere Gewalt angezogen hat.**

Im Haus wimmelt es von Polizisten. Einige von ihnen nehmen überall Fingerabdrücke, andere befragen uns. Unsere beiden Söhne und der Sohn des Hauses, die alle im Souterrain schlafen, haben überhaupt nichts gehört. Sie schlafen sogar die ganze Nacht weiter, ohne etwas zu merken. Meine Chefin und ihr Mann haben auch nichts von all dem mitbekommen. Sie haben zwar Geräusche gehört, sind aber erst aus ihrem Zimmer gekommen, als es vorbei war.

Gegen sechs Uhr morgens müssen wir alle auf die Polizeiwache, um eine offizielle Aussage zu machen und die Einbrecher zu identifizieren. Tatsächlich kann die Polizei die beiden jungen Männer noch in derselben Nacht aufspüren und festnehmen. Denn der Einbruch ereignet sich im März, gegen Ende des Winters. Die Polizisten folgen den Spuren im Schnee und finden sie innerhalb einer Stunde. Die beiden stehen stark unter Drogen. Im Gerichtsprozess gestehen sie später, dass sie eigentlich nur Geld stehlen wollten, um sich mehr Drogen zu kaufen. Vor dem Einbruch hatten sie Drogen genommen, um sich Mut zu machen. Angeblich war es nie ihre Absicht, jemanden zu töten. Sie haben beide die Kontrolle verloren.

Es ist eine schwierige Zeit für meinen Mann, es fällt ihm enorm schwer, wieder auf die Beine zu kommen. Seine Schwester arbeitete für ihn im *Radio-Shack*-Geschäft. Er ist sehr deprimiert. Jedes Mal, wenn er den Laden betritt, hat er das Gefühl, sie überall zu sehen. Ganz zu schweigen davon, dass man es nicht so leicht vergisst, wenn jemand einem eine Schusswaffe vors Gesicht hält!

Wir sprechen nicht darüber, wie wir uns fühlen. Ich weiß, dass er durch eine sehr schwierige Phase hindurchgeht, finde es aber nicht fair, dass die Aufgabe, ihn aufzumuntern, mir zufällt. Auch ich habe den Monat als lang und schwierig empfunden, aber hilft mir vielleicht jemand? **Ich merke gar nicht, wie sehr ich das Bild einer Person vekörpere, die über allem steht und stark genug ist, es allein durchzustehen.** Ich bitte kaum um Hilfe.

Das Leben geht weiter, und ich konditioniere mich mental, so wie ich es gewohnt bin. Anstatt meinem inneren GOTT zu danken, dass ich das Ereignis heil überstanden habe, vergleiche ich mich mit meinem Mann und gelange zu dem Urteil, ich sei ihm weit überlegen. Ich klage darüber, dass er so lange braucht, um sich wieder aufzurappeln. Mir ist nicht annähernd bewusst, wie viel Hilfe er beim Tod der Tochter unserer Freunde, bei der Ermordung seiner Schwester und bei deren Beerdigung geleistet hat, sodass ich es auch nicht wertschätzen kann. Erst einige Jahre später ist mir das alles klar geworden. **In dem Maße, wie ich mehr Bewusstheit entwickelte, habe ich gelernt, mehr Mitgefühl zu entwickeln. Danke, GOTT!**

In den Monaten nach diesem Vorfall ertrage ich ihn, versuche, ihn zu ermutigen. Aber ich tue es nicht von Herzen. Ich glaube immer noch, dass Männer unfähig sind, irgendetwas allein zu schaffen. Unablässig wiederhole ich: „Glücklicherweise bin ich da und kümmere mich um alles!" Ich werde immer hochmütiger. Ich habe nicht einmal mehr Lust, ihn weiterhin zu unterstützen und zu ermutigen.

Meine eigene Arbeit leidet überhaupt nicht unter den Ereignissen. Doch mein Mann hat keinen Arbeitsantrieb mehr, und auch in dieser Hinsicht betrachte ich mich als ihm überlegen. Deshalb reizt mich der Gedanke, allein zu leben, immer mehr. Meine Arbeit hilft mir in dieser Zeit sehr. Ich weiß, es ist eine Flucht aus der Wirklichkeit, aber ich brauche sie dringend. Da ich immer wieder neue Herausforderungen zu bewältigen habe, wächst mein Selbstwertgefühl stetig. Ich habe auch viele Freunde und fühle mich in meinem Umfeld sehr gut aufgehoben, sodass ich nicht fürchte, ganz allein dazustehen.

Im Jahr vor dem einschneidenden Weihnachtsfest 1975 habe ich mich mit einer jungen Frau angefreundet, die zu meinem Team gehört und inzwischen *Tupperware*-Managerin ist. Sie ist ledig, ehemalige Krankenschwester, und etwas jünger als ich. Ich weiß, dass sie lesbisch ist und mit einer Frau zusammenlebt. Ich habe in meiner Arbeit viele lesbische Frauen kennengelernt, also ist das für mich wirklich nebensächlich. Ich treffe sie immer öfter, und wir haben viel Spaß zusammen. Sie besucht uns sogar häufig und versteht sich gut mit meinem Mann. Sie ist ein fröhlicher Mensch und bringt alle zum Lachen. **Bei uns zu Hause und bei der Arbeit ist alles so ernst,** dass allein ihre Nähe schon entspannend auf mich wirkt. **Das kleine Kind in mir will nach draußen,** und bei ihr habe ich das Gefühl, dass ich es frei herauslassen kann.

In Wirklichkeit fühle ich mich wohl, weil sie eine Frau ist und ich keine Angst habe, von Frauen kontrolliert oder getäuscht zu werden. Ich spreche mit ihr über das, was ich in meiner Beziehung gerade durchmache, und sie ist stets für mich da und ermutigt mich. Sie versucht, zwischen mir und meinem Mann zu vermitteln. Es fällt mir immer leichter, mir vorzustellen, dass ich meinen Mann verlasse, denn nach meinem Empfinden brauche ich ihn nicht, um vollauf zufrieden zu sein. Ich habe eine Arbeit, die ich liebe, meine Kinder, mehrere Freundinnen, meine Eltern, meine Brüder und Schwestern und genug Geld, um allein zurechtzukommen.

Außerdem verschlimmert sich unser Sexleben von Tag zu Tag, was der Situation nicht gerade zuträglich ist. Im Sommer 1976 teile ich ihm mit, dass ich ihn verlasse, und er will immer noch Sex mit mir haben. Für mich ist das unfassbar, ich kann nicht glauben, dass diese Situation real ist. Bis zum Ende des Sommers willige ich trotz allem hin und wieder ein, weil er grob reagiert und ich sogar Angst habe, dass er gewalttätig wird. Ich nehme mir selbst sehr übel, dass ich mir das gefallen lasse. Ich weiß, dass ich aus Angst handle. Ich möchte häusliche Streitigkeiten vermeiden.

Die Kinder wissen nichts davon, und ich möchte keine Situation schaffen, in der sie sehen, dass ihr Vater gewalttätig wird. Eines Abends, nachdem ich Ja gesagt habe, bringe ich den Mut auf zu sagen: „Das war das letzte Mal, dass wir Sex haben." Ich sage ihm, er soll sich eine andere Frau suchen und mich in Ruhe lassen. Er spürt, dass ich es ernst meine und dass **diesmal die Angst nicht die Oberhand über mich gewinnen wird.** Er besteht nicht mehr darauf. Jede Nacht bauen wir Spannungen auf, weil es extrem schwierig geworden ist, nebeneinander zu schlafen.

Er beginnt abends auszugehen und kommt erst in den frühen Morgenstunden nach Hause. Er versucht mich eifersüchtig zu machen, indem er mir alle Details von dem, was er tut, erzählt: „Stört es dich nicht, dass ich gerade mit einer anderen Frau geschlafen habe?" Ganz im Gegenteil, sage ich und erkläre ihm, dass ich froh darüber bin, denn so weiß ich wenigstens, dass er mich mit seinen Sexgeschichten in Ruhe lässt! Er versucht, den Tag unserer Trennung hinauszuzögern, und hofft immer noch, dass irgendetwas unsere Ehe noch rettet. Er will nicht weg. Ich weiß nicht mehr, was ich noch alles anstellen soll, damit er geht. Oft fühle ich mich egoistisch und schuldig, wenn ich beobachte, wie er alle möglichen Zustände durchläuft. An einem Tag gibt er sich honigsüß, am nächsten hat er einen Drink zu viel und wird gewalttätig. Dann wieder sitzt er im Wohnzimmer und weint stundenlang. Ich beobachte sein Treiben und bin davon überzeugt, dass er versucht, mich zu manipulieren. Ich bin entschlossen, mich nicht täuschen zu lassen. Ich finde es völlig unlogisch, dass er meint, ich würde mich bei so einem kindischen Verhalten wieder in ihn verlieben. **Ich verschließe mich mehr und mehr gegenüber allem, was ich fühlen könnte.** Ich schaffe es fast, die Stimme meiner Schuldgefühle komplett auszuschalten, indem ich mir einrede, dass ich im Recht bin.

Im Herbst 1976 zieht er schließlich aus. Wir vereinbaren, dass er all unsere Ersparnisse behält, damit er woanders hinziehen kann. In Wirklichkeit akzeptiere ich diese Vereinbarung, um mich von meinen Schuldgefühlen zu befreien. Ich helfe ihm, so gut ich kann, indem ich ihm Bettwäsche, Handtücher, Geschirr und alles andere, was er braucht, gebe. Ich kann nicht behaupten, dass mir die Trennung schwerfällt, weil ich mich schon seit einem Jahr psychisch darauf vorbereitet habe. In sexueller Hinsicht ist es eine totale Erleichterung.

In den Monaten vor unserer Trennung habe ich die neue Freundin immer öfter gesehen, um mir den emotionalen Aufruhr, dem ich in meiner Ehe ausgesetzt bin, von der Seele zu reden. Durch ihre Anwesenheit stelle ich mir Fragen: „Und wenn ich es meine Veranlagung wäre, mit einer Frau zusammenzuleben … vielleicht ist das der Grund, weshalb es mit meinem Mann nicht klappt!“ Ich sage mir, dass ich selbst in meinem Verhalten und meiner Arbeitsweise so „männlich“ bin, dass der Ursprung meiner Unstimmigkeiten mit ihm vielleicht darin zu suchen ist. Dieser Zweifel kommt mir immer wieder in den Sinn. Aber ich weiß nicht einmal, wie zwei Frauen miteinander Liebe machen, weil ich in Bezug auf Sexualität so naiv bin.

Also spreche ich mit meiner Freundin darüber. **Ich erzähle ihr, was ich durchlebe, denke und empfinde, und stelle ihr eine Unmenge Fragen.** Diese Erfahrung lehrt mich, nach innen zu gehen, mir Fragen zu stellen, zu prüfen, wie ich mich fühle. Sie sagt: „Ich versichere dir, dass ich niemals Annäherungsversuche machen werde. Ich mag dich zu sehr als Freundin, es steht nicht zur Debatte, dass unsere Beziehung darüber hinausgeht, weil ich zu viel Angst hätte, dich als Freundin zu verlieren. Das Wichtigste für mich ist, unsere Freundschaft zu erhalten, im Moment habe ich nichts anderes im Sinn."

Wenig später spüre ich, dass es zwischen uns beiden nicht mehr ganz so ist wie früher: Ich sehe Verlangen in ihren Augen. Ich fühle mich bei ihr so wohl, dass es mir sehr leichtfällt, ihr zu sagen, was los ist. „Du siehst mich nicht mehr so an wie früher", sage ich. „Bei mehreren Gelegenheiten habe ich dich dabei ertappt, wie du mich mit Verlangen in den Augen ansiehst. Bilde ich mir das nur ein?" Sie antwortet, dass es tatsächlich so ist. Seit ich mit ihr darüber gesprochen habe, hätte sie immer mehr an mich gedacht und Begehren empfunden, gegen ihren Willen. Die Vorstellung macht ihr Angst. Sie glaubt, dass wir unsere schöne Freundschaft aufs Spiel setzen, wenn wir unserem Verlangen nachgeben.

Ich teile ihr mit, dass ich auch immer wieder darüber nachdenke und mir viele Fragen stelle. **Ich sage ihr auch, dass mir das, was mit mir passiert, große Angst macht. Ich weiß nicht, was ich tun soll.** Ich erkläre ihr, dass ich nichts über Beziehungen zwischen Frauen weiß, aber da ich ein Mensch der Tat bin, werde ich sie, falls ich es eines Tages ausprobieren möchte, wieder darauf ansprechen. Sie nickt und überlässt mir die Entscheidung. Ohne dass wir es uns eingestehen wollen, wissen wir, dass es eines Tages so weit sein wird. Wir sind noch im Stadium der Vorbereitung.

Und tatsächlich, einige Monate darauf tritt die so gefürchtete und zugleich herbeigesehnte Situation ein! Wir sind beide zu einer Party eingeladen, und ich trinke einige Gläser Alkohol. Ich bringe sie zu sich nach Hause, wo sie seit ein paar Monaten allein lebt. Ich nehme meinen Mut zusammen und sage: „Es ist so weit. Ich will es jetzt wissen. Ich muss dem ein für alle Mal auf den Grund gehen. Ich muss wissen, ob ich für einen Mann oder eine Frau gemacht bin! Ich bin es leid, darüber nachzudenken und nichts zu tun!" Innerlich habe ich eine Heidenangst, aber ich möchte die Erfahrung unbedingt machen. Und so beginnt es zwischen uns. Allerdings brauchte ich immer noch Alkohol, um mich sexuell gehen zu lassen. Wieder ein mal bin ich es, die kontrolliert. Rückblickend muss ich allerdings feststellen, dass ich überhaupt nichts kontrollierte. Ich habe die Kontrolle verloren. **Doch weil ich selbst die Entscheidung getroffen habe, denke ich, dass ich Kontrolle über die Situation habe.**

Nach diesem ersten Mal habe ich starke Schuldgefühle. Es ist einige Monate vor dem Auszug meines Mannes geschehen. Ich sage meiner Freundin, dass ich so nicht weitermachen will, dass ich warten und darüber nachdenken will, bevor ich mich auf eine intimere Beziehung mit ihr einlasse. Aber ich kann mein Versprechen nicht halten, und wir treffen uns oft. Ich denke immer öfter an sie. Ich erkenne mich selbst nicht wieder. Ich verstehe nicht, was mit mir passiert. Besonders die Zärtlichkeit zwischen uns beiden mag ich.

Damals bin ich 35. Ich habe meine Sexualität immer unterdrückt, und nun verliere ich zu allem Überfluss ausgerechnet bei einer Frau die Kontrolle! Nichts hat mich je auf eine solche Situation vorbereitet! Ein Teil von mir erlebt große Leidenschaft, und die Kontrollierende in mir sagt, dass sei schrecklich, und ich solle mich kontrollieren. **Ich mache gerade einen schwierigen inneren Kampf durch. Mehrere Teile von mir sind im Konflikt.**

Ich kann mich nicht mehr kontrollieren und stürze mich blindlings in dieses Abenteuer. Wir versuchen, uns so gut es geht zu verstecken, aber das gelingt nicht besonders gut. Ich möchte nicht, dass meine Kinder und meine Familie davon erfahren. Ich schäme mich sehr, aber ich kann nichts dagegen tun, es ist stärker als ich und sprengt meine Grenzen. Nachdem dieser Erfahrung kann ich Menschen gut verstehen, die eine leidenschaftliche Beziehung haben und mir erzählen: „Alles in mir sagt mir, dass ich es nicht tun sollte, aber ich kann nicht aufhören." Ich kann es ihnen nachempfinden.

Als meine Trennung schließlich offiziell ist, beschließen wir, dass sie zu mir zieht. Es kommt uns beiden finanziell entgegen. Ich koche gern, und sie putzt gern. Außerdem wollen wir so viel wie möglich zusammen sein. (Sie wird bei mir wohnen, bis ich das Haus zwei Jahre später verkaufe.) Unsere Beziehung ist gut. Ich habe sehr viel Spaß mit ihr, ich lache sehr viel. Wir verstehen uns gut, zu Hause, mit den Kindern, bei der Arbeit und im Urlaub. Sexuell fordert sie nie etwas, es passiert einfach ganz natürlich. Wir haben gleichzeitig Lust darauf, und ich fühle mich nicht sexuell schikaniert. Das ist neu für mich. Dadurch habe ich selbst mehr Lust darauf.

Meine Schuldgefühle sind jedoch so stark, dass ich immer noch ein oder zwei kleine Drinks brauche, bevor ich mich sexuell gehen lassen kann. Ich führe dasselbe Ritual fort wie bei meinem Mann, aber nicht aus demselben Grund. Ich habe Angst, dass meine Kinder mich mit meiner Freundin erwischen. Es ist ein seltsames Gefühl, meine Sinnlichkeit zu entdecken. Sie zu akzeptieren, fällt mir nicht leicht. Vor allem mit einer Frau! Aber unsere Freundschaft ist sehr groß, und ich möchte meine Freundin nicht verlieren. Wir haben einen ähnlichen Geschmack und führen sehr bereichernde philosophische Diskussionen. Mit ihr entdecke ich zunehmend die Welt des Übersinnlichen. Sie hatte in der Vergangenheit mehrere mystische Erlebnisse gehabt und war sehr medial veranlagt. **Ich bin fasziniert von dieser ganz neuen Welt, die sich mir eröffnet.**

Sie ist eine junge Frau mit einer sehr belastenden Lebensgeschichte, die zwei Bücher füllen könnte. Bestimmte Erfahrungen ihrer Kindheit haben sie sehr geprägt. Sie will nicht wie ihre Mutter sein, die zur Zeit der Geburt depressiv war, eine Depression, die sieben Jahre anhielt. Deshalb hält sich meine Freundin voll und ganz an ihren Vater und identifiziert sich immer mehr mit ihm. Da ihr Vater jedoch Verhältnisse mit anderen Frauen hat, ist sie von Männern enttäuscht. Mit ein paar Männern versuchte sie eine intime Beziehung aufzubauen, doch ohne Erfolg. So entscheidet sie sich, in ein Kloster einzutreten und Nonne zu werden. Dort hat sie ihre erste sexuelle Erfahrung mit einer Frau. Nach zwei Jahren in der religiösen Gemeinschaft verlässt sie diese und nimmt nun Drogen. Sie hat weiterhin lieber Beziehungen zu Frauen. Sie wird Krankenschwester. Ihre Geschichte erschüttert mich und erklärt ihre sexuelle Wahl. Jener Teil von mir, der alle retten will, möchte dieser Freundin helfen. Tatsächlich geht es ihr in den zwei Jahren, die wir zusammen sind, immer besser. Vorher **hat sie fast immer eine Krankheit vorgeschoben, um die Aufmerksamkeit anderer zu erhalten.** Das hatte sie von Geburt an gelernt – durch das Vorbild ihrer Mutter.

Schließlich entscheide ich mich 1978, das Haus zu verkaufen, und sage ihr, dass es für mich nicht mehr möglich sei, unsere Art der Beziehung zu leben und mich dabei innerlich wohlzufühlen. Ich kann mir nicht vorstellen, dass ich bis zum Ende meiner Tage Verstecken spiele. Nur sehr wenige in unserem Umfeld wissen von unserer Beziehung – unsere Chefin bei *Tupperware*, deren Mann und einige Freundinnen. Es ist ein Geheimnis, das ich niemandem sonst anvertrauen möchte. **Ich fürchte mich zu sehr vor dem Urteil anderer.** Als der Zeitpunkt meines Umzugs von von Pierrefonds nach Saint-

Léonard herannaht, bitte ich meine Freundin, sich eine andere Wohnung zu suchen. Wir trennen uns freundschaftlich, in Liebe. Wir helfen uns gegenseitig beim Umzug und treffen uns weiterhin bis zu dem Tag, an dem sie sich entscheidet, wieder zu den Nonnen zurückzukehren.

Nach dieser Trennung wird mir klar: Ich bevorzuge Männer, und ich möchte es schaffen, eine gute Beziehung mit einem Mann zu führen. Nach und nach beginne ich wieder, mich zu verabreden. Ich lerne Männer bei Tanzveranstaltungen mit meinen Schwestern oder mit Freundinnen kennen. Doch ich treffe immer Verheiratete oder Männer, die in einer Beziehung leben. Es sind vor allem Geschäftsleute, die es sich leisten können, mich groß auszuführen. Wir gehen in guten Restaurants Montréals essen, tanzen, und es endet in seinem Hotelzimmer. Daran kann ich mich nicht gewöhnen. Ich kann keine ganze Nacht mit einem dieser Männer verbringen. Ich muss nach Hause. Am nächsten Tag geht es mir nicht gut. Ich fühle mich, als hätte ich mich prostituiert. Statt Geld zu nehmen, lasse ich mir von dem Mann einen schönen Abend bezahlen und schlafe im Gegenzug mit ihm. **Ich bin immer noch nicht in der Lage, mich sexuell gehen zu lassen, ohne dass der Verstand die Kontrolle übernimmt.**

Mir ist nicht klar, dass meine Angst, mich wirklich fest auf jemanden einzulassen, mich immer wieder dazu bringt, Männer zu treffen, die nicht frei sind. Ich will aber trotzdem weiterhin verschiedene Erfahrungen machen. Ich möchte so gern meinen Widerstand gegen Sexualität überwinden. Und ich glaube, das zu schaffen, indem ich verschiedene sexuelle Erfahrungen mache. Ein paar Mal habe ich sogar Männer getroffen, die sehr viel jünger waren als ich. Auch Männer verschiedener ethnischer Herkunft habe ich kennengelernt, ebenso wie ganz unterschiedliche Persönlichkeiten.

Diese Jahre des Alleinseins sind gut für mich. Sie helfen mir zu erkennen, dass es nicht so einfach ist, allein zu sein, und dass die Unterstützung eines Mannes angenehm sein kann. In den ersten Jahren mache ich mir vor, dass ich mich wohlfühle, wenn ich allein bin, aber das liegt nur daran, dass ich noch nicht angefangen habe, den Mann in mir zu akzeptieren.

Selbst wenn ich in den fünf Jahren meines Singlelebens mehrere Männer treffe, bin ich immer noch voller sexueller Tabus. Ich bin nicht in der Lage, einen Mann zum Übernachten einzuladen. Ich versuche, meinen Kindern das Bild einer perfekten Mutter, der idealen Mutter, zu vermitteln. **Ich will mir selbst weismachen, dass ich auf diese Weise ein besserer Mensch bin, doch das ist nur eine Ausrede, um meine Ängste zu verbergen. Dass das Geheimnis der sexuellen Hingabe darin liegt, mich dem Mann in mir hinzugeben, weiß ich noch nicht.**

Eines Morgens komme ich erst gegen sechs Uhr morgens nach Hause. Beim Eintreten sehe ich meine Tochter Monica, die gerade aufgestanden ist: „Mein Gott, du bist aber früh auf, Mama!" Ich bringe nicht den Mut auf, ihr zu sagen, dass ich eigentlich gerade erst nach Hause gekommen bin. Meine Kinder sind jetzt alle im Teenageralter und müssten eigentlich etwas ahnen, aber wir sprechen nie offen darüber. Ich weiß nicht, wie eine Mutter ihren Kindern von ihren sexuellen Abenteuern erzählt. Ich akzeptiere mich definitiv nicht genug mit meinen Erfahrungen, um zu glauben, dass auch meine Kinder sie akzeptieren werden. Mein ältester Sohn ist damals siebzehn, und ich weiß, dass er mit seiner Freundin schläft, aber es ist völlig undenkbar, dass er sie mit zu uns nach Hause bringt. Ich habe ihn ermahnt: „Unser Haus ist kein Hotel! Wenn du mit ihr schlafen willst, nur zu, aber nicht hier!" **Da**

ich es mir selbst nicht erlauben kann, kann ich es selbstverständlich anderen auch nicht erlauben.

Eines schönen Tages sage ich mir: „Ich habe jetzt wirklich die Nase voll und will jetzt endlich mal jemandem begegnen, mit dem ich nicht sofort schlafen muss (als wäre ich dazu gezwungen!)" Auch diesmal möchte ich wieder die ganze Kontrolle über die Situation haben. Mir ist durchaus klar, dass ich sexuell keine Kontrolle habe. Ich habe nicht oft Lust gehabt, mit all den Männern zu schlafen, die ich in den letzten fünf Jahren getroffen habe, aber ich weiß nicht, wie ich Nein sagen soll, nachdem ein Mann so viel Geld für mich ausgegeben hat. Hinzu kommt, dass ich insgeheim immer noch darauf hoffe, jemanden kennenzulernen, der ein **„WOW"** bei mir auslöst!

Nach fünf Jahren fühle ich mich bereit, mich an jemanden zu binden. Da ich inzwischen nicht mehr ganz so kontrollierend bin, spüre ich, dass ich besser aufhören sollte, mich einschließlich all der spezifischen Details über den idealen Mann, den ich will, mental zu programmieren. Stattdessen bitte ich meinen inneren GOTT, mir einen Mann zu schicken, mit dem ich lernen kann, wirklich zu lieben. Dieses Mal bitte **ich nicht mehr um jemandem, der meine Erwartungen erfüllt, sondern nach jemandem, dem ich Liebe geben kann.**

Im November 1983 lerne ich dann Jacques, meinen zukünftigen Ehemann, kennen. **WOW!** Seit sechs Monaten habe ich überhaupt keinen sexuellen Kontakt gehabt. Ich führe ein ausgefülltes Leben zwischen meiner Karriere und drei Teenagern. *Écoute Ton Corps* ist schon ein Jahr alt. Jacques gesteht mir, dass er verheiratet ist. Seine Frau und er haben sich schon einmal getrennt und sind wieder zusammen, als wir uns begegnen. Doch kurz nach seiner Rückkehr wird ihm klar, dass er vor allem wegen des Wohlergehens seiner Kinder zurückgekehrt war. Mit seiner Frau läuft es nicht besser. Obwohl die Situation zwischen Jacques und seiner Frau klar ist, fühle ich mich mit dieser neuen Situation nicht wohl. Er lebt mit ihr noch unter einem Dach, und für mich, die ich immer noch viele sexuelle Schuldgefühle habe, ist das anfangs nicht leicht.

Nach unserem ersten Treffen fragt er, ob ich ihn in der Woche darauf wiedersehen möchte. Bei unserer nächsten Begegnung, im Restaurant, erzähle ich ihm von meinen Schwierigkeiten, in meinem Sexleben loszulassen. Ich erzähle ihm von meinen Schuldgefühlen. Ich bereite ihn darauf vor, dass ich später Nein sage. Er hört mir sehr aufmerksam zu, und ich frage mich, wie ich überhaupt dazu komme, so vertraut und intim mit ihm zu reden. **Ich war noch nie so freimütig zu jemandem, besonders zu jemandem, den ich erst so kurz kenne.** Er sagt mir, dass er meine Gesellschaft genießt, und dass wir nicht unbedingt miteinander schlafen müssen. Nach meinem Empfinden ist er sehr aufrichtig. Bei den anderen habe ich mir angewöhnt, einfach „Nein, heute nicht" zu sagen, ohne ins Detail zu gehen.

Als ich ihn frage, wie er reagieren würde, wenn er wüsste, dass seine Frau Sex mit einem anderen hat, sagt er: „Das hoffe ich sogar. Ich hoffe, sie findet einen Mann, mit dem sie wirklich gern Liebe macht, denn sie und ich hatten eher eine Vater-Tochter-Beziehung. In unserem Eheleben ist der Sex in den Hintergrund gerückt." Auch jetzt habe ich wieder das Gefühl, dass er sehr aufrichtig ist. Andere Männer antworteten auf diese Frage: „Ich würde es nicht akzeptieren", andere: „Meine Frau ist viel zu dumm (oder unerfahren), um fremdzugehen!" Solche Kommentare trugen nicht gerade dazu bei, dass ich eine höhere Meinung von Männern entwickeln konnte.

Ganz am Anfang entspricht Jacques überhaupt nicht dem Typ Mann, den ich mir erträumt habe, aber ich fühle mich in seiner Gegenwart wohl. Ich weiß noch nicht, dass er der Mann ist, an den ich mich binden werde. **Insgeheim hoffe ich immer noch auf das Ideal, das ich für mich programmiert habe, obwohl ich mir sage, dass ich offen bin für das, was mein innerer GOTT mir schickt.** Unsere Beziehung ist angenehm. Vom ersten Moment an, in dem er mich in den Armen hält, fühle ich mich zu Hause. Er hat breite Schultern und kräftige Arme, in denen man sich wohlfühlt, und ich fühle mich ganz klein, wenn er mich umarmt.

Dieser Mann ist so sanft und zärtlich, dass ich ihn schließlich sogar als Erste um Sex bitte! Ich kann es kaum fassen! Und dieses erste Mal traue ich mich sogar, es zu Hause zu tun, aber nicht in meinem Schlafzimmer. Wir gehen runter ins Souterrain. Es geschieht, was ich immer befürchtet hatte: Einer meiner Söhne kommt nach Hause und da es schon spät ist, geht er durch den Keller. Überraschung! Er entwischt im Eiltempo in die obere Etage und nimmt dabei vier Stufen auf einmal.

Ich bin sogar in der Lage, darüber zu lachen und das Liebesspiel mit Jacques fortzusetzen. Und seit unserem ersten Mal kenne ich das große **„WOW"**, auf das ich so lange gewartet habe. Ich muss sagen, dass dies das erste Mal ist, dass ich loslasse und mich hingebe. Wie sehr ich losgelassen hatte, merkte ich, als mein Sohn am nächsten Tag zu mir sagt: „Es ist Zeit, dass es wieder jemanden in deinem Leben gibt. Ich freue mich für dich." Und ich hatte Angst, verurteilt zu werden! Ich habe mich sehr über seine Bemerkung gefreut. Danach wurde Jacques in mein Schlafzimmer eingeladen. Er war der erste und einzige Mann, der dieses Privileg nach meinem ersten Mann hatte.

Was mir geholfen hat, „umzuschalten" und loszulassen, war, dass ich im Lauf meines persönlichen Entwicklungsprozesses zugegeben und akzeptiert habe, wie sehr ich bei meinem ersten Mann die Kontrolle haben wollte. Er ließ sich in allen Bereichen kontrollieren, außer in der Sexualität. Um seiner Selbstachtung willen musste er irgendwo die Kontrolle haben. Ich wiederum wehrte mich immer mehr, weil ich nicht akzeptieren konnte, dass er sich nicht überall kontrollieren ließ.

Auch mein erster Mann repräsentierte mein männliches Prinzip, das sich mit dem weiblichen Prinzip in mir vereinigen wollte. Die Botschaft war klar, aber mir fehlte die nötige Bewusstheit, um sie zu verstehen. Da ich die Erfahrung einer harmonischen vertrauten und sexuellen Beziehung zu einem Mann machen wollte, war ich entschlossen, dafür alles nur Erdenkliche zu tun. Indem ich akzeptierte, dass meine sexuelle Unzufriedenheit von mir kam, **und mir selbst verzieh, öffnete ich mich allmählich für etwas Neues.**

Ich finde schnell heraus: Wenn ich mich gehen lasse und ein sehr aktives Sexleben mit Jacques führe, bedeutet das keineswegs, dass er die Oberhand über mich hat. Auch für ihn ist das neu. Er hatte nicht erwartet, dass unsere Beziehung so glücklich verlaufen würde. Ich kann sogar zugeben, dass unser Sexleben seit dem Beginn mit jedem Jahr mehr „WOW!" geworden ist. **Ein wichtiger Faktor für diese Verbesserung ist die Qualität unserer Kommunikation.** Wir öffnen uns immer mehr füreinander und sagen uns gegenseitig, was wir innerlich fühlen. Jacques und ich sind nicht nur Liebende, sondern vor allem gute Freunde.

Als ich ihm von meiner homosexuellen Beziehung erzähle, spüre ich beim ihm eine ungeheure Akzeptanz. Nachdem er meine Geschichte gehört hat, sagte er: „Mein Gott, da ist doch nichts dabei! Mein älterer Bruder war homosexuell, und als es mit meiner Frau nicht gut lief, habe ich mich selbst auch gefragt, ob eine solche Beziehung vielleicht gut für mich wäre." Er fügt hinzu: „Ich habe darüber nachgedacht, aber ich habe es nicht ausprobiert. Das ist der einzige Unterschied zwischen dir und mir!"

Ich merke, welch eine Erleichterung es ist, aufrichtig und offen zu sein. Vorher habe ich nie gewagt, darüber zu sprechen, aus Angst, verurteilt zu werden. Jedes Mal, wenn es mir schwerfällt, ehrlich zu sein, sehe ich, dass **meine Ängste falsch, eingebildet sind. Ich muss erst mein Herz in die Hand nehmen, um anschließend zu entdecken, wie leicht es ist! Der schwierigste Teil ist, es tatsächlich zu tun. Aber zum Glück wird es mit etwas Übung immer leichter.**

Ich habe mehrere Bücher über Sexualität und Spiritualität gelesen. Trotz all meiner Lektüre fiel es mir immer schwer zu glauben, dass der Orgasmus die körperliche Manifestation der großen Freude ist, die sich einstellt, wenn Seele und Geist verschmelzen. Bevor ich Jacques kennenlernte, habe ich eine sexuelle Beziehung als rein körperlichen Akt empfunden. Seitdem verstehe ich, was ich in diesen Büchern gelesen habe. Ich fühle tief in mir den Zusammenhang zwischen der Vereinigung von Mann und Frau und der des männlichen mit dem weiblichen Prinzip. Ich weiß auch, dass die Hingabe, die ich körperlich zum Ausdruck bringen kann, einfach meinen starken Wunsch widerspiegelt, den Mann und die Frau in mir vereinigen zu können, und zwar vollständig, immer.

Wir kennen uns seit anderthalb Jahren, als Jacques und ich im Juli 1985 in den Stadtteil Côte-des-Neiges in Montréal ziehen. Meine beiden Söhne haben eine eigene Wohnung, und meine Tochter wird ab jetzt bei ihrem Vater wohnen, um ihr Studium zu beenden. Einige Monate läuft alles gut, als mir allmählich auffällt, dass sich die Beziehung zu meinem Geschäftspartner verändert. Wir arbeiten seit etwas mehr als zwei Jahren zusammen. Unsere Beziehung war immer rein geschäftlich. Ebenso wie ich gehört er zu den Menschen, die gern alles kontrollieren – die Frau in seinem Leben ebenso wie seine verschiedenen Unternehmungen. Menschen mit Führungsqualitäten sind oft Persönlichkeiten, die alles kontrollieren wollen. Die meisten in einer hohen Führungsposition haben jedoch auch Schwierigkeiten mit ihrem Privatleben.

Zu Beginn unserer Geschäftsverbindung spürte ich, dass eine Anziehung von ihm ausging. Ich fühlte mich von seiner Charakterstärke, seiner Entscheidungskraft, seiner großen Selbstsicherheit und seinem Geschäftssinn angezogen. Auch die Art und Weise, wie er ohne die geringsten Schuldgefühle viel Geld ausgab, faszinierte mich. Er ist ein Mensch, dem persönlicher Komfort wichtig ist, und dafür zahlt er ohne jegliches Zögern den Preis.

Viele Menschen verwechseln die Anziehung, die sie für das empfinden, was eine Person darstellt, mit sexueller Anziehung. Genau das passiert mir. Ich glaube, ich sei von ihm sexuell angezogen. **Da ich beschlossen habe, unter allen Umständen aufrichtig zu sein, schöpfe ich noch einmal aus meinen Mutreserven** (nachdem ich eine ganze Woche lang geübt habe) und sage ihm, dass ich mich zu ihm hingezogen fühle. Er antwortet: „Es ist sehr mutig von dir, mir das zu sagen, aber vergiss es! Zwischen uns kann nichts passieren. Du bist nicht der Typ Frau, den ich suche." Uff!

Die Antwort muss ich erst einmal verdauen, aber zumindest weiß ich, woran ich bin. Er hat zu jener Zeit eine Freundin, mit der er schon seit mehreren Jahren zusammen ist. Ich weiß, dass die Dinge zwischen ihnen nicht gut laufen und dass er sie nur so lange toleriert, bis er seiner „Seelenverwandten" begegnet. Er hat es mir gegenüber ein paar Mal erwähnt. Das beeinträchtigt unsere Geschäftsbeziehung in keiner Weise, und ich akzeptiere ohne Weiteres, dass wir nicht weitergehen. Da ich mir vorgenommen habe, selbst ehrlich zu sein, **schätze ich es, dass er das klargestellt hat. Auch wenn ich nicht das gehört habe, was ich hören wollte, weiß ich, woran ich bin.** Zudem habe ich Jacques gerade erst kennengelernt, als sich dieser Vorfall ereignet.

Fast zwei Jahre später passiert es noch einmal. Aber diesmal ist es anders, denn ich spüre, dass es von ihm ausgeht. Ich kann das Verlangen in seinen Augen sehen. Er ist sehr aufmerksam mir gegenüber. Diese neue Haltung seinerseits weckt erneut die erste Anziehung, die ich unterdrücken musste. Je länger es so geht, desto mehr fühle ich mich zu ihm hingezogen. Ich weiß seine Aufmerksamkeiten zu schätzen. Ich merke, dass wir immer mehr Ausreden finden, um uns öfter als einmal pro Woche zu treffen, wie wir es vereinbart haben. Wir rufen uns pausenlos wegen Kleinigkeiten an.

So vergehen zwei Monate. Ich kann es nicht mehr ertragen und will Klarheit haben. Das gleiche Szenario wie zuvor zeichnet sich ab. **Ich nehme wieder all meinen Mut zusammen und spreche ihn auf das an, was mir aufgefallen ist.** Ich habe große Angst, dass er es nicht freundlich aufnimmt, wie beim ersten Mal. Ich frage ihn, ob ich recht habe oder mir das Ganze nur einbilde. Er antwortet, dass er mich in der Tat mit anderen Augen sieht und sich zu mir hingezogen fühlt. „Allerdings halte ich es nicht für eine gute Idee, eine romantische Beziehung zwischen uns zu beginnen, denn wie ich schon sagte, bist du nicht mein Typ", fügt er hinzu. Ich denke: „Mein Gott, schon wieder!" Das Herz wird mir schwer. Ich verstehe nicht, warum er das Bedürfnis hat, sich so sehr zu beherrschen. Wie kann er so sicher sein, dass es mit uns beiden nicht klappen wird? **Ein Teil von mir ist verletzt, fühlt sich zurückgewiesen. Ein anderer Teil weiß jedoch, dass es besser so ist,** weil ich ihn kompliziert finde, wenn es darum geht, über Gefühle zu sprechen. Einige Minuten darauf fügt er hinzu: „Meinetwegen können wir ein kleines Abenteuer miteinander haben, aber mehr nicht, nichts Ernstes." Noch ein Tiefschlag! „Für wen hält er mich?", denke ich. Seine Offenheit überrumpelt mich so sehr, dass ich nicht in der Lage bin, ihm zu erklären, was ich wirklich fühle. Stattdessen sage ich: „Vergiss es, du hast wahrscheinlich recht. Lass uns gute Freunde und Geschäftspartner bleiben."

Doch trotz unserer guten Absichten ist die Flamme entfacht, und das Begehren, das wir füreinander empfinden, wächst weiter. Natürlich stelle ich nun meine Beziehung zu Jacques infrage. Ich muss der Tatsache ins Auge sehen, dass ich mich mit ihm sehr wohlfühle. Aber für mich fehlt dieser Beziehung die Würze, ich finde sie nicht aufregend genug. Wenn er da ist, bin ich glücklich, und wenn er nicht da ist, bin ich ebenfalls glücklich. Seit wir zusammen sind, frage ich mich, ob er wirklich der Richtige für mich ist. Ich denke oft, dass vielleicht irgendwo noch jemand auf mich wartet, jemand ganz Besonderes, ein Prinz Charming, mein Seelenverwandter vielleicht?

Wir waren uns beide einig, dass uns keine Verpflichtung aneinander binden sollte. Das hatten wir eindeutig geklärt. Ich war mir nicht sicher genug. Heute weiß ich: **Es lag daran, dass ich eher auf meinen Verstand als auf meine Intuition hörte.** Meine Intuition sagte mir, dass es mir mit Jacques gutging, doch mein Verstand erinnerte mich an meine Wünsche, meine Erwartungen eines Ideals. Deshalb ist es so wichtig, uns an das zu halten, was wir fühlen. **Wir hatten uns darauf geeinigt, im gegenwärtigen Moment zu leben, von einem Tag auf den anderen.**

Als ich merke, dass sich meine Gefühle für meinen Geschäftspartner verändern, sage ich es Jacques sofort: „Ich habe das Gefühl, dass etwas passiert, ich weiß nicht genau, was – vielleicht wird auch nichts passieren, vielleicht hört es wieder auf, aber ich möchte dir einfach sagen, was los ist. Ich fühle mich im Moment immer mehr zu meinem Partner hingezogen." Natürlich fällt es ihm nicht leicht, das Gesagte zu verkraften, aber er antwortet: „Na ja, ich besitze dich ja nicht. Wenn bei euch etwas ansteht, was ihr zusammen erleben wollt, dann tut es. Dagegen kann ich ja nichts ausrichten!" Er ergänzt sogar, dass er es für eine gute Idee hält, dass mein Partner und ich der Sache auf den Grund gehen. **WOW! Welch ein Verständnis! Seine bedingungslose Liebe rührt mich sehr!**

Monate vergehen, und es fällt mir schwerer, mich mit Jacques wohlzufühlen, weil ich immer öfter an den anderen denke. Ich habe sogar das Gefühl, unehrlich zu sein, wenn ich mit ihm in dem Wissen Sex habe, dass ich mich frage, wie es wohl wäre, es mit dem anderen zu tun. Also sage ich ihm: „Es hat keinen Sinn, so weiterzumachen, es ist zwecklos. Ich schaffe es nicht mehr, meinen Geschäftspartner zu sehen, mehr und mehr an ihn zu denken und gleichzeitig mit dir zusammen zu sein. Du sagst zwar, du akzeptierst, dass ich das auslebe, was ich mit ihm leben muss, und dass du trotzdem bei mir bleibst. Aber ich kann das einfach nicht." Das überschreitet in der Tat meine Fähigkeiten. Ich bin eine „Ein-Mann-Frau".

Also planen wir unsere Trennung. Ich helfe ihm, eine Wohnung zu finden und einzurichten. Unsere Trennung erfolgt in Liebe. Wir treffen uns weiterhin etwa einmal in der Woche, meistens in einem Restaurant. Er erzählt mir von seiner neuen Liebesbeziehung, und ich erzähle ihm von all den Gefühlen, die ich mit meinem Geschäftspartner durchlebe. Mit ihm habe ich eine leidenschaftliche Beziehung. Genau diese Erfahrung wird es mir später ermöglichen, zwischen einer Liebesbeziehung und einer leidenschaftlichen Beziehung zu unterscheiden. Eine leidenschaftliche Beziehung ist immer schwieriger, geht mit mehr aufwühlenden Emotionen einher. Je mehr Hindernisse es gibt, so scheint es, umso mehr beharrt man darauf, dass es funktioniert. Je schwieriger die Beziehung ist, umso aufregender wird sie.

Damals hatte sich mein Geschäftspartner von seiner Freundin getrennt. Sie ist jedoch noch sehr präsent für ihn, und ich spüre, dass sie zwischen uns steht. Er kann nicht mit ihr und nicht ohne sie leben. **Ich merke, dass es nicht leicht für ihn ist, und möchte ihm in dieser Situation helfen.** Ich glaube, dass ich diejenige sein kann, die ihn diese Ex-Freundin vergessen lässt.

Jacques zieht im November 1985 aus unserer Wohnung aus, und meine erste sexuelle Begegnung mit meinem Geschäftspartner ergibt sich Ende Dezember. Es ist wieder nach einer Party, um die Tradition zu wahren. Ich finde diese Beziehung sehr schwierig. Sobald wir über Geschäftliches reden, wird er zu einem ganz anderen Menschen, und ich kann diesen Aspekt von ihm nur mit Mühe akzeptieren. Wenn wir zusammen sind, kann er zärtlich und feinfühlig ohnegleichen sein, nur um im nächsten Moment auf Distanz zu gehen. So essen wir zum Beispiel in einem Restaurant bei Kerzenschein, und hinterher hat er es plötzlich eilig, nach Hause zu kommen. In so einer Situation geht es mir schlecht. Dabei merke ich: Es stört mich immer noch, keine Kontrolle zu haben. Er ist außerstande, sich im Voraus festzulegen. Ich muss bis zur allerletzten Minute warten, um zu erfahren, ob wir ausgehen oder nicht. Das ist alles sehr neu für mich, und ich ärgere mich über mich selbst, dass ich mich so manipulieren lasse.

Was ich mit ihm durchlebe, ist sehr wichtig, denn es gibt mir die Gelegenheit, jemanden zu beobachten, der Angst hat, kontrolliert zu werden. Wir wollen uns beide gegenseitig kontrollieren. Wir wissen zwar, dass wir nicht füreinander geschaffen sind, aber da wir beide uns Herausforderungen grundsätzlich stellen, treffen wir uns weiterhin. **Manchmal lockern wir die Kontrolle und lassen uns gehen. Diese Momente sind kostbar, halten aber nicht lange an.**

Wir sind geistig kompatibel. Ich liebe seinen Esprit und seinen Sinn für Humor. Ich lache sehr viel in seiner Gegenwart. Aber ich bin auch oft aufgewühlt. Ständig haben wir irgendetwas zu klären. Diese Beziehung mag zwar aufregend sein, aber ich finde sie alles andere als entspannend. Ich glaube immer noch, bei der wahren Liebe müsse es eine aufregende Seite geben, sodass das Herz flattert, wenn Monsieur kommt oder wenn er und ich gemeinsame Aktivitäten haben. Aus meiner Sicht bestimmt die Intensität der Beziehung den Grad der Liebe. **Ich muss mir jedoch eingestehen, dass diese Überzeugung falsch war.**

Diese Beziehung dauert etwa ein Jahr. Als ich beschließe, sie zu beenden, verstehe ich immer noch nicht, warum sie nicht funktioniert hat. Tendenziell gebe ich ihm die Schuld, da ich glaube, dass es hauptsächlich an ihm liegt. Das ist nun (1991, Anm. d. Red.) fünf Jahre her. Inzwischen weiß ich, dass mein Geschäftspartner da war, damit ich mich selbst durch ihn sehen konnte. Mein innerer GOTT irrt sich nie. Doch als es passierte, konnte ich mich noch so sehr bemühen, zu klären, welche Botschaft darin für mich lag, ich war einfach nicht objektiv genug, um den Aspekt meiner selbst, der sich zu erkennen geben wollte, zu sehen. So wie ich mein männliches Prinzip nicht akzeptierte, akzeptierte mein Partner sein weibliches Prinzip nicht. Ebenso wie ich nicht von einem Mann kontrolliert werden wollte, wollte er nicht von einer Frau kontrolliert werden.

Wenn ich erwähne, dass jemand das andere Geschlecht nicht akzeptiert, meine ich nicht, dass er es nicht mag. Ganz im Gegenteil! Ich habe immer die Gegenwart von Männern gesucht, und mein Partner die von Frauen. Die Nichtakzeptanz kommt daher, dass wir ein unrealistisches Ideal vom anderen Geschlecht haben. Niemand kann unseren Erwartungen gerecht werden. Eine Beziehung wie die mit meinem Geschäftspartner konnte also nicht funktionieren.

Für eine Frau wie mich ist es vorteilhaft, mit einem Mann zusammen zu sein, der den Mann in sich weniger akzeptiert. Mein Partner käme besser mit einer Frau zurecht, die die Frau in sich weniger akzeptiert, also mit einer eher passiven Persönlichkeit, die es vorzieht, dass jemand sie leitet oder Entscheidungen trifft. Das vereinfacht die Beziehung. Ein Paar kann sich gegenseitig mehr unterstützen, wenn beide Schwierigkeiten haben, dasselbe Prinzip zu akzeptieren.

Während der ganzen Zeit, die ich mit meinem Geschäftspartner verbringe, bin ich weiterhin mit Jacques befreundet. Als ich im Oktober 1986 das Gesundheitszentrum in Sainte-Agathe-des-Monts kaufe, bietet er mir an, alle Klempnerarbeiten auszuführen. Er muss also mehrere Wochenenden vor Ort bleiben, und allmählich sehen wir uns wieder öfter. Die Beziehung mit meinem Partner ist noch nicht ganz vorbei. Ich teile Jacques mit, wie seltsam ich es finde, dass ich mich nicht endgültig an ihn binden kann, obwohl ich mich in seiner Gegenwart so wohlfühle. Ich ärgere mich über mich selbst, weil ich mich in eine Situation gebracht habe, in der ich so viele aufwühlende Gefühle durchlebe. **Ich frage mich, warum ich mein Leben so sehr verkompliziere**, wo ich mich doch mit Jacques so wohlfühle. Und er antwortet: „Nun ja, ich weiß auch nicht, warum!"

Wie geduldig dieser Mann ist! Er lässt mich das leben, was ich zu leben habe, indem er sich zurückzieht, auch wenn er mich immer noch sehr liebt. Das Gute an dieser Erfahrung insgesamt ist, dass ich wirklich gelernt habe, zwischen leidenschaftlicher Liebe und wahrer Liebe zu unterscheiden. Anschließend bin ich besser imstande, es bei *Écoute Ton Corps* andere zu lehren. **Ich habe diese Erfahrung dringend gebraucht, um zu erkennen, wie wichtig es ist, mit meinem inneren GOTT in Kontakt zu sein und auf ihn zu hören.** Die Zeichen waren natürlich sehr deutlich: Als ich mit Jacques zusammen war, ging es mir sehr gut, und ich war ganz ruhig, seine Anwesenheit empfand ich als angenehm – aber das wollte ich nicht! Diese innere Stimme sprach zwar sehr laut zu mir, aber ich weigerte mich, auf sie zu hören, und zog es vor, weiterhin in innerem Aufruhr mit einem anderen zu leben.

Mein Problem ist, dass ich gern das Beste von Jacques und das Beste meines Geschäftspartners kombiniert hätte, um mir daraus den idealen Mann zu „basteln", auf den ich wartete. Letztendlich beschließe ich, die intime Beziehung mit meinem Geschäftspartner zu beenden und zu Jacques zurückzukehren. Ich muss mich damit abfinden, dass meine Erwartungen unrealistisch sind. Jacques und ich kommen wieder zusammen, aber erst im Sommer 1987 fühle ich mich bereit, eine echte Bindung mit ihm einzugehen. Ich bin gerade in die Laurentinischen Berge gezogen. Die Stimme in meinem Herzen sagt mir, dass ich mich binden soll. Ich habe das Gefühl, dass ich nie eine uneingeschränkte intime Beziehung führen kann, solange ich nicht in der Lage bin, mich innerlich fest auf jemanden einzulassen. Ich entscheide ein für alle Mal, dass Jacques derjenige ist, mit dem ich für immer zusammen sein will. Mit ihm möchte ich wirklich lernen, einen Mann uneingeschränkt zu lieben.

Ich erzähle Jacques von dem, wozu ich mich innerlich verpflichtet habe. **Diese Entscheidung ist eine der besten meines Lebens.** Unmittelbar danach habe ich das Gefühl, dass es mit Jacques spannender wird, dass unsere Beziehung plötzlich mehr Würze hat. Ich weiß, er hat sich nicht verändert Es ist meine Wahrnehmung der Situation, die sich verändert hat. Je mehr ich loslasse, um ihn ohne Angst, getäuscht zu werden, zu lieben, umso mehr kann ich mich in meinem Sexleben hingeben.

Ich erkenne, dass ich bis jetzt eher darauf aus war, selbst geliebt zu werden. Doch Liebe – das verstehe ich allmählich – bedeutet nicht, vom anderen geliebt werden zu wollen. Ich wollte von meinem ersten Mann geliebt werden, dann von meinem Geschäftspartner. Wenn sie sich von mir kontrollieren ließen oder das taten, was ich wollte, bedeutete das für mich, dass sie mich liebten. Sie mussten Beweise für ihre Liebe erbringen. **Im Gegensatz dazu muss man jedoch, um wahre Liebe zu erfahren, mit einem anderen Menschen lernen wollen, zu lieben,** muss wirklich das Beste von sich selbst geben wollen.

Als ich Jacques von meiner inneren Verpflichtung ihm gegenüber erzähle, gesteht er mir, dass er nicht die gleiche Verpflichtung wie ich eingehen wolle, weil er fürchtet, eine weitere Enttäuschung erleben zu müssen. Ich respektiere und bewundere ihn für seine Ehrlichkeit. Ich erkläre ihm, es sei für mich in Ordnung, ich verlange nicht von ihm, sich ebenso zu binden wie ich. Diese verpflichtende Bindung ist vor allem für mich selbst wichtig.

In all den Jahren, in denen ich den jeweiligen Mann in meinem Leben kontrollieren wollte, habe ich mich nur selbst bestraft. Meine sexuellen Glaubenssätze waren eine Ausrede, um mich ihm nicht hinzugeben. Ich glaubte, dass Sex falsch sei, dass es etwas Schmutziges sei. Es war, als würde man sagen, dass GOTT etwas Schlechtes und Schmutziges geschaffen hat. Heute bin ich sehr glücklich, dass es mir gelungen ist, in meinem Sexleben loszulassen und zu akzeptieren, dass Sexualität ein Teil der Spiritualität, der göttlichen Schöpfung ist. **Zu sehen, wie ich meine Sexualität zum Ausdruck bringe, ist für mich ein Weg, um zu überprüfen, wie weit ich mich dem Leben hingeben kann.**

Bei der Veröffentlichung dieses Buches (1991, Anm. d. Red.) sind Jacques und ich schon seit fast acht Jahren zusammen. Unsere Beziehung, sowohl unsere vertraute als auch die sexuelle, wird immer befriedigender und aufregender. Jetzt weiß ich, dass das machbar ist! Normalerweise passiert bei einem Paar das Gegenteil. Das Sexleben ist in den ersten Jahren aufregend und wird bald zu einer Situation der Kontrolle. Die gesamte Paarbeziehung ist davon betroffen.

Vor einigen Monaten haben wir sogar beschlossen zu heiraten. Wir haben Urlaub auf Maui gemacht, einer der hawaiischen Inseln, und dort in aller Stille geheiratet. Meine Eltern waren Trauzeugen. Warum haben wir geheiratet? Weil die Ehe ein Symbol für die Vereinigung des männlichen und weiblichen Prinzips in uns ist. **Die Ehe ist für mich die physische Manifestation meiner Vereinbarung mit mir selbst.** Ich nutze meine Beziehung zu Jacques, um zu prüfen, wo ich bei der Akzeptanz des männlichen Prinzips in mir stehe. Durch das Beobachten unserer Beziehung prüfe ich ständig, an welchem Punkt ich mich in Bezug auf meine innere Harmonie befinde.

Es fällt mir leichter, den weiblichen Aspekt in mir zu akzeptieren, denn schon seit meiner frühesten Kindheit mag ich das Vorbild meiner Mutter. Ich vergleiche sie mit meinen Tanten und mit den Frauen in der Nachbarschaft und finde, dass sie allen anderen weit überlegen ist. In meiner kindlichen Vorstellung ist sie eine Frau, die alles weiß, alles kann und in allem brilliert: Geschäft, Haushalt, Nähen, Kochen. Die allgemeine

Vorstellung, die ich von meiner Mutter habe, ist die einer klugen, schönen Frau mit einem scharfen Verstand. Auch wenn es Aspekte an ihr gibt, die ich weniger mag, finde ich mehr gute Eigenschaften als Fehler an ihr. Ich möchte ihre Qualitäten erben, aber nicht ihre Fehler. Damals weiß ich es noch nicht, aber je mehr man sagt, „Ich will nicht so sein" oder „So will ich nicht werden", umso mehr sorgt man dafür, dass man so wird. Ich erbe also ihre guten Eigenschaften und ihre Fehler.

Im Zusammenhang damit, wie ich meine vertrauten Beziehungen lebe, muss ich auch die zu meinen Kindern berücksichtigen. Vor und sogar nach meiner Heirat habe ich nicht innegehalten und mich bewusst gefragt, ob ich eines Tages Kinder haben möchte oder nicht. Für mich ist es völlig normal, Kinder zu haben. Die einzige Frage, die ich mir stelle, ist: „Wie viele?" **Ein weiterer vorgefertigter Glaubenssatz für mich!** Ich heirate und sage mir, wenn ich schon Kinder haben will, dann sollte ich sie so schnell wie möglich bekommen, dann ist es geschafft. Diese Einstellung habe ich in vielen Bereichen. Ich mag Geschwindigkeit, ich verliere nicht gern Zeit.

Also frage ich meinen Mann, was er darüber denkt und wie viele er will. Ich komme noch nicht einmal auf die Idee, ihn zu fragen, ob er überhaupt Kinder will. Er sagt mir, er habe noch nie darüber nachgedacht. Er weiß nicht, wie er sich als Vater fühlen wird, denn er ist der jüngste von drei Geschwistern und nicht an Kinder gewöhnt. Er überlässt die Entscheidung mir, weil er weiß, dass ich mich letztendlich damit befassen werde. Tatsächlich hat er sich in seiner Vaterrolle nie sehr wohlgefühlt. Da er selbst keinen Vater hatte, der ihm ein Vorbild war, weiß er nicht, wie man mit Kindern umgeht. Was mich betrifft: Mir hat es gefallen, von anderen Kindern umgeben aufzuwachsen. Also beschließe ich, zwischen drei und fünf Kinder zu bekommen. Am Ende belasse ich es bei drei.

Als ich zum ersten Mal schwanger bin, will ich sehr gern eine Tochter haben. Ich weiß noch nicht, dass dieser Wunsch auf die Tatsache zurückzuführen ist, dass ich Schwierigkeiten habe, Männer zu akzeptieren …

Der erste Name, den ich aussuche, ist ein Mädchenname, Monica. Erst am Ende der Schwangerschaft finde ich einen Jungennamen. Mein Mann war derjenige, der die Namen für die beiden Jungen vorschlug, die wir vor unserer Tochter bekamen. Es ist mehr als wahrscheinlich, dass sie beide in ihrem noch ungeborenen Zustand spürten, dass ich lieber ein Mädchen gehabt hätte. Ein Baby kann leicht alles aufschnappen, was in und um seine Mutter herum vor sich geht. Aber nicht alle Babys reagieren gleich. Jedes geht dabei auf seine Weise vor, je nach Lebensplan.

Mein ältester Sohn, Alan, ist das Kind, das sich mir am meisten widersetzt, und das schon von frühester Kindheit an. Bei seiner Geburt waren mein Mann und ich schon fast zwei Jahre verheiratet, und ich hatte schon begonnen, ihn sehr zu kritisieren. Ich empfinde ihn als einen Ehemann, dem es an Initiative mangelt, der nicht in der Lage ist, eigenständig Entscheidungen zu treffen, und beklage, dass er ohne mich nicht zurechtkommt. Immer muss ich für ihn da sein. Ich mag seine Abhängigkeit nicht. **Dabei merke ich nicht einmal, dass ich meinerseits von seiner Abhängigkeit abhängig bin. Sie gibt mir die Illusion der Macht, was mir entgegenkommt, weil er mich auf diese Weise nicht kontrolliert.** Aber ich bin noch nicht bereit, das zuzugeben, daher will ich es einfach nicht sehen.

Also nehme ich mir vor, aus meinem Sohn Alan einen Mann zu machen. Er kann noch nicht einmal laufen, und schon widersetzt er sich mir total. Bitte ich ihn, die Pflanzen nicht anzufassen, wenn er auf dem Boden herumkrabbelt, dann bewegt er sich automatisch zu den Pflanzen hin und gräbt sie aus. Er tut alles in seiner Macht Stehende, damit ich reagiere. Bis zu seinem Auszug wird er noch sehr oft das Gegenteil von dem tun, worum ich ihn gebeten habe. Wenn ich ihn bitte, aufzuräumen oder zu lernen, tut er nichts. Soll er zu einer bestimmten Zeit zu Hause sein, kommt er später. Er weiß, dass ich es gern ordentlich habe, aber jedes Mal, wenn er aus dem Bad kommt, sieht es unausweichlich so aus, als wäre ein Tornado durch den Raum gefegt – eine echte Katastrophe. Er sagt immer „Ja-ja", wenn ich ihn um etwas bitte, weil er weiß, dass ich ein Ja hören will, aber dann verschwindet er, ohne es zu tun. Sobald ich das merke, sage ich mir, der kann sich auf etwas gefasst machen, bei seiner Rückkehr ist er dran. Ich mache ihm oft Vorwürfe und streite mich mit ihm. Erst viel später, als er schon im Teenageralter ist, wird mir klar, wie ineffizient diese alte Methode ist. Seitdem setze ich sie nicht mehr ein.

Vor nicht allzu langer Zeit, als ich die Bücher von Daniel Kemp las, wurde mir klar, dass mein ältester Sohn ein rebellisches Teflonkind war. Ich verstehe, dass die alten Methoden bei „neuen" Kindern nicht funktionieren. Das erinnert mich daran, dass meine ältere Schwester dasselbe Verhalten bei meiner Mutter an den Tag legte. Ich musste bei meinem eigenen Kind die Verhaltensweisen erleben, die ich bei ihr nicht akzeptiert und kritisiert hatte – ich musste die Situation mit meinem Sohn noch einmal durchmachen. **Das Leben schafft es immer wieder, uns dieselben Situationen noch einmal zu schicken, bis wir lernen, mitfühlender zu sein.** Mein innerer GOTT hat aufs Neue die Chance genutzt, mir zu helfen, mein Herz zu öffnen. Ich habe das Verhalten meines ältesten Sohnes verstanden und akzeptiert und dadurch auch mit meiner Schwester einen Prozess der Liebe durchlaufen.

Um seinen vierzehnten Geburtstag herum werde ich viel fester und aufrichtiger ihm gegenüber. Ich teile mit ihm, was im Kontakt mit ihm in mir vorgeht und was ich fühle. Sofort verändert sich sein Verhalten mir und dem Rest der Familie gegenüber. Intuitiv habe ich das getan, was ich bei ihm tun musste. Mir war jedoch nicht bewusst, dass ich gerade auf die ideale Methode im Umgang mit einem solchen Kind gestoßen war. Wenn ich es gewusst hätte, hätte unsere Beziehung noch besser sein können, weil ich die Methode früher angewandt hätte.

Das wurde mir erst klar, als ich Daniel Kemps *„Savoir éduquer l'enfant Teflon"* („Wie man ein Teflon-Kind erzieht") las. Mein Sohn und ich sind nun bessere Freunde. Zwischen uns ist geklärt, **dass ich als Mutter mit dem Wissen, das ich hatte, mein Bestes getan habe,** und dass er versuchte, mir neue Ideen auf seine Weise verständlich zu machen. Heute akzeptieren wir einander so, wie wir sind, mit unseren Unterschieden. Aus diesem Grund habe ich mich auf „Teflon-Verhalten" spezialisiert. Wir bieten bei *Écoute Ton Corps* sogar Workshops an, um Erwachsenen und Kindern zu helfen, zwischen Teflon-Verhalten (neu) und traditionellem Verhalten zu unterscheiden. Keins ist besser als das andere. Sie sind einfach unterschiedlich, und wenn wir gute Beziehungen haben wollen, ist es dringend angeraten, den Unterschied zwischen beidem zu kennen, damit wir uns darauf einstellen können.

Was meine anderen beiden Kinder betrifft, so sind sie viel fügsamer. Tony ist ein vorbildlicher Junge. Er kam dreieinhalb Jahre nach seinem Bruder Alan zur Welt und ist das Gegenteil seines älteren Bruders. Er hängt sehr an mir und tut alles, um geliebt zu werden. Kaum habe ich eine Bitte ausgesprochen, beeilt er sich schon, mir den Gefallen zu tun. Als ich mit ihm schwanger war, wünschte ich mir noch intensiver eine Tochter als während meiner ersten Schwangerschaft. Mein erstes Kind ist sehr rebellisch, das trägt nicht dazu bei, dass ich mir einen weiteren Jungen wünsche. Hat Tony so oft alles nur Erdenkliche getan, um geliebt zu werden, weil er Angst vor Ablehnung hatte? Nur er weiß wirklich, was in ihm vorging.

Mit vierzehn betrachtet er mich plötzlich als ungerechte Mutter und will überhaupt nichts mehr für mich tun. Sein Verhalten ändert sich. Er ist zwar immer noch folgsamer als sein älterer Bruder, aber ich spüre etwas Rebellisches in ihm. Er möchte sich besser gegen mich durchzusetzen können, weiß aber nicht recht, wie er es anstellen soll. Ein Teil von ihm liebt mich, und ein anderer Teil versucht, mich zurückzuweisen. Ich sehe es zwar in seinen Augen, **weiß aber nicht, wie ich mit ihm darüber reden soll. Ich fürchte, mir anhören zu müssen, dass ich keine gute Mutter bin.** Ich finde es bei ihm schwieriger, mich auszudrücken, als bei meinem anderen Sohn. Obendrein bin ich speziell bei ihm darauf aus, von ihm geliebt zu werden, mehr als bei meinen anderen beiden Kindern. Erst später habe ich erfahren, dass er Zweifel daran hatte, dass ich ihn liebte.

Als Tony noch ein Baby ist, will ich noch ein weiteres Kind, immer noch in der Hoffnung, eine Tochter zu bekommen. Angesichts dessen, wie problemlos mein zweiter Sohn ist, bin ich sogar bereit, das Risiko einzugehen, noch einen Jungen zu bekommen.

Vor der Geburt meines ersten Sohnes hatte ich eine Fehlgeburt. Danach folgen noch drei weitere Fehlgeburten in den Jahren, die zwischen meinen beiden Söhnen liegen. Ich unterziehe mich verschiedenen medizinischen Untersuchungen, um die Ursache herauszufinden, aber die Ärzte sind ratlos. Mein Arzt will nicht, dass ich zu schnell schwanger werde. Er verschreibt mir die Antibabypille. Nach einigen Monaten beschließe ich gegen den Rat des Arztes, sie abzusetzen, weil ich noch nie gern Tabletten genommen habe. Sofort darauf bin ich schwanger. Nach Tony habe ich eine weitere Fehlgeburt. Meine Tochter Monica ist zu einem Zeitpunkt gezeugt worden, als ich nach meiner letzten Fehlgeburt die Pille nehmen soll. Ich möchte jedoch trotz allem den Rat des Arztes nicht befolgen. Es ist mein arbeitsreichstes Jahr mit *Tupperware*. Ich bin in ausgezeichneter körperlicher Verfassung, trotz eines sehr vollen Terminkalenders. Tatsächlich bin ich von einer Schwangerschaft zur nächsten zunehmend beschäftigt.

Endlich ist meine langersehnte Tochter da, zweieinhalb Jahre nach ihrem Bruder Tony. Ich habe sie so sehr gewollt, dass sie sich geliebt fühlt, auch wenn ich viel zu tun habe. Es fällt mir leichter, mit ihr zu kommunizieren, ich „spüre" sie mehr. Sie ist ein zielstrebiges Mädchen, die ihr Leben, ihre Studien, ihre persönlichen Angelegenheiten in die Hand nimmt und viele Freunde und Aktivitäten hat. Zwischen ihr und mir herrscht ein uneingeschränktes Gefühl gegenseitiger Akzeptanz.

Ich erinnere mich an einen Tag, an dem sie eine Überraschung für mich bereithält. Sie ist vierzehn. Als ich eines Nachmittags nach Hause komme, haben sie und ihre Freundinnen sich in „Punks" verwandelt. Meine vorher langhaarige Tochter sieht ganz anders aus. Sie und ihre Freundinnen haben sich gerade die Haare ganz kurz geschnitten und mit Gel behandelt, sodass sie vom Kopf abstehen. Eine lange Haarsträhne, die ihr über den Rücken fällt, hat sie behalten. Sie ist auch entsprechend gekleidet, ganz in Schwarz, mit Ketten an den Handgelenken, um die Taille und den Hals. Sie trägt riesige Ohrringe. Bevor sie sich zeigt, warnt sie mich: „Nicht erschrecken, ich bin als Punk gestylt!"

Als ich sie aus dem Bad kommen sehe, setzt mein Herz tatsächlich einen Schlag aus. Sie sagt: „Gefällt es dir?" Da ich zu jener Zeit gerade **gelernt habe, auf eine respektvollere Weise zu lieben,** antworte ich: „Du bittest mich um meine Meinung, also muss ich zwar sagen, dass ich das nicht sehr schön finde. Aber das Wichtigste ist, dass du dich selbst magst. Gefällt es dir denn?" Sie antwortet: „Eigentlich nicht, aber ich möchte so sein wie die anderen!"

Das Gefühl der Zugehörigkeit ist für Teenager sehr wichtig. Sie glauben, Zugehörigkeit zu einer Gruppe bedeute, das Verhalten und die Kleidung der Gruppe imitieren zu müssen. **Das wahre Zugehörigkeitsgefühl kommt jedoch von innen, nicht von außen.** Ich sage mir: „Eines Tages, wenn sie das Gefühl hat, überall dort ihren Platz zu haben, wo sie hingehören will, wird sie nicht mehr das Bedürfnis haben, ihre Freundinnen zu imitieren." Sie beschließt in dieser Zeit sogar, zu rauchen. Ich erlaube es ihr, auch wenn ich nicht damit einverstanden bin, darum nimmt sie Rücksicht auf mich und ihre Brüder. Sie raucht nur in ihrem Zimmer oder außerhalb des Hauses. Selbst wenn sie ein Punk ist, finde ich, dass sie ein schöner Punk ist. Ich versuche nicht einmal, sie zu ändern. Welch ein Unterschied für mich!

Dieser Vorfall ereignet sich gerade dann, als ich mit *Écoute Ton Corps* beginne, und mein Umgang mit den Kindern hat sich verändert. Unsere Beziehung verbessert sich allmählich. Ein Jahr darauf erzählt mir Monica stolz, sie habe das Rauchen aufgegeben. Ich sehe, wie sie sich Tag für Tag mehr in ein schönes, großes Mädchen mit der ihr eigenen Individualität verwandelt. Mit ihr ist alles leicht. **Sie ist einfach da, um mir zu zeigen, wie schön es ist, jemanden ohne Bedingungen zu akzeptieren.**

Als die Kinder noch klein sind, habe ich noch nicht genügend Bewusstheit entwickelt, um es zu erkennen: Würde ich den Mann in mir und Männer im Allgemeinen akzeptieren, dann könnte ich die gleichen Beziehung zu meinen Söhnen und meinem Partner haben wie zu meiner Tochter. Sie zeigt mir einfach den Unterschied, der sich daraus ergibt, dass ich das weibliche Prinzip in mir akzeptiere und das männliche nicht. Über viele Jahre hinweg will ich nicht sehen, was ich mit meinen Söhnen zu lernen habe. Stattdessen möchte ich glauben, es sei normal, dass Kinder manchmal rebellieren, vollkommene Harmonie sei ohnehin unmöglich zu erreichen.

Meine Söhne zeigen mir, dass ihnen die Haltung, die ich ihnen gegenüber habe, nicht gefällt. Ich vertraue ihnen nicht. Anstatt sie mit meiner Tochter zu vergleichen, vergleiche ich sie miteinander oder mit dem männlichen Geschlecht im Allgemeinen. Wäre es möglich gewesen, hätte ich gern die Hälfte eines Sohnes und die des anderen genommen und sie zu einem idealen Sohn zusammengesetzt (wie ich es mit Männern tun wollte).

Schon in jungem Alter hat der Ältere kein Problem mit Zugehörigkeit, er ist sehr individualistisch. Tony fällt es schwerer, sich geliebt zu fühlen. Angeblich kommt es in einer Familie mit drei Kindern sehr häufig vor, dass das mittlere Kind sich als fünftes Rad am Wagen fühlt. Es kann das Gefühl, überall einen Platz haben zu können, nicht so leicht entwickeln. Manche Menschen erreichen dieses Gefühl der Zugehörigkeit in ihrem ganzen Leben nicht. Vielleicht ist das der Grund, warum ich bei einem Konflikt zwischen den beiden Jungen unbewusst eher Tonys Partei ergreife. Ich versuche, ihm zu helfen, sich geliebt zu fühlen. Ich weiß nicht, dass niemand – sei es der Vater, die Mutter oder irgendjemand sonst – das für jemand anderen tun kann. **Es liegt bei uns selbst, unser Herz zu öffnen und uns geliebt zu fühlen, anstatt zu erwarten, dass andere uns lieben.** Rückblickend sehe ich, dass Tonys Schwierigkeit, sich geliebt zu fühlen, mir meine eigene Schwierigkeit, mich von ihm geliebt zu fühlen, zeigen sollte.

Noch immer möchte ich aufgrund meiner Angst vor Ungerechtigkeit die perfekte, faire Mutter sein. Um zu vermeiden, dass meine Kinder mich ungerecht finden, behandle ich alle drei genau gleich. Wenn zum Beispiel der Älteste um acht Uhr ins Bett geht, muss der Zweitälteste um halb acht und die Jüngste um sieben ins Bett gehen. Ich möchte niemanden bevorzugen. **Damals unterscheide ich noch nicht zwischen „jemandem einen Gefallen tun" und „jemanden bevorzugen".** Wenn ich einem Kind für fünfzig Dollar ein Weihnachtsgeschenk kaufe, muss ich genau den gleichen Betrag für die anderen ausgeben. In Wirklichkeit hat mein Sohn Tony oft viel mehr verdient als sein Bruder Alan. Er tut so viel für mich, dass ich ihn durchaus mehr belohnen könnte. Aber das wage ich nicht, aus Angst, als unfair bezeichnet zu werden! Wieder ist es mir wichtig, eine gute Mutter zu sein. Alles, was ich in meinem Leben getan habe, habe ich getan, um gut zu sein – die Beste, wenn möglich. So bin ich mit mir zufrieden. Erst in letzter Zeit bin **ich mir selbst gegenüber flexibler geworden. Danach zu streben, in allem hervorragend zu sein, ist nicht immer leicht.**

Tony ist siebzehn, als er mir sagt, wie ungerecht ich in seinen Augen bin. Ich finde es fantastisch, dass wir endlich darüber sprechen können, und gestehe ihm, wie sehr ich befürchtet habe, unfair zu sein. Jetzt erkenne ich, wie recht er hat. **Wenn man sich davor fürchtet, etwas Bestimmtes zu tun, sorgt man dafür, dass das Befürchtete letztendlich eintrifft.** Also bin ich unfair geworden. Jetzt, da es mir bewusst ist, erkenne ich, dass sich meine Kriterien für eine gute Mutter ändern müssen.

Eine meiner Überzeugungen ist die, dass das Haus immer tadellos in Schuss sein sollte. Als Mutter ist es wichtig, dass ich meinen Kindern ein gutes Vorbild bin. Ich will nicht, dass sie mir eines Tages vorwerfen, eine nachlässige Mutter gewesen zu sein. Ich kontrolliere viel, um zu gewährleisten, dass das Haus stets ordentlich ist. Ich zwinge mich, ständig alles aufzuräumen, auch wenn ich nicht immer Lust dazu habe.

Eine gute Mutter – glaube ich außerdem – kocht gute Mahlzeiten für ihre Kinder. Ich mache es mir also zur Aufgabe, gute hausgemachte Desserts und alle möglichen gesunden Gerichte für sie zuzubereiten. Trotz meiner Arbeit schaffe ich es, am Nachmittag vier Stunden bei den Kindern zu Hause zu sein. Ich helfe ihnen bei den Hausaufgaben, koche ihnen ein schönes Abendessen und gehe dann später am Abend wieder arbeiten. Da ich meinen Kriterien, eine gute Mutter zu sein, entspreche und an sie glaube, stelle ich mir keine Fragen. Es kommt mir gar nicht in den Sinn, meine Kinder zu fragen, ob ich etwas anderes tun könnte. **Ich halte mich für gut und halte mich nicht mit dem Gedanken auf, dass ich noch besser sein könnte, wenn ich ihnen mehr zuhören würde.**

In einigen Bereichen bin ich sehr kontrollierend, in anderen wiederum lasse ich ihnen sehr viel Freiraum. Tatsächlich werfen mir meine Nachbarinnen dies vor. Sie finden es schrecklich, dass ich meinen Kindern so viele Freiheiten lasse. Doch ich will, dass sie unabhängig werden. Wenn es nach mir ginge, sollen Jungen nicht schüchtern sein, sondern stark und mutig. Während die Nachbarskinder noch eingesperrt oder unter Aufsicht sind, dürfen meine Kinder schon ab dem Alter von zwei Jahren aus dem Garten heraus.

Ganz zu Anfang schreibe ich unsere Adresse auf einen Zettel, den ich an ihrem Handgelenk befestige, und dann bin ich beruhigt. Ich sage mir, wenn sie sich verirren, wird ihnen schon jemand helfen, wieder nach Hause zu finden. Es kommt tatsächlich vor, dass die Kinder mit dem Milchmann oder dem Bäcker zurückkehren. Genau deswegen wohnen wir in einem Vorort: damit sie die frische Luft genießen können. Daher halte ich es nicht für sinnvoll, sie drinnen einzusperren. Ich finde es völlig normal, ihnen so etwas zu erlauben. Auch mir wurde als Kind Ähnliches erlaubt, und ich habe es sehr genossen. Meine drei Kinder haben schon sehr früh gelernt, Mut und Selbstständigkeit zu entwickeln.

Ich erkenne jetzt, dass ich in Bezug auf meine Rolle mit den Kindern oft beschützt wurde. Es war mir nicht bewusst, aber ich trug einen großen göttlichen Schutz in mir, der die Dinge in meinem Leben oft ausbalancierte. Die kontrollierende Mutter und die freizügige Mutter pflegten trotz allem einen guten Umgang miteinander. **Wir erlangen ein gewisses Gleichgewicht, wenn wir in der Lage sind, mit zwei gegensätzlichen Aspekten in uns gut zu leben.** Wer zu sehr versucht, nur einen Aspekt seiner selbst zu kontrollieren, verliert leicht Energie, weil ein anderer Aspekt der Persönlichkeit vollständig unterdrückt wird. Außerdem hatte ich damals noch nicht verstanden, dass ich mehrere gegensätzliche Aspekte zum Ausdruck bringen und dennoch ausgeglichen sein kann. Sobald ich etwas tun wollte, das im Gegensatz zu einem Aspekt stand, den ich für richtig oder akzeptabel hielt, begann der innere Kampf. Das lag daran, dass die Werte, die ich als Kind übernommen hatte, immer wieder die Oberhand gewannen.

Wenn ich meinen Kindern zu viel erlaubte, wurde mir gesagt, dass ich es später bereuen würde, oder mir wurde dringend geraten, mehr zu Hause zu sein. Solche Vorschläge spiegelten das wider, was ich mir innerlich sagte. Ich zweifelte des Öfteren an mir selbst. Ich fürchtete, als Mutter nicht gut genug zu sein und es später bereuen zu müssen. Dennoch war ich absolut außerstande, die Kinder einzusperren oder wie eine Glucke zu hüten. Es war stärker als ich. Also ließ ich sie frei. Ohne es zu wissen, hörte ich auf meinen inneren GOTT.

Ich habe es geschafft, die verschiedenen Aspekte meiner selbst ziemlich oft zum Ausdruck zu bringen, und konnte dadurch eine gute Balance halten. Auch wenn meine Gesundheit nicht immer perfekt war. Mithilfe der großen Energie, die mir zu eigen war, konnte ich immer sehr aktiv sein.

Ebenso wie meine Eltern habe auch ich große Schwierigkeiten, in der Familie oder im Privatleben Komplimente zu machen. Bei der Arbeit fällt es mir etwas leichter. Als Chefin habe ich gelernt, dass **Komplimente Menschen ermutigen.** Genau das hat mir im Übrigen geholfen, großartige Teams zu haben, die sich immer wieder selbst übertroffen haben. Manchen mache ich Komplimente, damit sie über sich selbst hinauswachsen können. Ich tue es, wenn ich aufrichtig daran glaube, dass sie Erfolg haben können, ihnen aber das nötige Selbstvertrauen fehlt. Den Selbstbewussteren mache ich Komplimente, sobald sie über sich hinauswachsen. Im Verkauf habe ich diesen Zusammenhang verstanden. Als Chefin fällt es mir also leichter, Komplimente zu machen.

In Bezug auf meine Familie und private Beziehungen hingegen ist irgendwo in mir ein Glaubenssatz, der mich ständig warnt: „Wenn du zu viele Komplimente machst, verlierst du die Kontrolle, dann gewinnen sie die Oberhand." Oder: „Sie werden denken, jetzt sei alles in Ordnung, da bräuchten sie sich nicht mehr zu verbessern." In meiner Kindheit und Jugend sprachen meine Eltern zwar gut über uns, aber immer in unserer Abwesenheit. Sie haben uns fast nie direkt ein Kompliment gemacht. Nur von anderen hörten wir es, wenn Mutter etwas Gutes über uns gesagt hatte. Besonders meine

Mutter kritisierte ich oft wegen dieser Einstellung. Ich fragte mich, warum sie es mir nicht direkt sagen konnte, wenn sie etwas an mir bewunderte.

Das, was wir an unseren Eltern kritisiert haben, ist das, was uns am meisten Schwierigkeiten bereitet. Wir müssen es selbst erleben, um zu verstehen, was unsere Eltern durchlebt haben. Das wird Karma oder das Gesetz von Ursache und Wirkung genannt. Ich konnte meinem Mann nicht oft nette Komplimente machen, ebenso wenig wie meinen Kindern, als sie noch jünger waren. Heute merke ich, dass ich meine Kinder vor anderen Menschen lobe. Sie kommen dann zu mir und fragen: „Ich habe gehört, dass du das über mich gesagt hast – warum sagst du es anderen und nicht mir?" Meine Antwort ist ganz einfach die: Für mich ist das noch nicht selbstverständlich.

Ich bin dabei, diesen Aspekt von mir zu entwickeln. Zwar werde ich immer besser darin, den Menschen meiner Umgebung Komplimente zu machen, aber noch nicht so, wie ich es gern möchte. Ich habe sehr hohe Ansprüche an mich selbst und halte es für selbstverständlich, wenn ich erfolgreich oder gut in dem bin, was ich tue. Also mache ich mir selbst nur dann Komplimente, wenn ich meine Leistung für außergewöhnlich halte. Und so halte ich es auch mit denen, die ich liebe. Ich sollte jedoch mehr darauf achten, was für andere normal ist. Mein Sohn Tony hat mir geholfen, das zu erkennen.

Eines Tages kommt er in mein Büro und erzählt, er hätte gerade einen neuen Job gefunden. Als ich überhaupt nicht reagiere, ist er enttäuscht und sagt: „Es ist nicht sehr ermutigend, dir gute Nachrichten zu erzählen. Du gratulierst mir ja gar nicht. Du freust dich noch nicht mal!" Ich erwidere: „Ich finde es ganz normal, dass du mit deinem Talent und deiner

Ausstrahlung eine neue Arbeit findest. Um mich zu freuen, brauche ich eine außergewöhnlichere Nachricht." **Ich habe ihm ganz einfach gesagt, was für mich eine Tatsache war.** Dieser Vorfall hat mir geholfen zu erkennen, dass das, was ich als normal betrachte, es für andere nicht unbedingt ist.

Ich erinnere mich, dass die Nonnen mir als Kind oft sagten, wenn ich mein Potenzial nicht nutzte, werde GOTT mich strafen, indem er es mir wieder nähme. Ich habe immer geglaubt, dass dies für alle gilt. Deshalb fällt es mir schwer, jemanden mit viel Talent zu sehen, der aus diesem großen Potenzial nichts macht. In meiner Familie und bei der Arbeit bin ich von Menschen umgeben, die große Begabungen haben. Meiner Ansicht nach ist es daher normal, dass sie es auch einsetzen. Mir ist **jedoch auch klar, dass nur sehr wenige wirklich an ihr Potenzial glauben. Sie brauchen zusätzlich noch Komplimente.**

Also habe ich mir vorgenommen, jeden Tag Komplimente zu machen, mich aber nicht dazu zu zwingen. Diese Komplimente müssen aufrichtig sein. Sie können sich darauf beziehen, wie eine Person ist, oder auf ihre Leistung. Ich habe festgestellt, dass ich bei den Kindern und meinem Mann viel bessere Ergebnisse erziele, wenn ich sie ermutige und ihnen Komplimente mache, als wenn ich sie darauf hinweise, dass sie etwas falsch machen. Auch wenn ich das schon lange weiß, fällt es mir schwer, ganz daran zu glauben. Noch etwas, was ich zwar weiß, aber noch nicht vollständig verinnerlicht habe!

Besonders habe ich sie zur Eigeninitiative ermutigt. Ich finde sie einfallsreich und bewundere sie, weil sie keine Angst haben. In der Tat zeichnen sich alle drei durch große Selbstständigkeit aus. Ich merke, dass ich ihnen auch je nach meinen Erwartungen Komplimente mache. Als sie noch kleiner sind, versuche ich, meine Kinder immer dann zu ändern, wenn sie entgegen meinen Prinzipien oder Überzeugungen handeln. **Ich möchte sie entsprechend meinen eigenen Werten kontrollieren.** Ich entscheide vorab für sie. Anstatt meinem Ältesten ein Kompliment wegen seiner Intelligenz zu machen, schimpfe ich ständig mit ihm, weil er nicht genug lernt. Ich könnte ihm sagen, dass es nicht schlimm ist, wenn er nicht gern lernt, da er klug genug ist, um sich auch so durchzuschlagen, egal welchen Weg er wählt. Doch ich sage ihm, dass GOTT ihn eines Tages dafür bestrafen wird, dass er faul ist und seine Talente nicht nutzt. Ich versuche es mit allen möglichen Methoden, damit er das tut, was ich von ihm will. Ich manipuliere ihn, drohe ihm, versuche ihm Angst zu machen.

Rückblickend stelle ich fest, dass meine Motivation meistens gut ist. Ich will das Beste für meine Kinder und glaube aufrichtig, dass ich ihnen helfe. Ich möchte, dass sie für sich selbst in der Schule erfolgreich sind, nicht für mich. Dadurch sollen sie es später leichter haben. Ich liebe sie, wie ich nur jemanden lieben kann. Ich sehe jedoch, dass ich manchmal egoistisch bin. So möchte ich zum Beispiel, dass sie pünktlich zu den Mahlzeiten essen, denn ich möchte nicht, dass den ganzen Tag Geschirr auf der Küchentheke herumsteht. Oder ich verlange, dass sie ihr Zimmer aufräumen, bevor sie aus dem Haus gehen, damit es mir nicht ins Auge fällt und mich stört.

Bei solchen Gelegenheiten denke ich nicht an sie, sondern an mich. **Sobald ich innerlich akzeptiere, dass ich mein Bestes getan habe, fühle ich mich allmählich wohler, und meine Gesundheit verbessert sich. Ich gestehe mir das Recht zu, die Mutter gewesen zu sein, die ich war.**

Schließlich, als meine Söhne ins Teenageralter kommen, verstehe ich das Konzept der Liebe. Ich erkenne, dass ich sie zwar immer geliebt habe, aber die Art und Weise, wie ich meine Liebe zu ihnen ausgedrückt habe, entsprach nicht den göttlichen Gesetzen, den Gesetzen der Liebe. Ich begreife, dass GOTT von mir nur eins verlangt: dass ich lerne, GOTT Ausdruck zu verleihen, indem ich alles, was mir widerfährt, nutze, um mehr lieben zu können und zunehmend in Kontakt mit meinem inneren GOTT zu sein. Solange ich will, dass andere auf meine Art glücklich sind, setze ich Kontrolle ein und lebe nicht in wahrer Liebe.

Ich habe zwei Kinder bekommen, die so anders sind, als ich es mir gewünscht habe, um zu lernen, bestimmte von mir verdrängte Aspekte meiner selbst mehr zu lieben. Ein Teil von mir möchte manchmal die Dinge schleifen lassen und weniger perfektionistisch sein. Diese nachlässige Seite habe ich völlig verdrängt, weil ich sie nicht akzeptiere. Genau aus diesem Grund habe ich einen Mann und drei Kinder, die alles liegen lassen. Solange wir es nicht geschafft haben, die gegensätzlichen Aspekte in uns auszubalancieren, sorgt das Leben dafür, uns die richtigen Menschen mit auf den Weg zu geben, die uns lehren, den am stärksten verdrängten Aspekt auszudrücken und zu akzeptieren. Das kann man zudem ganz einfach nachprüfen. Wir sind immer von einem oder mehreren Menschen umgeben, die uns jene Teile widerspiegeln, die wir verdrängen. Je mehr uns das stört, umso stärker ist der verdrängte Teil. Wenn jemand in unserer Umgebung sich erlaubt, etwas zu erleben, das wir an uns selbst nicht akzeptieren, trifft uns das wirklich. Ich habe viele Jahre gebraucht, um es herauszufinden: Wenn ich bestimmte Teile von mir ablehnte, war das gleichbedeutend damit, **Ausdrucksformen GOTTES in mir abzulehnen. Diese Teile schrien in mir, wollten sich ausdrücken, um akzeptiert zu werden.**

Inzwischen lasse ich manchmal Dinge auf meinem Schreibtisch oder Arbeitstisch liegen. Es kommt auch vor, dass ich im Haus etwas herumstehen lasse, aber ich werfe mir deswegen nicht mehr vor, ein schlechter Mensch zu sein. Natürlich ist die perfektionistische Seite von mir sehr viel stärker als die nachlässige. Sie gewinnt viel öfter, weil mir Ordnung lieber ist als Unordnung, aber ich gestehe mir dennoch das Recht zu, beides zu sein. Genau das bedeutet es, **sich zu akzeptieren: sich das Recht auf etwas zuzugestehen.** Neu für mich ist, dass ich bei Besuchen in einem Zuhause, wo große Unordnung herrscht, bei Weitem nicht mehr so heftig reagiere wie früher. Ich neige weniger dazu, innerlich zu kritisieren. Ich sage mir, heute hatte die betreffende Person eben Lust, Dinge liegen zu lassen. Irgendwann wird sie bestimmt aufräumen, oder vielleicht fühlt sie sich auch einfach wohl in ihrer Unordnung.

Es fällt mir auch schwer, die faule Seite an mir zu akzeptieren. Das habe ich auch noch nicht ganz überwunden. Wenn ich sehe, dass jemand faul ist, reagiere ich, weil es mir schwerfällt, mir selbst das Recht darauf zuzugestehen. Ich weiß, dass dieser Prozess noch nicht abgeschlossen ist, denn ich habe oft das Gefühl, dass ich meine Jungen zur Faulheit ermutige, wenn ich ihnen etwas gebe – vor allem Geld. Ich habe Angst, dass sie dann denken: „Ach was, ich brauche mich nicht anzustrengen, um mir meinen Lebensunterhalt zu verdienen. Irgendwann gibt mir meine Mutter schon Geld!" Ich erkenne, dass ich deswegen ein Problem damit habe, großzügig zu sein. Ich fürchte, dadurch das zu fördern, was ich als Faulheit empfinde. Immerhin ist es mir bewusst, sodass ich aufpassen kann, wenn diese Seite die Oberhand gewinnt. **Wichtig ist, dass ich zulasse, mir die Zeit zu nehmen, die ich brauche, um eine Veränderung zu erreichen.** Indem ich lerne, alle Aspekte meiner selbst anzunehmen, kann ich auch die verschiedenen Aspekte anderer akzeptieren. **Und indem ich mir**

selbst Zeit gebe, es zu schaffen, kann ich auch anderen die Zeit zugestehen.

Bei meinem ersten Mann bin ich eindeutig genauso kontrollierend wie bei mir und den Kindern. Ich entscheide über alles: das, was wir essen, unsere Wochenendaktivitäten, unsere Gäste, Ausflüge, das Familienbudget, unseren Urlaub usw. Ich nehme sogar Einladungen an, ohne ihn vorher zu fragen. Wenn er abends nach Hause kommt, teile ich ihm mit, dass wir in der folgenden Woche eine Party feiern werden. Für mich ist das selbstverständlich: Ich erwarte, dass er meinen Entscheidungen folgt. Aber ich wende mich an ihn, wenn ich mich nicht selbst entscheiden kann, wenn ich mir nicht sicher bin. Da er es mir immer recht machen will, antwortet er dann: „Und du, hast du denn Lust dazu?" Ich bin schockiert, denn ich will ja, dass er seine Meinung sagt und mir bei meiner Entscheidung hilft. Also sage ich: „Da gebe ich dir mal die Möglichkeit, eine Entscheidung zu treffen ... Sonst bin ich doch immer diejenige, die alles entscheidet. Ich möchte, dass auch du hin und wieder Entscheidungen triffst!" Aber ich bitte ihn immer nur dann, Entscheidungen zu treffen, wenn ich selbst nicht dazu imstande bin. Ich kritisiere ihn umso mehr. Und wenn er dann das nächste Mal etwas entscheidet, das meinen Plänen zuwiderläuft, kritisiere ich ihn erneut: „Du entscheidest, ohne mich zu fragen, und deine Entscheidungen gefallen mir überhaupt nicht!"

Armer Mann, er weiß überhaupt nicht mehr, was er tun soll. Es fällt ihm schwer, seine Kleidung selbst auszusuchen, und er bittet mich immer um meine Meinung. Auch auf dieser Ebene kritisiere ich ihn: „Wann benimmst du dich endlich wie ein erwachsener Mann? Ich habe schon genug damit zu tun, drei Kinder anziehen!" Aber wenn er sich entscheidet, ein Kleidungsstück allein zu kaufen, bin ich mit seinem Geschmack nicht einverstanden. Was er auch tut, ich kritisiere ihn. Er weiß wirklich nicht mehr, was er tun soll, um es mir recht zu machen. Auch für finanzielle Entscheidungen bin ich zuständig und möchte alles kontrollieren. Wenn er etwas kauft, ohne mich zu fragen, verkrafte ich es nicht. Immer finde ich einen Grund, warum er dieses oder jenes nicht kaufen sollte. Er braucht es nicht, oder der Zeitpunkt passt nicht. Er soll noch damit warten. **Hinter dieser Einstellung verbirgt sich einerseits mein Bedürfnis, alles zu kontrollieren, andererseits aber auch eine große Unsicherheit in Bezug auf finanzielle Fragen, die ich zu verstecken versuche. Wenn wir alles in solchem Maße kontrollieren wollen, liegt es daran, dass wir mit inneren Ängsten leben. Das Traurige daran ist, dass das ohnehin immer zum Verlust der Kontrolle führt.**

Sogar die Besuche bei seiner Familie kontrolliere ich. Er besucht viel lieber meine Familie, denn er genießt die Gesellschaft meiner Eltern und Geschwister. Er stammt aus einer anglokanadischen Familie und hat nur seine Mutter und zwei Schwestern. Ich sage ihm: „Du hast deine Familie seit fast einem Monat nicht mehr gesehen! Es ist Zeit, mal wieder hinzufahren. Ich denke, es ist gut, wenn wir sie am Wochenende besuchen." Oder ich lade sie einfach zu uns nach Hause ein. Ich treffe die Entscheidung für ihn, weil ein guter Sohn nach meinem Empfinden öfter den Wunsch haben sollte, seine Mutter zu besuchen. Selbst wenn ich mich bei seiner Familie langweile, **zwinge ich mich zu diesen Besuchen, weil ich sie für meine Pflicht halte.** Und wenn ich meine Pflicht tue, kann ich mich wie ein guter Mensch und eine gute Ehefrau fühlen.

Als ich ihn verlassen will, mache ich all diese Gründe geltend, um unsere Trennung zu rechtfertigen. Ich sage mir, dass ich es leid bin, alles zu entscheiden. Ich erkenne nicht, dass ich weglaufe, wenn ich mich von ihm trenne. Ich habe nichts über mich gelernt. Erst im Jahr vor *Écoute Ton Corps,* als ich den Entschluss fasse, alles, was ich esse und trinke, aufzuschreiben, wird mir bewusst, wie starr ich mir und anderen gegenüber immer gewesen bin. Nach dieser großen Erkenntnis ändere ich meinen Umgang mit den Kindern. Ich interessiere mich für das, was sie mögen.

Sie hören Musik, die mir nicht besonders gefällt, und statt sie daran zu hindern, treffe ich eine Vereinbarung mit ihnen. Ich sage: „Was haltet ihr von meiner Idee? Wir alle haben einen unterschiedlichen Musikgeschmack. Können wir, wenn ich zu Hause bin, meine Musik hören? Und wenn ich nicht da bin, könnt ihr eure Musik so oft und so laut hören, wie ihr wollt." Da ich wenig zu Hause bin, profitieren sie von dieser Vereinbarung. Ein solches Vorgehen ist viel effektiver, als wenn ich ihre Wahl kritisiert und verlangt hätte, solche Musik nicht mehr zu hören.

Ein ständiger Zankapfel mit meinen Kindern war schon seit ihrer Kindheit das Aufräumen. **Ich habe das Gefühl, wenn ich nichts sage, nutzen sie die Situation bestimmt aus, und dann wird es noch schlimmer. Ein weiterer Glaubenssatz, den ich seit Langem vertrete!** Ich bin davon überzeugt, sie maßregeln zu müssen, damit es am Ende ordentlich ist. Fünfzehn Jahre habe ich gebraucht, um einzusehen, dass dieser Glaubenssatz mir nie das gewünschte Ergebnis gebracht hat, nämlich, dass überall Ordnung herrscht.

Die Tatsache, dass ich die ganze Zeit weitergemacht habe, obwohl es nicht das geringste positive Ergebnis erbrachte, zeigt mir, was für ein Dickschädel ich bin. **All die Energie, die ich sinnlos verschwendet habe, weil ich an meinen Vorstellungen festgehalten habe!** Hier eine Methode, um herauszufinden, ob eine Überzeugung gut für dich ist: Schau, ob sie das gewünschte Ergebnis bringt. Wenn nicht, ist es an der Zeit, sie beiseitezuschieben. Das nennt man „loslassen". Und Loslassen bedeutet, unseren rationalen Verstand mit all seinen Glaubenssätzen loszulassen und uns GOTT mit seiner bedingungslosen Liebe zuzuwenden.

Als ich lerne, dass es eine andere Art zu lieben gibt, nehme ich allmählich die Bedürfnisse anderer bewusster wahr. Ich sage mir, dass meine Kinder im Grunde Glück haben, wenn sie Unordnung sehen können, ohne dass es ihr Wohlbefinden beeinträchtigt. Anstatt sie weiterhin ändern zu wollen, sage ich mir, dass es für mich von Vorteil sein könnte, ein bisschen wie sie zu sein. Sofort übernimmt eine kleine Stimme in mir das Kommando: „Was wird denn das für ein Zuhause, wenn ich auch so bin wie sie!" **Das, was mich oft dazu verleitet, das Ändern meines Glaubenssatzes hinauszuzögern, ist die Angst, das Gegenteil zu werden und ins andere Extrem zu verfallen. Dies ist eine unbegründete Angst.**

Nach und nach wird mir klar, dass meine Kinder nicht das Gegenteil von mir sind. In Wirklichkeit gestehen sie sich nur das Recht zu, ihre verschiedenen Aspekte zum Ausdruck zu bringen. Wenn sich jemand Dinge erlaubt, die wir für inakzeptabel erachten, löst das wirklich eine Reaktion bei uns aus. Also beschließe ich, etwas zu wagen. Ich sage meinen Kindern, dass ich von ganzem Herzen den Wunsch habe zu lernen, mich nicht mehr an der Unordnung zu stören, wenn ich nach Hause komme. Ich beneide sie darum und gestehe ich ihnen zu, dass sie sich in ihrer Haut wohlfühlen können, obwohl so viel herumliegt.

Da ich das anfangs nicht kann und mich allmählich an die neue Methode gewöhnen möchte, bitte ich sie, in den Räumen, die ich regelmäßig nutze, aufzuräumen. In ihren Zimmern und im Keller haben sie dagegen völlig freie Hand. Allmählich gewöhne ich mich daran, auszuhalten, dass in ihrem

Zimmer alles im Chaos versinkt. Ich schließe ihre Zimmertür, um die Unordnung nicht zu sehen.

Ich erinnere mich, dass eines Tages jemand zum ersten Mal in unser Haus kommt und alle Räume sehen will. „Du hast ihm ja gar nicht mein Zimmer gezeigt!", ruft meine Tochter Monica aus. „Stimmt, dein Zimmer gehört auch zum Haus!", antworte ich. „Ach nein, das hat keinen Sinn, so ein unordentliches Zimmer kannst du niemandem zeigen!", sagt sie. Da sehe ich, dass auch sie sich in Wirklichkeit an der Unordnung stört. Wenn meine Kinder Dinge herumliegen lassen, dann nur, um mich zu einer Reaktion zu verleiten. Sie brauchen mehr Freiraum. Sie wollen nicht eingestehen, dass ich recht habe, solange ich ihnen nicht Recht gebe. Endlich verstehe ich, dass eine Seite von ihnen Ordnung genauso mag wie eine Seite von mir Unordnung. **Hin und wieder muss ich loslassen, mich nicht so sehr stressen, mir die Dinge nicht so sehr zu Herzen nehmen …** genauso, wie sie hin und wieder richtig Ordnung in ihre Dinge bringen müssen.

Ich mache mich also daran, Sachen, die mich am meisten stören, aufzusammeln. Ich tue es selbst, ohne etwas zu sagen, um ihnen mehr Raum zu lassen. Ohne ein Wort zu sagen, schließe ich die Schranktüren, die meine Kinder automatisch offen lassen. Anstatt sie anzuschreien oder zu kritisieren, regle ich es allein, ohne unnötigen Streit anzufangen. Die Ungerechtigkeit meiner vorherigen Forderungen ist mir völlig klar. **Ich wollte immer nur, dass andere mich glücklich machen, als ich sie bat, entsprechend meinen Erwartungen zu handeln.**

Nach mehreren Monaten dieser Maßnahmen fangen die Kinder an, ihre Sachen aufzuheben und die Schranktüren zu schließen. Es geht sogar so weit, dass ich es nicht mehr wahrnehme, wenn die Türen manchmal offen stehen. Die Atmosphäre wird immer friedlicher.

Gemeinsam beschließen wir auch, die Hausarbeit aufzuteilen. **Ich erstelle eine Liste mit allem, was im Lauf der Woche erledigt werden muss.** Wir kommen auf wöchentlich vier Aufgaben pro Person. Die Kinder dürfen sich die aussuchen, die ihnen am liebsten sind, und ich behalte den Rest. Normalerweise geht das ein paar Wochen lang gut, dann muss ich sie an ihre Verpflichtungen erinnern. Ganz von selbst kommen sie ihren Verpflichtungen immer besser nach. Manchmal erklärt mir einer von ihnen: „Ich habe heute keine Zeit, den Boden zu wischen, aber ich erledige es morgen oder übermorgen!" Es ist zwar nicht perfekt, aber welch ein Unterschied in der Gesamteinstellung! Alle atmen spürbar auf.

Mit den Kindern habe ich auch gelernt, ohne Erwartungen zu geben. **Mir war wirklich nie aufgefallen, wie oft ich gegeben und dafür eine Gegenleistung erwartet hatte!** Als ich zum Beispiel mit Jacques zusammenziehen wollte, war Tony neunzehn Jahre alt und wohnte mit seiner Freundin in unserem Haus. Ich kündige ihnen an: „Jacques und ich haben beschlossen, zusammenzuziehen, und wir wären gern allein. Ihr müsst euch eine Wohnung suchen!" Da es ihre erste Wohnung ist, biete ich an, ihnen vieles zu schenken, um ihnen den Start zu erleichtern. Ich schenke ihnen eigentlich fast alles, was sie brauchen, bis hin zum Kühlschrank. Etwa zwei Wochen vor meinem Umzug bitte ich Tony, mir beim Packen der Kartons zu helfen. Er sagt „Ja, ja!", ist aber nie da.

An meinem Umzugstag ist er so sehr mit seinem eigenen Umzug beschäftigt, dass er keine Zeit hat, mir zu helfen. Ich bin enttäuscht und wütend! „Bei allem, was ich dir gegeben habe, willst du mir nicht mal helfen? Ich kann es nicht fassen, dass du absolut nichts tust, um dich bei mir zu bedanken!" Er blickt mich mit seinen großen Augen an und sagt: „Schenkst du mir die Sachen nun oder nicht?" Uff! Ein Schlag mitten ins

Gesicht! Mir wird klar, wie viele Erwartungen ich habe. Ich hatte vergessen, Absprachen mit ihm zu treffen. Natürlich darf ich Erwartungen haben, aber sie müssen klar definiert und geäußert werden. Ich hätte zu Tony sagen sollen: „Dieses und jenes gebe ich dir gern, aber im Gegenzug bitte ich dich, dieses und jenes für mich zu tun. Bist du damit einverstanden?" **Stattdessen habe ich selbstverständlich vorausgesetzt, dass er dankbar sein und meine Erwartungen erraten sollte.**

Früher hatte ich diese Attitüde oft: Ich wollte, dass meine Lieben meine Bedürfnisse telepathisch erraten. Meine Mutter ging oft so mit meinem Vater um, daran erinnere ich mich. **Ich bin froh, endlich herausgefunden zu haben, dass diese Einstellung mir mehr aufwühlende Emotionen als Freude bringt. Deshalb ist es für mich besser, etwas anderes zu glauben.** Dieser Vorfall hat mir sehr geholfen. Ich habe gelernt, mehr loszulassen und nur dann zu geben, wenn ich wirklich geben will. Wenn ich unter bestimmten Bedingungen etwas geben will, sage ich das vorher deutlich. Diese Bewusstwerdung hat mir auch geholfen, meine Bitten klarer zu äußern.

Wenn wir mit Bedingungen geben, diese aber nicht offen benennen, sind wir nicht in Kontakt mit unserem inneren GOTT. Wir fürchten, selbst leer auszugehen. In Wirklichkeit ist es so viel klüger, sich zu sagen: „Ich wäre froh, wenn jemand mir dabei hilft …", aber ohne etwas zu fordern und ohne zu erwarten, dass es so geschieht, wie wir es wollen. Es geht darum, auf unsere echten Bedürfnisse zu hören, unseren inneren GOTT zu fragen, der dafür sorgen wird, dass die am besten geeignete Person zur richtigen Zeit kommt. Die Dinge regeln sich letztendlich von selbst.

Sicher hast du schon einmal erlebt, dass du loslässt und jemand dir genau das vorschlägt oder anbietet, was du willst, ohne dass du danach gefragt hast. **So etwas geschieht, um dir in Erinnerung zu rufen, dass du deinem inneren GOTT vertrauen kannst.** Du bist nie allein. Du brauchst nicht mehr zu fordern, dass andere dir helfen. Du kannst zwar darum bitten, aber ohne Erwartungen. Du brauchst die Person, die dir hilft, nicht mehr zu kontrollieren. Wenn du zunehmend Vertrauen und Zuversicht entwickelst, dass alles sich stets fügen wird, dann ergeben sich die Lösungen oft auf unerwartete Weise.

Dennoch: Um zu lernen, bedingungslos zu geben, musste ich damit beginnen, dass ich mich selbst akzeptierte, wenn ich unter Bedingungen etwas gab. In manchen Situationen fällt mir das immer noch schwer, besonders bei Männern. Die Tatsache, dass ich mich selbst mehr akzeptiere, erleichtert den Prozess.

Heute (1991, Anm. d. Red.) sind meine beiden Söhne erwachsen, und ihre Sicht auf das Leben unterscheidet sich manchmal nach wie vor von meiner, aber wir können darüber diskutieren und gestehen uns gegenseitig das Recht zu, nicht dieselben Überzeugungen zu haben. Inzwischen fühle ich ich mich im Umgang mit ihnen mehr wie eine Freundin als wie eine Mutter. Beide helfen mir weiterhin, Frieden mit dem Mann in mir zu schließen. **Ich muss mir nur immer wieder in Erinnerung rufen, dass sie in meinem Leben sind, damit ich mich durch sie sehen kann.**

Ich muss zugeben, dass meine Tochter Monica und ich viele Wesenszüge gemeinsam haben. Nur selten werfe ich ihr etwas vor, denn wir haben eine sehr harmonische Beziehung. Wir denken ähnlich, fast immer stimmt sie mit meinen Vorstellungen überein. Wir mögen dasselbe. Mit ihr lerne ich also nicht wirklich, zu lieben. Vielmehr ist sie da, um mich daran zu erinnern, wie schön bedingungslose Liebe ist.

Insgesamt kann ich sagen, dass ich es nicht als schwierig empfunden habe, meine Kinder zu haben und mit ihnen zu leben. Ich hatte nie größere Probleme mit ihnen. Wenn ich andere Kinder beobachtet habe, waren mir stets meine eigenen lieber. Selbst wenn ich sie kritisiert habe, habe ich trotzdem auch ihre guten Seiten gesehen. Bei meiner Arbeit als Teammanagerin hatte ich gelernt, die Besten des Teams mit Geschenken, Trophäen usw. zu belohnen. Diese Methode habe ich oft bei den Kindern angewandt. Ich habe ihnen mehr Aufmerksamkeit geschenkt, wenn sie brav waren, als wenn sie etwas angestellt hatten. Damit habe ich oft gute Ergebnisse erzielt. Ein weiterer Punkt in der Erziehung der Kinder war, dass ihr Vater mir nicht widersprach, wenn ich Entscheidungen für die Kinder traf. Er vertraute mir vollkommen. Sie waren selten ein Streitpunkt zwischen uns.

Meine Beziehung zu meinem Ex-Mann ist zunehmend herzlich geworden. Ich finde ihn heute (1991, Anm. d. Red.) sympathischer, menschlicher. Manchmal bin ich anderer Meinung als er, vor allem wenn es um die Zukunft der Kinder geht, aber **ich kann wahrnehmen, welche Motivation hinter seinem Handeln steht.** Es ist für mich inzwischen leichter, ihn zu verstehen. Ich sehe, wie er sich immer mehr zum Besseren verändert. Was die Liebe angeht, hat er sich enorm weiterentwickelt, und sein Herz wird immer offener. Da er einen alkoholkranken, gewalttätigen Vater als Vorbild hatte, hätte er leicht wie dieser werden können. Aber er hat ihm verziehen und lebt nun sehr glücklich mit seiner dritten Frau. Die Hochzeit war letzten Sommer, und Jacques und ich waren eingeladen.

Bei unseren Familienfeiern sind mein Ex-Mann und seine Frau stets eingeladen, ebenso Jacques' Ex-Frau und unsere jeweiligen Kinder und Enkelkinder. Wir kommen alle zusammen und freuen uns über unsere schöne freundschaftliche Beziehung. Das nenne ich „sich in Liebe trennen". GOTT hat nicht gewollt, dass wir wegen unserer Trennung den Kontakt abbrechen. Nach dem Willen GOTTES sollen wir jedes Ereignis im Leben nutzen, um zu lernen, mehr zu lieben. Das Wichtigste ist: „Wie reagiere ich jetzt angesichts dieser Trennung?" **Wozu soll es gut sein, Groll, Rachegedanken oder Hass zu entwickeln, wenn es uns von unserem inneren GOTT, von unserem Glück abkoppelt?**

Mit der Zeit habe ich auch gelernt, meinen Vater und meine Mutter anders zu lieben. Ich hatte meinen Vater auf ein Podest gestellt und mich geweigert, ihn so zu sehen, wie er war. Jetzt akzeptiere ich es, ihn als einen Mann zu sehen, der Ängste hat, ebenso wie alle anderen Menschen. Er trägt einen ängstlichen, unsicheren kleinen Jungen in sich, der nicht so aus sich herausgehen konnte, wie meine Mutter, meine Schwestern und ich es uns gewünscht hätten. Eines Tages fragte ich meinen Vater, ob er sich nicht manchmal wünschte, seine Gefühle etwas mehr zu zeigen und uns sagen zu können, wie sehr er uns liebt. Er antwortete: „Ja, aber dazu bin ich nicht imstande." **Ich habe gelernt zu akzeptieren, dass die Liebe trotzdem da ist, auch wenn sie nicht geäußert wird.**

Ich dachte immer, dass meine Mutter ihn beherrschte und über ihn bestimmte, aber heute sehe ich, dass es ihm im Grunde genommen gut zupasskam, eine Frau zu haben, die alle Entscheidungen traf. Mein Vater brauchte nicht alles zu kontrollieren, um das Leben zu lieben. Frauen wie meiner Mutter und mir hingegen hilft unsere Entscheidungsmacht, uns selbst wertzuschätzen, uns wichtig zu fühlen. In meiner Beziehung mit Jacques bin ich oft diejenige, die über die Details unseres persönlichen Lebens entscheidet. Wir passen unsere gemeinsame Zeit an meinen Terminkalender an. Am

Anfang der Woche liste ich die Abende auf, an denen ich frei habe, um mit ihm zusammen zu sein. Er organisiert seinen Zeitplan entsprechend. Seinen eigenen Angelegenheiten geht er nach, wenn ich nicht da bin. Ich finde es wunderbar, einen Mann zu haben, der sich zeitlich so auf mich einstellt. In Wirklichkeit verhält sich Jacques mir gegenüber so, wie mein Vater sich meiner Mutter gegenüber verhalten hat. Ein solches Arrangement ist für uns beide von Vorteil. Ich kann inzwischen akzeptieren, dass ein Mann zu sein nicht unbedingt bedeutet, „alles entscheiden". Ich bin in der Lage zu respektieren, dass es verschiedene Arten gibt, ein Mann zu sein.

Ich erinnere mich: Anfangs, als ich merkte, dass ich, wenn es nach Jacques ging, alles entscheiden sollte, habe ich ihn innerlich kritisiert. „Oh nein! Nicht schon wieder so einer, der keine Entscheidungen treffen kann!" Ich habe sofort verstanden, dass Jacques' Aspekte, die bestimmten Aspekten meines Ex-Mannes ähnelten, mich lehren sollten, das zu akzeptieren, was ich bei meinem ersten Mann nicht akzeptieren wollte. Daraufhin verstand ich, dass ich mit meinem Zeitplan und meinem Charakter sehr privilegiert war, einen Mann zu haben, der so flexibel war und meine Entscheidungen stets guthieß. Mir wurde nämlich irgendwann klar, dass Jacques, genau wie mein Vater, nur Ja sagt, wenn es ihm passt. Er entscheidet also genauso viel wie ich. Er entscheidet, ob meine Entscheidung ihm passt! Wenn er etwas anderes von mir will, sagt er es mir, und ich versuche, ihm so weit wie möglich entgegenzukommen, denn er hat viel weniger Wünsche und stellt viel weniger Forderungen als ich.

In dem Maß, in dem ich lerne, mehr zu lieben, zu geben und anzuleiten, ohne im Gegenzug etwas zu erwarten, ist es mir nicht mehr wichtig, ob andere meinen Rat befolgen

oder nicht. Das Geheimnis besteht darin, unsere Präferenzen zu kennen, was eine gewisse Erwartung erzeugt – aber dann nicht an dieser Erwartung festzuhalten, sondern für andere Ergebnisse offen zu sein. Diese Veränderung hilft mir nicht nur in meinen Beziehungen, sondern auch bei meiner Arbeit. Ich gebe meine Kurse, halte Vorträge und bin glücklich, eine Philosophie weiterzugeben, an die ich glaube. Ob die Leute mir glauben oder nicht, ob sie die empfohlene Philosophie in die Tat umsetzen oder nicht – es macht mir nichts mehr aus. Das ist bei Weitem nicht mehr so anstrengend und verlangt mir viel weniger ab. Ich kann jetzt ein ganzes Wochenende lang intensive Workshops abhalten, zusätzlich zu meinem regulären vollen Wochenprogramm, und bin trotzdem nicht müde oder ausgelaugt. Wenn eine Person erschöpft ist, nachdem sie unterrichtet oder mit jemandem diskutiert hat, liegt das daran, dass sie anderen ihre Überzeugungen aufzwingen will. Sie hat also Erwartungen! Sie ist nicht offen für die Entscheidungen der anderen.

Es ist gut, aufmerksam, wachsam zu sein, sich selbst zu beobachten. Ich habe große Freude daran, zu beobachten, wie ich mich allmählich transformiere und lerne, aufrichtiger zu sein. Im Sommer tauchen die Kinder manchmal unerwartet bei mir auf. Ich wohne auf dem Land an einem See. Manchmal kommen sie in Gruppen. Ich habe sie noch nicht einmal eingeladen, aber sie wollen kommen und im See schwimmen. Ich freue mich natürlich immer, sie zu sehen, aber ich weise sie darauf hin: „Heute habe ich euch nicht eingeladen. Wenn ihr euch hier auf dem Gelände aufhalten wollt, nur zu, aber ich räume nichts hinter euch auf. Ich möchte, dass hinterher, wenn ihr gegangen seid, nicht die geringste Spur von euch zurückbleibt … und ich habe nicht vor, euch abends etwas zu essen zu machen!"

Als ich das zum ersten Mal tue, sagt mir eine kleine Stimme: „Also ehrlich, Lise, du siehst deine Kinder nicht sehr oft, du könntest ein bisschen großmütiger sein, wenn sie kommen." Kurz darauf sagt Jacques: „Wie kannst du so mit deinen Kindern sprechen? Ich wäre dazu niemals in der Lage. Ehrlich gesagt, selbst wenn du keine Lust hast, ihnen Abendessen zu machen, könnten wir doch eine Pizza oder etwas anderes für sie kommen lassen. Das geht doch nicht, sie nicht zum Essen einzuladen!" Ich frage Jacques: „Aber Jacques, hast du wirklich Lust, all diese jungen Leute zum Essen einzuladen und hinter ihnen aufzuräumen?" Wie so oft, ist Jacques mein Echo, er spricht das laut aus, was ich tief in mir denke, spiegelt es mir wider. Nachdem ich mir selbst die Antwort „Nein" gegeben habe, sage ich ihm, dass ich übe, das auszudrücken, was ich wirklich will. Ich bitte ihn, mir diese Chance zu lassen, weil **ich lernen möchte, zu sagen, was ich zu sagen habe, und mir das Recht zu geben, so zu sein.** Ich weiß: Sobald ich es gelernt habe, werde ich diejenigen, die es tun, überhaupt nicht mehr verurteilen.

Diese Szene hat sich im letzten Sommer mehrmals wiederholt. Ich habe mich mit Jacques verständigt. Die Kinder haben sich weit weniger daran gestört als ich. Sie haben mich nicht als egoistisch bezeichnet. Für sie ist das normal. Sie sind so offen und ehrlich, dass sie Offenheit bei jedem schätzen. Wenn ich mich selbst bei einem meiner Kinder einladen wollte und sie hätten gerade keine Lust, mich dort zu haben, würden sie es mir geradeheraus sagen, und ich weiß sehr gut, dass es nicht aus Mangel an Liebe geschähe. Sie sagen es einfach, wie es ist. Früher hätte ich gedacht: „Wie egoistisch die Kinder doch sind! Nach all den Mahlzeiten, die ich für sie gekocht habe, bitte ich sie ein einziges Mal, ob ich zum Abendessen zu ihnen kommen kann, und sie lehnen ab!" **Am**

meisten freut mich bei all dem, dass ich mich selbst beobachten und feststellen kann, was mit mir vorgeht, ohne mir Vorwürfe zu machen, wenn ich es nicht immer schaffe, eine perfekte Mutter zu sein.

Was Freundschaften angeht, so habe ich mich immer als privilegiert betrachtet, weil ich viele habe. Schon in sehr jungem Alter, im Kloster und in meiner Nachbarschaft, bin ich beliebt. Bei meinen Freunden und Freundinnen kann ich mich leichter offenbaren. Es hilft mir, mich in jenen Zeiten auszubalancieren, in denen ich im Privat- und Familienleben nicht allzu viel von mir selbst preisgebe. Bei meinen Freunden übe ich keine Kontrolle aus. Ich erlaube mir, mich mehr hinzugeben, mich gehen zu lassen. Einige Freunde waren einige Jahre in meinem Leben. Es ist immer eine große Freude, solche alten Freunde wiederzusehen. Im Lauf der Zeit habe ich lernen müssen, mich nicht schuldig zu fühlen, weil ich den Kontakt zu einigen von ihnen abgebrochen habe. Ich entwickle neue Freundschaften, und es kommt eine Zeit, in der ich nicht alle aufrechterhalten kann. In meinem Herzen sind sie aber alle noch da. Trotz meines vollen Terminkalenders und meiner Familie finde ich regelmäßig Zeit für Freunde. Ich muss diese Besuche allerdings im Voraus in meinem Kalender einplanen, so wie ich auch meinen Urlaub im Voraus plane.

Ich lasse auch weiterhin immer mehr los. In manchen Bereichen geht das langsam vonstatten, in anderen schneller. Ich lerne, weniger besitzergreifend zu sein, weniger zu kontrollieren, aufrichtig zu sein und mich so zu akzeptieren, wie ich bin. Die Dinge ergeben sich wie von Zauberhand, mit viel weniger aufwühlenden Emotionen. So etwas passiert nicht von einem Tag auf den anderen. Ich habe das Glück, es zu lehren, und dadurch kann ich es auch schneller lernen. Allmählich akzeptiere ich, dass es nicht sofort passiert, dass ich mir Zeit lassen muss. Es vollzieht sich nach und nach. Manchmal wird mir bewusst, dass ich Schuldgefühle habe: wenn ich denke, dass ich nicht gut genug bin und meinen Erwartungen nicht entspreche. Dann prüfe ich, ob das, was ich von mir verlange, realistisch ist, oder ob es die Grenzen meiner derzeitigen Fähigkeiten überschreitet.

Außergewöhnlich ist, dass mein innerer GOTT immer dafür sorgt, dass es jemanden in meinem Umfeld gibt, der mir das reflektiert, was ich nicht sehen will. Ein Ausdruck GOTTES zu sein bedeutet, sich selbst zu sehen, sich zu kennen und in der Lage zu sein, sich so zu akzeptieren, wie man ist. Und sich sagen zu können: „Nun ja, ich bin jetzt gerade so. Entspricht das dem, was ich gerne hätte?" Und wenn es dem nicht entspricht, akzeptiere ich, dass dieser Zustand nur vorübergehend und nicht dauerhaft ist.

Es mag sein, dass ich mich in achtzig Prozent der Zeit dafür entscheide, eine großzügige Mutter zu sein, und in den anderen zwanzig Prozent der Zeit bin ich eine eher egoistische Mutter. Was ich jedoch als egoistische Mutter bezeichne, wird von meiner Umgebung nicht unbedingt als solche wahrgenommen. Ich sehe mich entsprechend meinen eigenen Werten.

Es ist sehr wichtig, zu akzeptieren, dass alle Menschen, die wir uns – auch unbewusst – ausgesucht haben, die sind, die wir brauchen. Sie sind da, um uns zu helfen, uns selbst besser kennenzulernen, uns anzusehen, uns immer mehr zu lieben und zu erkennen, dass wir nichts von irgendjemandem um uns herum sehen, hören oder wahrnehmen können, ohne dass es auch etwas mit uns selbst zu tun hat. Wenn mich also das, was ich bei anderen sehe, stört, dann deshalb, weil mich dasselbe an mir selbst stört. Ich beobachte mich selbst und stelle fest, dass ich manchmal so bin, es mir aber nicht eingestehen will, weil es inakzeptabel ist. Oder ich spreche mir rundweg das Recht ab, so zu sein. Ich kontrolliere. In einem solchen Fall ist es schwieriger, mich selbst zu beobachten. **Je mehr ich also diesen Aspekt meiner selbst verdränge und ablehne, desto schwieriger ist es für mich, ihn bei anderen zu akzeptieren.**

Ich möchte dir einmal die folgende Übung vorschlagen: Erstelle eine Liste all dessen, was dich an einer anderen Person stört, was du an den Menschen deines unmittelbaren Umfelds siehst oder wahrnimmst. Akzeptiere dann allmählich, dass all diese Aspekte ein Teil von dir sind, auch die, die am schwierigsten zu akzeptieren sind. Erlaube dir, so zu sein oder sein zu wollen. **Sieh die guten Seiten an dem, was für dich „nicht richtig" oder „inakzeptabel" ist.** Gib dir die Möglichkeit, einige Aspekte, die du bei anderen bemerkt hast, selbst zum Ausdruck zu bringen. Sei toleranter dir selbst gegenüber und akzeptiere deine Ängste und deine Verletzlichkeit, die sich in einigen deiner Verhaltensweisen zeigen.

Erstell dann eine Liste mit dem, was du an anderen bewunderst, und akzeptiere ebenso die Tatsache, dass diese Aspekte, die du nicht zu haben glaubst, auch dir selbst innewohnen. Um dir noch mehr zu helfen, gehe ich im letzten Kapitel auf das Positive an Aspekten meiner selbst ein, die ich früher als negativ beurteilt habe.

Kapitel 6

Ich bin GOTT in meinem Körper und meinem physischen Leben

Mein innerer GOTT hat den Kontakt zu mir oft über körperliche Beschwerden und Krankheiten aufgenommen. In der Tat habe ich mithilfe dieser Botschaften mehr Bewusstheit entwickelt, und das hat mir auf meinem persönlichen Lebensweg sehr geholfen. Die Botschaften des Körpers begeistern mich so, dass ich in meinem Buch *„Qui es tu?"* über 300 metaphysische Definitionen verschiedener Krankheiten dargelegt habe. **Die Botschaften des Körpers sind sehr nützlich, um zu lernen, wie wir uns selbst besser kennenlernen, uns mehr lieben und vor allem herausfinden können, welche unserer Glaubenssätze nicht günstig sind.** Der menschliche Körper ist wirklich außergewöhnlich. Wenn wir Schmerzen auf körperlicher Ebene haben, dann deswegen, weil wir in unserem mentalen, emotionalen oder spirituellen Leben leiden.

Meine erste große Botschaft erhalte ich mit zehn Jahren: eine Mandelentzündung. Wie schon im ersten Kapitel erwähnt, versucht mir mein innerer GOTT durch diese Krankheit zu sagen, dass es in Ordnung ist, das zu äußern, was ich sagen will, und dass ich meine Rolle als brave kleine Vorzeigetochter nicht so genau nehmen muss. Anlässlich des Vorfalls mit dem Geld für die Schlittschuhe hätte ich ruhig herauslassen können, was ich innerlich empfand, ohne dass es schlimme Auswirkungen gehabt hätte. Sehr oft ist das kleine Mädchen, das rebelliert und etwas sagen will, ein Teil unserer selbst, der zum Ausdruck kommen, sich behaupten will. Wenn wir ihn ständig unterdrücken, wird es immer schwerer, zuzulassen, dass er sich äußert, und schließlich wagen wir überhaupt nicht mehr, uns durchzusetzen, wenn es nötig ist. Wir versuchen, uns zu kontrollieren, aber es geht uns immer schlechter damit. Am Ende wird die Situation unkontrollierbar.

Wenn wir von klein auf lernen können, anderen gegenüber auszusprechen, was wir zu sagen haben, ist das ein großer Gewinn für unser späteres Leben. Ich hätte mir nicht die Mandeln herausnehmen lassen müssen, wenn ich mir das Recht zugestanden hätte, meiner Mutter all meine Enttäuschung, meine Wut und meinen Schmerz mitzuteilen. Es hätte mir auch ermöglicht, mich in ihre Lage zu versetzen und zu verstehen, was sie selbst in jenem Moment empfand. So hätte ich mich behaupten, mein Recht einfordern und zugleich Mitgefühl für meine Mutter haben können.

Als Teenager empfange ich andere Signale von meinem Körper. Zwischen meinem sechzehnten und achtzehnten Lebensjahr werde ich oft ohnmächtig. Innerlich weiß ich sehr wohl, dass ich kurz vor einer großen Entscheidung stehe und mein kleines Dorf verlassen werde, um nach Montréal zu ziehen. Auch wenn das mein innigster Wunsch ist, habe ich viel Angst, mich der Zukunft zu stellen. **Ich bin mir dieser Angst nicht bewusst, sonst hätte es mein Körper nicht nötig,** durch solche Ohnmachtsanfälle **zu mir zu sprechen.** Die Ohnmacht ist eine Möglichkeit, einer Situation zu entfliehen. Unser Körper ist so wunderbar! Unser innerer GOTT nutzt ihn, um uns etwas über uns selbst zu lehren, was wir noch nicht wissen oder nicht sehen wollen. Er will uns helfen, **wieder auf die Straße der Liebe, des Glaubens und des Vertrauens zu gelangen, statt auf der Straße der Angst zu bleiben.**

Dann meldet sich mein Körper mit Menstruationsproblemen zu Wort. Erst seit einigen Jahren (1991, Anm. d. Red.) ist es in dieser Hinsicht besser geworden. Meine Periode ist nicht besonders schmerzhaft, aber sehr unregelmäßig. Manchmal ist sie sehr lang, und ich verliere acht bis neun Tage lang reichlich Blut. Es schwächt mich zwar nicht so sehr, dass es mich davon abhält, zur Arbeit zu gehen, aber es macht mir fast jeden Monat zu schaffen. Ich habe auch einen unregelmäßigen Zyklus, der zwischen vierzig und fünfzig Tage dauert. Mein innerer GOTT versucht mir zu sagen, dass ich meine Weiblichkeit nicht so akzeptiere, wie ich es sollte. Da ich „den Mann" im Allgemeinen nicht akzeptiere, möchte ich nicht von ihm verführt werden. Wenn ich meine Sexualität unterdrücke, laufe ich weniger Gefahr, von einem Mann verführt zu werden. Erinnere dich daran, dass ich mir seit meiner Kindheit **ein unrealistisches Männer-Ideal geschaffen habe und und auch von meinem inneren Mann fordere, diesem Ideal zu entsprechen.**

Vor diesem Hintergrund lasse ich den Mann in mir so hart arbeiten, dass die Frau in mir automatisch verdrängt und nicht voll zum Ausdruck gebracht wird, denn sie ist zu sehr auf der Hut und überdies damit beschäftigt, den Mann in mir anzutreiben. Als Jugendliche kritisiere ich Jungen in meinem Alter viel, weil sie meiner Meinung nach sehr unreif sind. Ich fühle mich zu Jungen hingezogen, die einige Jahre älter sind als ich.

Sobald ein Aspekt unserer selbst nicht akzeptiert wird, gerät der entgegengesetzte Aspekt aus dem Gleichgewicht. Solange ich zum Beispiel meinen nachlässigen Aspekt nicht akzeptierte, war mein ordentlicher Aspekt sehr kontrolliert. Ebenso verhält es sich mit den weiblichen und männlichen Aspekten in uns. Oft habe ich mir selbst etwas vorgemacht.

Ich dachte, „So bin ich", aber in Wirklichkeit brachte ich das genaue Gegenteil zum Ausdruck. Ich war stets die Letzte, die es merkte. Ich verleugnete zwar meine Sexualität, kleidete mich aber so, dass ich für Männer attraktiv war.

Dieses Phänomen ist leicht überall zu beobachten. **Jemand sieht sich selbst auf eine bestimmte Art und Weise, und alle um ihn herum merken, dass er nach außen das Gegenteil zeigt**. So etwas ist immer ein Zeichen dafür, dass ein Aspekt nicht akzeptiert wird, also dass die Person Kontrolle ausübt. Mit der Botschaft der Menstruation sagt mir mein Körper auch, dass meinem Leben als Frau die Freude fehlt. Jedes Problem im Zusammenhang mit Blut deutet auf einen Mangel an Freude hin.

Als ich elf Jahre alt bin, setzt meine Menstruation ein. Gleichzeitig lässt meine Sehkraft nach, und ich werde sehr schnell kurzsichtig. Mein Körper sagt: „Hör doch auf, dich vor deiner Zukunft als Frau zu fürchten!" Nach Einsetzen der Menstruation ist kein Zweifel mehr möglich: Ich werde zur Frau, und das ist eine Tatsache, die zu akzeptieren mir – unbewusst natürlich – schwerfällt. Rückblickend sind all diese Botschaften klar und einfach zu interpretieren. Mit elf ist die Vorstellung, eine Frau zu sein, zusätzlich zu all dem, was ich vom Mann in mir verlange, nicht allzu angenehm. Ein guter Grund, noch mehr ein Junge sein zu wollen!

Sogar dem Optiker, der mich heute (1991, Anm. d. Red.) seit fast dreißig Jahren begleitet, ist aufgefallen, dass bei der großen Mehrheit der Mädchen, deren Augen er untersucht, beides zeitgleich eintritt. Er weiß, dass ein Zusammenhang zwischen Menstruation und Kurzsichtigkeit besteht, kann ihn aber nicht erklären. Das erwähnt er beim Untersuchen meiner Tochter, bei der sich dasselbe Phänomen gezeigt hat. Da Kurzsichtigkeit verhindert, dass man in die Ferne sehen kann, sagt mir mein Körper damit: „Du willst dein zukünftiges Leben als Frau nicht sehen. Gut, ich komme deinem Wunsch entgegen. Ich sorge dafür, dass du nur dein gegenwärtiges Leben siehst." In Wirklichkeit **will mein innerer GOTT mir helfen, wieder den Weg der Liebe zum Leben einzuschlagen, statt auf dem der Angst zu bleiben.**

Im Alter von einundvierzig Jahren verstärkt sich die Botschaft der Augen. Ich habe eine schwere bakterielle Infektion im linken Auge. Zu jener Zeit bin ich für *Belkraft International* tätig. Zehn Tage verbringe ich im Krankenhaus. Man isoliert mich, weil die Ärzte fürchten, dass die Bakterien ansteckend sind. Ich bin überzeugt, dass meine letzte Stunde geschlagen hat. Die Schmerzen sind so stark, dass ich nicht schlafen kann. Kaum gelingt es mir, kurz einzudösen, kommt schon wieder jemand in mein Zimmer und spritzt mir Antibiotika direkt in die Augen. Diese Behandlung wiederholt sich stündlich. Auch intravenös erhalte ich Antibiotika. In meinem Krankenzimmer herrscht Tag und Nacht „Durchgangsverkehr", das Licht wird jede Stunde angeknipst. Die Jalousien sind stets geschlossen, weil ich die Sonne und das Tageslicht nicht ertrage. Es ist ein pausenloses Kommen und Gehen in meinem Zimmer: stündliche Antibiotika-Injektionen, Puls- und Temperaturmessungen, Mahlzeiten, Zimmerreinigung …

Außerdem muss ich mich weiterhin um *Belkraft*-Angelegenheiten kümmern. Deswegen habe ich für meine Schwester, die meine Sekretärin ist, eine Sondergenehmigung erhalten, dass sie mich jeden Tag besuchen darf. Sie bringt mir die Post und erhält von mir Anweisungen für den Tag. Weder sie noch ich waren auf einen so langen Aufenthalt im Krankenhaus vorbereitet. Das Ganze fällt in die Woche unserer Ausstellung beim *„Salon de la Bonne Bouffe"* („Messe des guten Essens"). Viele Entscheidungen müssen in letzter Minute getroffen werden, und meine Schwester hat noch nie eine solche Ausstellung organisiert.

Jeden Tag kostet es mich übermenschliche Anstrengungen, diese Arbeit zu tun. Mein Arzt ist wütend. Er will nicht, dass ich gestört werde, geschweige denn, dass ich arbeite. Er fürchtet, dass die Bakterien auch das andere Auge befallen. Ich höre nicht auf ihn, mache, was ich will. **Meine Verpflichtungen haben Vorrang vor allem anderen. Ich verlange mir selbst sehr viel ab.**

Als ich nach zehn Tagen das Krankenhaus verlasse, ist mein Nervensystem völlig zerrüttet. Schon eine winzige Kleinigkeit regt mich furchtbar auf. Körperlich ist es die härteste Erfahrung, die ich je gemacht habe. Es ist eine weitere Botschaft meines inneren GOTTES – aber was für eine diesmal! Es ist höchste Zeit für mich, zu erkennen, dass ich andere Dinge im Leben zu tun habe als meine damalige Arbeit. Seit einigen Monaten fühle ich mich nicht mehr so wohl damit wie vorher. Ich bin weniger glücklich. **Oberflächlich betrachtet, ist alles in Ordnung, aber ich habe trotzdem das Gefühl, dass etwas fehlt.** Vieles will ich nicht sehen. Ich kann mir nicht vorstellen, etwas anderes zu tun. Meine kontrollierende Persönlichkeit wird immer dominanter. Ich funktioniere hauptsächlich mit dem Mann in mir. Ich arbeite nur mit Männern. Ich lebe in einer Männerwelt, und ich bin einer davon. Das ist das Universum, in dem ich mich schon seit drei Jahren bewege. Ich bin eine von nur zwei Frauen, die bei *Belkraft* auf regionaler Ebene beschäftigt sind.

Da es um mein linkes Auge geht, ist also meine weibliche Seite betroffen, die fragt: „Wirst du dich jetzt endlich für die Frau in dir öffnen? Wann willst du endlich deiner Intuition, deinen Wünschen folgen? Hör endlich auf, diesem Ideal eines Mannes, das du dir selbst vorgegeben hast, entsprechen zu wollen. Du kannst es unmöglich erreichen. Du verlangst zu viel von dir und vernachlässigst dabei die Frau in dir!" Die Botschaft ist zwar sehr heftig, aber ich weiß trotzdem nicht, was sie bedeutet. Ich habe noch keine Ahnung von metaphysischen Botschaften. Selbst der Arzt wendet sich in dieselbe Richtung wie mein innerer GOTT. Er bestimmt, dass ich eine Ruhezeit von mindestens zwei Monaten einhalten soll. Doch ich höre nicht auf seinen Rat. Sobald ich aus dem Krankenhaus komme, mache ich mich sofort wieder an die Arbeit. Ich heuere jemanden an, der mein Auto fährt, weil ich nur mit einem Auge sehen kann.

Da ich die Botschaft noch nicht verstanden habe, müssen meine geistigen Führer Träume einsetzen, um mich endlich zu erreichen. Im Frühjahr 1982 habe ich den prophetischen Traum, der mich zu *Écoute Ton Corps* führt. Das erste Mal in meinem Leben ist ein Traum so beeindruckend, dass ich jeden Tag daran denken muss. Je mehr die Vorstellung, Kurse zur persönlichen Weiterentwicklung zu unterrichten, in mir Gestalt annimmt, desto schneller heilt mein Auge. Der Arzt ist erstaunt. Ihm zufolge hätte ich angesichts der Tatsache, dass die Hornhaut durch Bakterien komplett zerstört war, etwa sechs Monate nach Abheilung der Wunde eine Transplantation erhalten müssen.

Die Ereignisse rund um diesen Vorfall grenzen von Anfang an beinahe an ein Wunder. Die Infektion beginnt auf einer *Belkraft*-Konferenz im Süden Ontarios, etwa zehn Autostunden von meinem Zuhause entfernt. Ich bin nicht imstande, mit dem Auto zurückzufahren, weil ich starke Schmerzen habe. Mein Auge brennt immer stärker. Am Abend meiner Ankunft begebe ich mich sofort in die nächstgelegene Klinik, und der Arzt gibt mir Tropfen und sagt, es sei nur eine leichte Infektion. Am nächsten Morgen, nachdem ich kaum geschlafen habe, schreit eine kleine innere Stimme ganz laut, ich müsse ins Krankenhaus. Das ist bei mir überraschend, weil es mich normalerweise nicht zu Krankenhäusern oder Medikamenten hinzieht.

Meine Schwester erklärt sich bereit, mich in die Klinik zu fahren, und ich erfahre, dass das von mir gewählte Krankenhaus dasjenige mit den besten Augenspezialisten ist. **WOW! Genau das bedeutet es, von meinem inneren GOTT geführt zu werden!** Der Arzt erklärt mir, dass diese Bakterien, die sich rasant vermehren, mein Auge zerstört hätten, wenn ich nur noch einen Tag länger gewartet hätte. Als ich wieder zu Hause bin, verschreibt er mir drei verschiedene Medikamente, die ich täglich einnehmen soll. Nach zwei Wochen spüle ich sie schließlich die Toilette hinunter. Ich weiß noch nicht, dass der Körper durch Krankheiten spricht, aber ich glaube sehr an die Macht des Unterbewusstseins. Also spreche ich zu meinem Körper und sage: „Das Schlimmste ist geschafft, die Ärzte haben die Bakterien gestoppt, jetzt tu du den Rest, lieber Körper, heile dich selbst, ich vertraue dir!" **Damals weiß ich es noch nicht, aber in Wirklichkeit spreche ich mit meinem inneren GOTT.**

Ich gehe jedoch weiterhin einmal im Monat zu meinem Arzt, um mir bestätigen zu lassen, dass mein Körper seine Arbeit tut. Mein Fall ist außergewöhnlich. Der zuständige Arzt der Augenabteilung hat seine kleine Truppe von Assistenzärzten um sich, als er mich untersucht. Sie sind alle froh zu sehen, wie schnell die Heilung voranschreitet, denn sie hatten sogar die Sorge, dass die Infektion auf das andere Auge überspringen könnte. Ich habe ihnen nie gesagt, dass ich die Medikamente abgesetzt habe. Das wäre für mich ein Akt des Hochmuts gewesen. Der Arzt hat nie erfahren, warum ich die Hornhauttransplantation abgelehnt habe. Nach drei Monaten habe ich meine Besuche bei ihm eingestellt.

Heute bin ich nicht einmal mehr kurzsichtig auf dem linken Auge. Zurückgeblieben ist nur ein dünner Schleier auf der Hornhaut, der verhindert, dass mein Sehvermögen vollkommen ist. Wenn ich in der Sonne bin, verschwindet dieser Schleier jedoch ganz. Ich merke, dass ich seither viel offener für meine weibliche Intuition bin. Deshalb hat sich die Kurzsichtigkeit in diesem Auge selbst geheilt. Ich höre viel mehr auf meine Intuition, ohne sie zu analysieren. Ich konnte auch die Verbindung zu dem herstellen, was ich in einem früheren Leben mit meinem Geschäftspartner erlebt habe. In diesem früheren Leben hatte ich mir in genau demselben Alter das linke Auge ausgestochen – mit dem Unterschied, dass ich mein Verhalten im vorherigen Leben nicht geändert habe. Deshalb musste **ich zurückkommen und die gleiche Erfahrung machen, um sie dieses Mal jedoch zu überwinden.**

Auf dem rechten Auge bin ich immer noch kurzsichtig, und ich muss eine Brille tragen, um in die Ferne zu sehen (1991, Anm. d. Red.). Ich brauche sie vor allem zum Fahren und wenn ich Kurse gebe und Vorträge halte. Es ist wichtig, dass ich die Augen der Menschen sehe. Mein Körper weiß, dass ich eines Tages dahin gelangen möchte, mich von meinen Zukunftsängsten befreien zu können, und zwar so weit, dass ich die Kurzsichtigkeit schließlich vollständig überwinde. **Ich gebe mir die nötige Zeit, dorthin zu gelangen.** Die Tatsache, dass ich eine Brille tragen muss, erinnert mich daran, dass ich Hilfe von außen brauche, um besser zu sehen – im wahrsten Sinne des Wortes. Im Inneren weiß ich, dass diese Kurzsichtigkeit im rechten Auge, die mit meiner männlichen Seite zusammenhängt, heilen wird. Es wird an dem Tag geschehen, an dem ich den Mann in mir voll und ganz annehme, mit allem, was damit einhergeht.

Aber gehen wir noch einmal zurück. Zu Beginn meiner Ehe habe ich mehrere unerklärliche Fehlgeburten. Ich unterziehe mich allen möglichen Untersuchungen, um die Ursache herauszufinden. Mein Arzt erklärt mir, bei mir bestünde ein Mangel an weiblichen Hormonen. Er bittet mich, ihm Bescheid zu sagen, sobald meine Periode ein paar Tage verspätet ist. Dann gibt er mir eine hohe Dosis Hormone, die ich einnehmen soll. Ich schließe daraus, dass die Fehlgeburten auch damit zusammenhängen, dass mein männliches Prinzip stärker ist als mein weibliches Prinzip.

Die drei Kinder, die ich ausgetragen habe, sind ohne Probleme zur Welt gekommen. Interessanterweise wurden meine beiden Jungen zwei Wochen nach dem vom Arzt festgesetzten Termin geboren. Sie hatten es nicht eilig, auf die Welt zu kommen, und haben bestimmt gespürt, dass ich das Männliche nicht akzeptierte. Ich erinnere mich, dass diese Wochen der Verzögerung mir beide Male sehr lang erschienen. Ich habe mit den Babys geredet, sie angefleht, zur Welt zu kommen, und die Geduld verloren. Sie kamen genau dann zur Welt, als *sie* es wollten. Ich hatte keine Kontrolle. Bei meiner Tochter war es das Gegenteil: Sie wurde genau an dem von mir gewünschten Datum geboren. Nichts ist dem Zufall überlassen. Alles ist dazu da, uns fortwährend zu helfen, dass wir uns selbst erkennen, aber leider sind wir außerstande, uns alles gleichzeitig bewusst zu machen. **Unser innerer GOTT kennt die Geschwindigkeit, mit der wir vorangehen können, und diesen Rhythmus müssen wir akzeptieren.**

In den letzten Jahren (aus der Sicht von 1991, Anm. d. Red.) habe ich zudem ein weiteres körperliches Phänomen bemerkt. Schon seit meiner Teenager-Zeit ist meine linke Brust größer als meine rechte, fast doppelt so groß. Je mehr ich mir der Bedürfnisse des Mannes in mir bewusst werde, umso mehr ist meine rechte Brust gewachsen, bis sie schließlich die Größe der anderen Brust erreicht hat. Ich kann dieses Phänomen nicht näher erklären, aber ich bin überzeugt, dass ein unmittelbarer Zusammenhang zwischen der Größe meiner Brüste und dem Mann und der Frau in mir besteht. Da die Brust mit der mütterlichen Seite und die rechte Körperhälfte mit dem männlichen Prinzip verbunden ist, „bemuttere" ich vielleicht den Mann in mir mehr, wenn ich weniger anspruchsvoll bin.

Nach der Geburt der Kinder habe ich zunehmend auch Probleme mit der Leber. Die Leber ist die Heimat der unterdrückten Wut. Ich bin oft wütend, weil die Dinge nicht entsprechend meinen Erwartungen laufen. Fast immer jedoch unterdrücke ich meine Wut, weil der vernünftige Teil von mir sagt, Wut zu empfinden, sei nicht in Ordnung. Wenn ich mich aufrege, ist das zudem schwierig für mich, weil ich mich anschließend wieder „abregen" muss. Ich glaube aber, mich abzuregen bedeute, ich müsse zugeben, dass die andere Person im Recht ist, und dieses Eingeständnis weckt in mir die Angst, die Kontrolle zu verlieren. Zwei Überzeugungen, die mir nicht guttun, bilden also die Wurzel des Problems.

Bei all dieser verdrängten Wut habe ich überdies seit mehreren Jahren Halsschmerzen und Kehlkopfentzündungen. **Wenn wir eine Botschaft nicht verstehen wollen, findet unser innerer GOTT eben andere Wege, um zu uns zu sprechen.** Oft hängen mehrere Krankheiten und Beschwerden zusammen. Wenn wir uns daher von einer Überzeugung befreien, kann das manchmal gleich mehrere Probleme auf einmal beseitigen. Mein innerer GOTT sagt mir, es sei gut für mich, das zu äußern, was ich zu sagen habe, ohne andere anzuklagen oder sie verändern zu wollen. **Ich muss nur die Liebe in dem sehen, was ich von anderen höre.** Halsschmerzen treten oft auf, wenn jemand uns etwas sagt, das uns nicht passt, und wir ihn oder sie dann innerlich kritisieren, statt offen zu äußern, was in uns vorgeht. Der Zorn wird verdrängt. Oft vergessen wir, die Motivation der anderen Person, ihre jeweilige Sicht der betreffenden Lebenssituation, in den Blick zu nehmen.

Bei unseren wöchentlichen Treffen macht mein Geschäftspartner manchmal Bemerkungen über meine Arbeitsweise. Er sagt mir oft, wenn es *Écoute Ton Corps* finanziell nicht gutgeht, dann deswegen, weil mit mir etwas nicht stimme, und ich solle mich ändern. Ich bin sehr wütend und denke, dass es nicht recht von ihm ist, mir das an den Kopf zu werfen, ohne mir eine Lösung vorzuschlagen. Auf meine Frage, ob er das Problem genauer benennen könne, antwortet er, es liege bei mir, das herauszufinden. Ich fühle mich herabgesetzt und werfe ihm innerlich vor, dass er mir das Gefühl vermittelt, minderwertig, nicht gut, unzulänglich zu sein. **Ich will nicht einmal zugeben, dass er das Echo dessen ist, was ich selbst über mich denke.**

Gleichzeitig fühle ich mich schuldig, dass ich das Problem nicht identifizieren kann. Aber ich kann meinem Geschäftspartner gegenüber einfach nicht ausdrücken, wie ich mich fühle, und fahre frustriert nach Hause. So viele Halsentzündungen treten nach unseren Treffen auf! Mein Körper rät mir, daran zu denken, dass mein Partner nur das Beste für *Écoute Ton Corps* will und einfach nur nicht weiß, mit welchen Worten er es mir sagen soll. Nicht deswegen, weil er mich nicht mag, spricht er so mit mir, ganz im Gegenteil! Ich kritisiere und ärgere mich über ihn, weil ich mit der Art und Weise, wie er mir das sagt, nicht einverstanden bin. Sogar die Art und Weise, wie andere mit mir reden, will ich kontrollieren. Doch andere in diesem Ausmaß zu kontrollieren, ist unmöglich! Mein innerer GOTT mahnt mich, meinem Partner mit mehr Liebe und Verständnis zuzuhören und nicht mehr nur alles nach meinem Geschmack haben zu wollen. Als ich meine Botschaft schließlich verstehe, verschwinden die Halsschmerzen. Wenn sie zurückkehren, dann nur, weil ich wieder zu „verkopft“ bin.

Unsere körperlichen Beschwerden lehren uns immer etwas auf der Ebene der Liebe. Unser innerer GOTT bringt uns dazu, zu erkennen, dass wir den göttlichen Gesetzen der Liebe nicht gehorchen. Halsschmerzen haben auch etwas mit Kreativität zu tun – aufgrund der berühmt-berüchtigten Kontrolle halten wir uns oft auch zurück, sodass wir unser Leben nicht wirklich so gestalten können, wie es für uns vorteilhaft wäre.

Meine Neigung, mich zurückzuhalten und zu kontrollieren, führt zudem nicht nur zu Halsschmerzen, sondern manifestiert sich körperlich auch als Verstopfung. Bei anderen Menschen staut sich eher Flüssigkeit im Gewebe an, sodass es zu Schwellungen kommt. Viele andere Krankheiten hängen ebenfalls mit Kontrolle zusammen. Mein Körper sagt mir ganz einfach, dass **es gut wäre, loszulassen und mich von meinen alten Vorstellungen zu verabschieden.** Meine Werte und Überzeugungen sind jedoch so stark, dass ich sicher bin, im Recht zu sein. Also weigere ich mich, loszulassen. Sobald jemand meine Art zu denken oder zu handeln – also meine Überzeugungen und Glaubenssätze – infrage stellt, akzeptiere ich es nicht. Ich tue alles, um die betreffende Person davon zu überzeugen, meine Sichtweise zu akzeptieren, anstatt zuzuhören, was sie mir sagen will. **Ich bin nicht offen genug für die Ideen anderer.** Heute ist das deutlich anders. Gelegentlich macht sich die Verstopfung zwar noch bemerkbar, aber das hält nicht lange an, denn ich achte sofort auf die Botschaft.

Als ich bei meiner *Tupperware*-Tätigkeit sehr aktiv bin, tun mir oft die Beine weh. Der Arzt sagt, es sei beginnendes Rheuma. Einem anderen Arzt zufolge ist es Arthritis. Doch mein Körper sagt mir: „Benutz deine Beine, um mit Freude voranzugehen, und nicht dazu, dich vorwärtszuzwingen!" Ich habe die Einstellung, ich müsse alles allein tun, um im Leben weiterzukommen, denn ich könne mich auf niemanden verlassen, nicht einmal auf meinen Mann. Wenn unsere Motivation im Leben „Es muss sein" ist, wird alles schwer: Genau das spüre ich in den Beinen, eine große Schwere!

Hinter dieser Einstellung verbirgt sich auch eine unbewusste Angst. Mich motivierte damals die Angst, was später aus mir werden könnte, wenn ich jetzt nicht aktiv genug wäre. Heute (1991, Anm. d. Red.) bin ich aktiver denn je, aber meine Motivation ist nicht mehr dieselbe. Ich habe solche Beinbeschwerden überhaupt nicht mehr, weil mich inzwischen alles, was ich dadurch lerne, dass ich aktiver bin, motiviert. Ich entscheide mich, aktiver zu sein, denn ich weiß, je mehr ich mein Potenzial praktisch umsetze, umso mehr entdecke ich GOTT.

Ein weiteres Anzeichen für fehlende Freude sind Krampfadern. Ich habe bereits erwähnt, dass jegliches Blutproblem mit fehlender Lebensfreude zusammenhängt. **Eine gute Methode, wieder zur Freude zurückzufinden, besteht darin, kindlicher zu sein, weniger vernünftig, spontaner, die Dinge nicht so ernst zu nehmen.** Inzwischen habe ich fast keine Krampfadern mehr. Sie verschwinden allmählich, jedes Jahr mehr. Ein weiterer Beweis, dass der Körper wunderbar ist! Wenn man auf den Volksglauben hört, bekommen Frauen mit zunehmendem Alter angeblich mehr Krampfadern. Ich habe beschlossen, das nicht zu glauben!

Auch Migräne hatte ich regelmäßig. Diese Botschaft bezieht sich auf die Macht, unser Leben zu gestalten. Wenn wir

Migräne haben, liegt das daran, dass wir nicht so in unserem „Ich bin" sind, wie wir sein sollten. Migräne hat mit unserer wahren Individualität zu tun. Wir „zerbrechen uns den Kopf" und hören währenddessen nicht auf unseren inneren GOTT. Wir setzen Energie an der falschen Stelle ein. Wir vergessen, unser Leben so zu gestalten, wie wir es uns wünschen. Kopfschmerzen habe ich immer dann, wenn ich mich innerlich selbst zerfleische, mich für etwas kritisiere. So hilft mir mein innerer GOTT dabei, dass mir dieses Kritisieren bewusst wird, damit ich es beende. **GOTTES Wille ist, dass wir uns selbst lieben, auch wenn wir nicht immer unseren Erwartungen entsprechen.** Heute habe ich keine Migräne mehr, nur noch gelegentlich Kopfschmerzen.

Ebenso wie mein Vater, habe auch ich viele Jahre lang einen Schiefhals (Torticollis) gehabt. Zuerst sage ich mir, es sei erblich bedingt, ich sei eben wie mein Vater. Da es bei Torticollis schwierig ist, den Hals von links nach rechts zu drehen, lautet die Botschaft meines Körpers: „Ich gebe dir zu verstehen, dass du im Moment nur das sehen willst, was dir passt. Du bist zu starr. Du willst nicht alle Aspekte der Situation sehen. Erkennst du, dass diese Einstellung dich hemmt und dir schadet?" Diese Halssteife trat dann bei mir auf, wenn mir klar wurde, dass ich in einer bestimmten Situation meine Einstellung ändern musste, mich aber weigerte. Ich tat so, als sähe ich nichts, um die Änderung hinauszuzögern. Eine weitere angstbasierte Einstellung!

Bei einem schmerzenden Hals ist es auch interessant zu beobachten, ob es wehtut, verneinend den Kopf zu schütteln oder bejahend zu nicken. Wenn das Kopfschütteln wehtut, sagt uns der Körper, dass wir Schwierigkeiten haben, in einer Situation oder zu jemandem Nein zu sagen. Es wäre jedoch in unserem besten Interesse, Nein zu sagen, ohne uns Vorwürfe zu machen, ohne uns schuldig zu fühlen. Dasselbe gilt für das Jasagen.

Mehrere Jahre lang hatte ich oft Krämpfe in den großen Zehen, in den Füßen, Waden und Oberschenkeln. Das sagte mir, ich solle aufhören, mich so sehr festzuklammern, und loslassen. **Ich habe viele Botschaften, die mir sagen, ich solle loslassen, selbstbewusster sein, weniger Angst haben.** Interessant ist, dass mein Körper mir zwar sagt, ich hätte unbewusste Ängste, ich aber gleichzeitig ehrlich davon überzeugt bin, nicht ängstlich zu sein. Ich verhalte mich wie ein tapferer Mensch, weil ich Mut habe.

Eine weitere sehr aufschlussreiche Botschaft in meinem Leben ist die Vaginitis (Entzündung der Vaginalschleimhaut), die ich während der fünfzehn Jahre meiner ersten Ehe immer wieder hatte – mindestens zweimal im Jahr. Ich komme vom Arzt zurück mit einem Rezept für Antibiotika und der Empfehlung, mindestens zehn Tage lang keinen Geschlechtsverkehr zu haben. Für mich ist das ein wunderbares Problem! Es ist eine Art unterbewusster Weg, den Sex zu reduzieren, den ich so sehr fürchte. Die wiederkehrende Vaginitis ist auch eine Folge all der Wut, die in mir begraben ist und mit meiner unterdrückten Sexualität zusammenhängt. Ich habe oft Schuldgefühle, weil mir bis zu einem gewissen Grad bewusst ist, dass ich Sex als Tauschmittel benutze. Ich mag mich zwar nicht in dieser Rolle, aber ich will so sehr die Kontrolle haben und mich nicht gehenlassen, dass ich nicht aufhöre, mich so zu verhalten. Hier haben wir das Beispiel einer Krankheit, die ein Geschenk mit sich bringt. Ein guter Grund, dafür zu sorgen, dass sie bestehen bleibt!

Ein solches Verhalten ist mir bei vielen Menschen aufgefallen. Anstatt eine ungünstige Einstellung zu ändern, werden wir lieber krank, um unsere Ziele zu erreichen. Die

Vaginitis hörte schlagartig auf, als ich meinen ersten Mann verlassen habe. Ich hatte anschließend, in den Jahren nach meiner Trennung, zwar andere sexuelle Schuldgefühle, war mir dessen aber bewusst! Deshalb brauchte mein physischer Körper es mir nicht zu sagen. Es war eher der Emotionalkörper, dem es nicht gutging.

Während der letzten zwei Jahre meiner Geschäftsbeziehung schmerzt mein rechter Ellenbogen. Direkt über dem Knochen habe ich plötzlich stechende Schmerzen. Schließlich finde ich heraus, dass dieser Schmerz auf die Angst zurückzuführen ist, in einer neuen Situation stecken zu bleiben. Genauso wie der Ellenbogen uns hilft, den Arm zu beugen, um jemanden zu umarmen, weist uns ein schmerzender Ellenbogen auf der metaphysischen Ebene darauf hin, dass wir Schwierigkeiten haben, eine neue Situation zu „umarmen". Diese Schwierigkeit wurzelt in unserer Einstellung, nicht in der Situation im Speziellen. Je mehr mein Geschäftspartner darauf beharrt, ich müsse etwas an mir ändern und transformieren, damit *Écoute Ton Corps* sich erneuert und floriert, umso mehr Angst macht es mir. Ich sträube mich gegen ihn, bin nicht offen für das, was er mir sagt. Ich bin zu sehr damit beschäftigt, ihn zu kritisieren. Das Schmerzsignal ist für mich sehr nützlich.

Gelegentlich meldet es sich erneut, und ich bin sehr dankbar dafür. Dadurch werden mir Zweifel an einem neuen Vorhaben deutlicher bewusst. Wenn ich weiß, dass ich Angst habe, fällt es mir leichter zu prüfen, ob meine Ängste begründet sind oder nicht. Ich weiß jetzt, dass **meine Ängste mir manchmal sagen, dass ich zu schnell vorgehen will oder dass mein Vorhaben meine derzeitigen Grenzen überschreitet.** So kann ich eine bessere Entscheidung für mich treffen. Wenn meine Ängste unbegründet sind, sagt mein Ellenbogen: „Nur zu, umarme diese neue Situation vertrauensvoll, lass dich darauf ein." Dein innerer GOTT ist immer bei dir, um dich zu leiten.

Als eine Frau, die Herausforderungen braucht, muss ich in meinem Leben viele Entscheidungen treffen und Risiken eingehen. Wenn ich zögere und an mir selbst, an meinem inneren GOTT zweifle, setzt mein Körper oft Zahnschmerzen ein, um mir das zu zeigen. Mein Mund ist praktisch voller Zahnfüllungen, die sich im Laufe der Jahre angesammelt haben. Ich bin froh, dass ich keine neue Karies mehr habe, seit ich über die metaphysische Bedeutung von Zahnschmerzen Bescheid weiß. Früher hatte ich sie regelmäßig, jedes Jahr. Sobald sich Zahnschmerzen einstellen, nehme ich mir eine Pause und wende mich nach innen, um zu sehen, welche Entscheidung mir Angst macht. **Wie immer, hilft mir mein innerer GOTT, von der Angst zum Vertrauen überzugehen.**

Eine große Botschaft, die ich empfangen habe, sind Rückenschmerzen. Über fünfzehn Jahre habe ich sie ununterbrochen. Sie setzen bei meiner ersten Heirat ein und hören auf, als ich meine innere Entwicklung angehe. Das ist nicht verwunderlich bei der Einstellung, mir alles selbst auf den Rücken zu laden und mich aus Mangel an Vertrauen nicht von meinem Mann und meinen Kindern unterstützen zu lassen. Hätte mir jemand gesagt, dass ich eine solche Einstellung habe, dann hätte ich geantwortet: „Ich kann nichts dafür, das ist eben meine Pflicht. Mir bleibt kaum die Wahl, jemand muss sich schließlich um alles kümmern. Wenn ich das nicht mehr täte, was würde dann aus der ganzen Familie, frage ich mich? Ein Glück, dass ich da bin!" Ich habe das damals zwar nicht gesagt, aber gedacht. Rückenschmerzen entstehen bei Menschen, die sich nicht (unter-)stützen lassen und meinen, für das Glück und den Erfolg anderer unentbehrlich zu sein.

Zudem glaubt derjenige auch, die Wahrheit für sich gepachtet zu haben – und klagt darüber, dass er zu viel „auf dem Buckel" hat und gern Hilfe und Unterstützung hätte.

Mit der Haltung, dass alles nach unserem Willen gehen soll, kommt es nach einer Weile schließlich dazu, dass die Menschen unserer Umgebung uns nicht mehr helfen wollen und uns mit der Einstellung gegenübertreten: „Du willst es immer auf deine Art? Dann mach es doch selbst." Im Grunde haben sie recht. Es ist sehr frustrierend, jemandem eine Stütze sein zu wollen, der das nicht will. Die Rückenschmerzen verschwinden, wenn wir entweder die Hilfe anderer so annehmen, wie diese sie uns geben wollen, oder aber wenn wir das, was speziell nach unserem Willen geschehen soll, selbst tun – ohne zu klagen.

Meine körperlichen Botschaften weisen mich darauf hin, dass ich mehrere Aspekte von mir nicht sehen will, das ist leicht zu erkennen. Ich muss mich also zwingen, nach außen hin genau gegenteilig zu wirken. So werde ich kontrollierend und kritisch. **Die Art und Weise, wie ich kritisiere, zeigt mir, in welchem Maße ich mich selbst akzeptiere.** Da ich oft und in vielen Bereichen kritisiere, ist es offensichtlich, dass ich mich selbst noch nicht besonders akzeptiere.

So gehe ich auch mit anderen um. Niemand entgeht dem, ich kritisiere überall und alle. Als Kursteilnehmerin nehme ich den Lehrer genau unter die Lupe. Wenn ich nicht gerade seine Kleidung oder seine Sprechweise kritisiere, dann seine Fehler an der Tafel, die mir aufgefallen sind. Wenn ich in ein Restaurant gehe, schaue ich mir alle Leute an den anderen Tischen an, kritisiere sie und urteile über sie, ohne sie zu kennen. Wenn ich nach Hause komme, ist es nicht anders. Sobald ich zur Tür hereinkomme, fange ich an. Mein Mann und die Kinder kommen abwechselnd dran. Während der Jahre, in denen ich eine Haushälterin habe, gefällt mir nicht, wie sie ihre Arbeit erledigt. Ich habe immer etwas an ihr zu kritisieren. Die meisten dieser Kritikpunkte äußere ich jedoch nicht verbal. Ich behalte sie für mich. Wenn ich mich jedoch entschließe, sie zu äußern, kommen sie einem anklagenden Ton heraus, weil ich mich vorher so lange zurückgehalten habe. Bei der Arbeit möchte ich zwar lernen, Aufgaben zu delegieren, aber ich will so sehr, dass alles nach meinen Vorstellungen abläuft, dass ich das nicht schaffe.

Menschen, die Schwierigkeiten mit dem Delegieren haben, gehören ausnahmslos zu denen, die schnell kritisieren – eben wegen ihrer Erwartungen. **Es ist aber so schön, delegieren zu können!** Seit ich es gelernt habe, finde ich es erstaunlich, dass andere etwas an meiner Stelle erledigen können. Jetzt weiß ich: Auch wenn sie nicht genauso vorgehen wie ich, können sie trotzdem wunderbare Ergebnisse erzielen.

Sehr geholfen hat mir auch, als ich akzeptieren konnte, dass andere die von mir kreierten Kurse auf ihre jeweils eigene Art und Weise unterrichten. Ich bilde meine eigenen Kursleiter aus und verfolge genau, was sie tun. In regelmäßigen Abständen werden Videos aufgenommen, und wenn ich ihnen zuschaue, merke ich, dass sie den Stoff nicht so erklären wie ich, aber ich sage mir: „Das ist schon in Ordnung! Solange sie nur anderen helfen, sich selbst mehr zu lieben, denn darauf kommt es letztendlich an." Ich korrigiere sie nur dann, wenn ich das Gefühl habe, dass sie nicht die Vorstellung wahrer Liebe vermitteln. Weil ich sie akzeptiere, sind die Rückmeldungen gut. Ich halte überall Vorträge, und Menschen kommen auf mich zu und sagen, wie gut ihnen diese Kursleiterin oder jener Kursleiter gefallen hat. Am Anfang, als ich noch Schwierigkeiten hatte, zu akzeptieren, dass der Stoff nicht immer in meinem Sinne gelehrt wurde, wurde mir das zurückgespiegelt. Kursteilnehmer kamen zu mir und sagten: „Es hätte uns besser gefallen, wenn du den Kurs selbst abgehalten hättest, denn die Kursleiterin fanden wir nicht so gut!" Zu solchen Situationen kam es, weil ich noch nicht losgelassen hatte.

Erst seit ein paar Jahren ist mir bewusst, dass ich mich selbst immer genauso kritisiert habe wie andere – noch etwas, das ich zwar vom Verstand her wusste, aber noch nicht verinnerlicht hatte. **Welch ein Unterschied es doch ist, ob wir etwas nur mit unserem Intellekt erfassen oder tief aus dem Bauch heraus wissen und innerlich spüren! Ich wusste, dass unser Verhalten gegenüber anderen ein Spiegelbild unserer inneren Einstellung ist.** Doch in Bezug auf Kritik habe ich die Verbindung nicht hergestellt. Ich hatte den Eindruck, dass ich mich selbst liebte, mir meiner selbst sicher war, mein volles Potenzial kannte. Ich wusste nicht, dass Selbstliebe bedeutet, mich auch dann zu akzeptieren, wenn ich nicht immer meine besten Eigenschaften zum Ausdruck bringe.

Heute nehme ich meine kritische Seite zunehmend an. Wenn ich mich dabei ertappe, dass ich andere oder mich selbst kritisiere, ist das zwar nicht das, was mir am liebsten ist, aber zumindest fällt es mir leichter, es zu akzeptieren. Es hilft mir zu sehen, dass ich immer noch Erwartungen habe. Diese Erwartungen sind jedoch in der Regel durch meinen Wunsch motiviert, für mein Gegenüber oder mich selbst etwas Gutes zu bewirken. Ich tröste mich mit dem Wissen, dass hinter meiner Kritik Liebe steht. Ich brauche einfach mehr Zeit, bis ich in der Lage bin, alles frei von Erwartungen akzeptieren zu können. Die Kritik, die mir emotional und körperlich am meisten schadet, ist die, die ich ausübe, wenn ich mich überlegen fühle und die andere Person herabsetze.

Nach meinen Beobachtungen ist das, was Menschen am meisten beeinträchtigt und ihnen die meisten körperlichen Beschwerden verursacht, Kritik, Wut, Groll, Hass und Schuldgefühle. Kritik macht uns hart, Wut bringt uns zum „Kochen" und verursacht Infektionen, Groll und Hass zerfressen uns innerlich, und Schuldgefühle bewirken, dass wir nach einer Bestrafung streben, zum Beispiel nach einem Unfall oder nach Schmerzen, welcher Art auch immer. Krankheit ist der Kampf zwischen Herz und Kopf.

Ein solcher Kampf zwischen Herz und Kopf weist auch auf eine bestehende Rivalität zwischen dem weiblichen und dem männlichen Prinzip in uns hin. Beide wollen nichts weiter, als in Harmonie leben. **Der Kopf muss im Dienst des Herzens stehen, nicht umgekehrt.**

Nach den Botschaften des Körpers nun dazu, wie wir gut für ihn sorgen: Der Körper braucht physische Aktivitäten und Vergnügungen. Jacques, mein Mann, ist ein körperlich aktiver Mensch und unterstützt mich in diesem Bereich sehr. Er hilft mir, wieder Zugang zu körperlichen Aktivitäten zu finden. Gemeinsam wandern wir, fahren im Winter Langlaufski, schwimmen im Sommer und tanzen auch gern. Mit ihm Liebe zu machen, ist ebenfalls eine sehr angenehme körperliche Beschäftigung.

Wenn das Wetter es zulässt, mache ich meine Morgenmeditation bei einem Spaziergang um den See, was etwa eine halbe Stunde dauert. Ich treibe Sport und genieße dabei die Schönheit der Natur, meditieren tue ich ohnehin gern. Eine Stunde täglich ist dem Lesen gewidmet. Ich habe stets das Bedürfnis, Neues zu lernen. Also lese ich Bücher über Spiritualität, Parapsychologie und Psychologie. Ich erfahre gern alles darüber, was sich auf dem Gebiet des Daseins Neues tut.

Da ich viel geistig arbeite, ist es wichtig, dass ich mein Leben durch körperliche Aktivitäten ins Gleichgewicht

bringe. Eine körperliche Aktivität, die mir sehr guttut, ist die Pflege meiner Zimmerpflanzen. Das Haus ist voll davon. Wenn ich mich um meine Pflanzen kümmere, komme ich wieder in Kontakt mit der Natur, verbinde mich mit unserer Mutter, der Erde. Ich bin fasziniert von dem großen Reichtum der Erde, die so viel wachsen lässt! Mich um meine Pflanzen zu kümmern, erinnert mich an die Jahre, in denen ich meinem Vater jeden Sommer im Garten geholfen habe. Ich fand es wunderbar, zu sehen, wie das Gemüse aus dem Boden herauswuchs. Dieses Phänomen bringt mich in Kontakt mit GOTT. **Nur die göttliche Energie kann Ursache eines solchen Phänomens sein.** Man pflanzt Samen in die Erde, und mit Wasser und Licht wird daraus ein Tomatenstrauch oder ein Baum. WOW! Darum sage ich mir: Wenn die Erde eine solche Kraft hat, **welch wunderbare Kräfte können Menschen haben, wenn sie nur anfangen, daran zu glauben!**

Zu Hause ist mir nie langweilig. Jacques ebenso wenig. Wir sehen uns ein oder zwei Tage pro Woche – und das ist *Quality Time.* Wir genießen jede Minute, denn wir sind sehr gern zusammen.

Eine weitere körperliche Aktivität, die ich genieße, ist, es mir in der Küche gemütlich zu machen und ausgefallene Mahlzeiten zuzubereiten. Ich koche nicht mehr so oft wie zu der Zeit, als ich die Kinder bei mir hatte, aber ich tue es immer noch liebend gern. Jacques ist ein Gourmet, und auch unsere Kinder mögen es, wenn ich für sie koche.

Jedes Jahr nehme ich zwei Wochen Urlaub zusammen mit Jacques, und außerdem hier und da ein paar Tage allein, um mich weiterzubilden und in meiner Arbeit besser zu werden. Für mich gehört es zu den Freuden des Lebens, Kurse zu besuchen. Manche Leute gehen gern ins Kino oder gehen abends aus, ich nehme gern an Kursen teil. Es kommt nicht darauf an, wie viele Stunden ich meinem körperlichen oder meinem Arbeitsleben widme, sondern für mich zählt das Glücksgefühl, das ich empfinde, wenn ich Zeit damit verbringe.

Wenn wir denken, dass das Leben eine Schinderei ist, dann empfinden wir alles, was wir tun, als Belastung. **Nicht das, was wir tun, muss geändert werden, sondern unsere Einstellung gegenüber unseren Tätigkeiten.** Die Einstellung macht den Unterschied. Nehmen wir das Beispiel Bügeln. Jemand denkt vielleicht: „Oh nein, ich muss schon wieder bügeln, das wird nie fertig und ist so langweilig!" Innerlich wird er oder sie das Bügeln als eine schwere, qualvolle Aufgabe empfinden. Wenn dieselbe Person hingegen daran denkt, wie froh sie hinterher beim Anblick all ihrer schönen, gut gebügelten Kleidung sein wird, dann fällt ihr das Bügeln viel leichter. Ich selbst bin sehr wählerisch, was meine Kleidung und meine Schuhe angeht, und es macht mir Spaß, mich darum zu kümmern. Ich richte es so ein, dass ich bügle, wenn ich dabei einen guten Film sehen kann. Dann merke nicht einmal, dass ich bügle. Es gibt immer einen Weg, das Nützliche mit dem Angenehmen zu verbinden.

Ein Hobby, das mir Energie verleiht, ist Einkaufen. Das heißt nicht, dass ich Stunden in Geschäften zubringe, im Gegenteil: Ich steuere direkt das an, was ich brauche. Einkaufen ist für mich eine Möglichkeit, auf meine Intuition zurückzugreifen. Ich kaufe schnell ein Schmuckstück oder ein Kleidungsstück, weil es mir ins Auge sticht, und beim Nach-Hause-Kommen stelle ich fest, dass genau dieses Teil mir noch fehlte, um ein Outfit zu vervollständigen. **Jedes Mal danke ich meinem inneren GOTT, dass er mich zur richtigen Zeit an den richtigen Ort geführt hat.**

Ein neues Kleidungsstück zum ersten Mal zu tragen, verleiht mir Energie. Inzwischen gestehe ich mir das Recht zu, mir etwas Schönes zu kaufen. Früher hatte ich dann immer ein schlechtes Gewissen, weil ich dachte, ich gebe zu viel aus. Meine innere Kritikerin sagte, dass ich das Gekaufte eigentlich gar nicht brauchte. Es war ein innerer Kampf. Die eine Stimme kritisierte mich, und die andere antwortete: „Stimmt, eigentlich brauche ich es nicht, aber ich habe ein Recht darauf, ich habe es nicht gestohlen, ich verdiene es angesichts der Zahl meiner Arbeitsstunden pro Woche! Außerdem nehme ich niemandem etwas weg!“ Dann setzte die kritische Stimme aufs Neue ein, diesmal noch lauter. Irgendwann sagte ich mir: „Okay, ich verdiene es!“

Ich habe auch festgestellt: Je mehr ich lerne, mich selbst zu lieben, umso mehr möchte ich von Schönem umgeben sein. Ich kann sagen: „Danke, GOTT“, dass ich mir mit den zusätzlichen Einnahmen aus meinen Buchverkäufen immer mehr schöne Dinge leisten kann. **Angesichts von Schönheit öffnet sich mein Herz, und dadurch kann ich GOTT leichter sehen und spüren.** Ich muss zugeben, dass es mich Mühe kostet, GOTT in Hässlichem zu sehen. Aber diese Anstrengungen werden gut belohnt, weil ich mich sehr viel besser fühle, wenn ich GOTT in allen Umständen sehen kann.

Menschen, die gern alles planen, müssen nicht nur ihre Arbeitsstunden, sondern auch ihre Freizeit organisieren. Ich mag es, Partys zu organisieren und dabei kreativ zu werden. Es macht mir Spaß, neue Themen und Spiele zu finden. Ich nehme mir immer die Zeit, ein paar pro Jahr zu organisieren. Fast alle meine Aktivitäten sind im Voraus geplant, und ich bin glücklich, denn ich habe ein volles, erfülltes Leben. Manchmal plane ich Tage ein, an denen ich nichts tue, und auch diese Tage sind wichtig. Ich setze mich hin oder schlendere herum, faulenze, gehe shoppen und tue, wozu ich Lust habe. Wenn ich Lust habe zu schlafen, dann schlafe ich, und wenn ich schwimmen will, schwimme ich. Auch solche Momente sind sehr wichtig. **Wer sich sagt, „Wenn ich erst mal die Arbeit erledigt habe, dann …", wird niemals die Zeit finden, sich zu entspannen.**

Ich plane sogar meine Tage, an denen ich schreiben, kreativ sein will. Ich bin mehreren Künstlern begegnet, die sagen, sie müssten auf Inspiration warten. Das ist das Gegenteil von dem, was ich tue. Ich persönlich glaube, dass ich der Inspiration einen kleinen Anstoß geben kann. Andere disziplinieren sich und widmen eine bestimmte Anzahl Stunden am Tag oder in der Woche ihrem kreativen Werk. Sie betrachten die Zeit, die sie für ihre Kunst aufwenden, als reguläre Arbeit. Das ist eine gute Möglichkeit, eine Kreation in Schwung zu halten: regelmäßig Energie hineinstecken. Diese Künstler können mit größerer Wahrscheinlichkeit von den Früchten ihrer Kunst leben.

Ich habe sechs Monate im Voraus geplant, mit dem Schreiben dieses Buches zu beginnen, und speziell dafür Zeit in meinem Terminkalender freigehalten. Sobald ich weiß, dass ich etwas schreiben muss, sei es ein Buch, eine Kurskonzeption oder einen Vortrag, schlägt das Projekt in mir Wurzeln. **Die Ideen dazu kommen mir leicht, ich schreibe sie nach und nach auf.** Mein Aufnahmegerät habe ich immer griffbereit im Auto. Es ist, als hätte ich meinem Unterbewusstsein befohlen, zu einem bestimmten Termin bereit zu sein.

Was meine Essgewohnheiten anbelangt, so haben sie sich in den letzten Jahren stark verändert. In meiner Kindheit hat uns meine Mutter dreimal am Tag Fleisch essen lassen: morgens Speck oder Schinken zum Frühstücksei, mittags Fleisch und abends Fleisch. Ich mag Fleisch zwar nicht, aber als Kind akzeptiere ich die landläufige Meinung, ich müsse es jeden Tag essen, sonst würde ich krank. Ich bin damals sehr heikel und ertrage nicht das kleinste Stückchen Fett auf meinem Teller. Wenn meine Mutter mir ein Stück Fleisch serviert, untersuche ich es von allen Seiten und entferne jedes winzigste Stückchen Fett. Ich bitte immer darum, dass mir das kleinste Stück Fleisch gegeben wird. Gemüse mag ich dagegen sehr gern.

Nach meiner Heirat bereite ich für meine Familie trotzdem jeden Tag Fleisch zu, weil ich immer noch glaube, dass es gesund ist. Ich serviere ihnen jedoch kleine Portionen. Wie häufig sind doch solche inneren Konflikte bei uns Menschen! **Ein Teil von uns will etwas, und ein anderer Teil will nicht zulassen, dass wir diesem Wunsch nachgeben!** Dieser andere Teil sagt: „Nein, nein, das ist nicht richtig." Ich finde schließlich einen Kompromiss … Unbewusst akzeptiert der Teil, der Nein gesagt hat, dass der andere Teil die Portionen schrittweise reduziert. Erst mit etwa vierzig Jahren erfahre ich schließlich, dass der menschliche Körper kein Fleisch braucht, um gesund zu sein.

Zu Beginn meines inneren Prozesses, als ich abnehmen will, studiere ich den menschlichen Körper und finde heraus, dass unser Verdauungssystem nicht darauf ausgelegt ist, tierisches Fett zu verdauen. Als mir klar wird, dass der Verzehr von Fleisch viel Arbeit für den menschlichen Körper bedeutet, fällt es mir sehr leicht, es nach und nach wegzulassen. Ab und zu überkommt mich die Lust auf Fleisch, und dann komme ich diesem Drang nach. Diese Gelüste werden jedoch mit der Zeit immer weniger, und schließlich esse ich nur noch ab und zu Hühnchen. Heute kann ich nicht einmal mehr das essen – überhaupt kein Fleisch mehr. Ich esse sehr wenig Meeresfrüchte. Am liebsten mag ich einen guten Teller mit Gemüse oder gutem, frischem Fisch. Auch Nudeln mag ich.

Ich möchte so weit kommen, dass ich eines Tages nur noch das esse, was in der Natur wächst. **Je mehr ich mit meinem**

inneren GOTT in Kontakt bin, umso mehr bin ich in Kontakt mit dem GOTT aller Lebewesen auf der Erde, das habe ich erkannt. Nun, da ich weiß, unter welch schrecklichen Bedingungen Nutztiere seit vielen Jahren gehalten werden, ist es für mich noch unmöglicher, auch nur einen Bissen solchen Fleisches anzurühren.

Es gibt kein Gesetz, das Grausamkeit gegenüber Tieren verbietet, die als Nahrung dienen sollen. Keins bleibt verschont: Huhn, Pute, Gans, Kalb, Kuh, Schwein … Die große Mehrheit von ihnen sieht nie die Sonne. Die Tiere werden hauptsächlich mit chemischen Produkten gefüttert, von denen die meisten sehr schädlich für den Menschen sind. Manchmal werden sie sogar mit ihren eigenen Exkrementen gefüttert. Sie werden in Käfigen gehalten, in denen sie sich nicht bewegen können, damit sie noch fetter werden. Diese Tiere entwickeln viele Krankheiten, die sie auch noch haben, wenn sie geschlachtet werden. Die Bauern sagen: „Ich werde nicht für ein gesundes Tier bezahlt, ich werde nach Gewicht bezahlt."

Die Tiere werden so aggressiv und rasend, dass sie versuchen, sich gegenseitig zu töten. Wie wir wissen, sind sie von Natur aus sanft und friedlich, wenn sie sich in ihrem natürlichen Lebensraum befinden. Da sie einen Emotionalkörper haben (weniger entwickelt als der des Menschen), werden alle Leiden, Aggressionen, Wut und große Angst, die sie während ihres Lebens und bei ihrem Tod erleben, in ihrem Emotionalkörper gespeichert. Ich möchte meinen Körper nicht all dem aussetzen, indem ich ihr Fleisch esse. Besonders traurig finde ich es jedoch, wie unempfindlich wir Menschen gegenüber anderen Ausdrucksformen GOTTES in der Natur geworden sind. Wir fördern weiterhin solche Gräueltaten. **Was auf der Erde geschieht, ist das Ergebnis dessen, was in jedem von uns Menschen vor sich geht.**

Wenn mich jemand fragt: „Isst du kein Fleisch mehr?", antworte ich: „Nein, ich bin Vegetarierin." Unweigerlich folgt dann die Frage: „Nicht einmal Huhn?" John Robbins[2] erwähnt in seinem Buch, dass auch ihm diese Frage oft gestellt wird. Er pflegt darauf zu antworten: „Meines Wissens ist ein Huhn kein Gemüse!"

Ich habe bemerkt: Je bewusster ich werde, **umso mehr vollzieht sich eine Transformation auf der Ebene der Ernährung. Meine geschmacklichen Vorlieben ändern sich.** Mein Körper lehnt immer mehr Dinge ab, die er nicht wirklich für ein gesundes Leben braucht. Einige Lebensmittel hemmen die Funktion bestimmter Organe, andere trüben die geistigen Fähigkeiten. Zucker in großen Mengen wirkt sich ungemein störend auf das Gehirn aus. Menschen, die viel Zucker und andere Kohlenhydrate wie Brot, Nudeln usw. essen, haben oft Schwierigkeiten, Entscheidungen zu treffen. Sie zögern, weil ihr Gehirn aus dem Gleichgewicht geraten ist. Das Gehirn benötigt bestimmte Mengen an Glucose (Kohlenhydrate werden zu Glucose abgebaut), und sobald etwas mehr oder weniger vorhanden ist als die benötigte Dosierung, gerät es aus dem Gleichgewicht. Ich esse keine Desserts mehr, ohne mir dessen bewusst zu sein. Ich habe festgestellt, dass mein Gehirn vor allem dann nach mehr Glucose[3] verlangt, wenn ich viel geistig arbeite oder eine besondere geistige Anstrengung bewältigen muss.

Als ich meine Tendenz zu kritisieren zurückgeschraubt habe, habe ich auch meinen Salzverbrauch reduziert. Es dauerte ein Jahr, bis ich es fast vollständig aus meiner Ernährung

2 John Robbins: *Ernährung für ein neues Jahrtausend.* Hans Nietsch Verlag, Rossdorf 1995 (6. Aufl.)

3 Um mehr über den Zuckerskandal zu erfahren, empfehle ich die Lektüre *Le Mal du Sucre* von Danièle Starnkyj, Publication Orion Inc. 1981

entfernen konnte. Am Anfang fand ich alles fade, aber jetzt bin ich froh zu wissen, wie mein Essen wirklich schmeckt. Ich habe einfach eine neue Gewohnheit entwickelt. Hin und wieder überkommt mich das Verlangen nach Salz, und dann salze ich mein Essen – aber nicht automatisch, so wie früher.

Ich nutze meine Ernährung ständig, um mir bewusster zu machen, was in mir vorgeht. Wenn ich etwas esse oder trinke, das ich nicht brauche, merke ich es schnell, denn dann spüre ich eine Art Schwere in mir, oder mir wird übel. Ich halte dann inne und stelle die Verbindung zu einer Situation in meinem gegenwärtigen Leben her, in der ich nicht auf meine Bedürfnisse höre. Vielleicht haben bestimmte Ängste die Oberhand gewonnen? Die Grundidee ist, sich dessen einfach bewusst zu sein. Wir brauchen uns nicht zu kontrollieren oder aufzuhören zu essen. Die Nahrung nutzen, um uns selbst zu beobachten und anzunehmen – das macht schon den ganzen Unterschied aus. Sie ist uns dienlich, darum wird es für uns leichter, sie zu verdauen.

Als ich mich mit den Bedürfnissen des physischen Körpers vertraut machte, sagte die Perfektionistin in mir: „Du darfst keinen Zucker, kein Fleisch und kein Salz mehr essen und keinen Alkohol mehr trinken." Bei Fleisch und Salz war es relativ einfach, es allmählich zu verringern. Aber mit Zucker und dem Gläschen Wein zum Essen war es länger und härter. Je mehr ich mir sagte „Du darfst nicht", desto mehr wollte ich es. Daraufhin kritisierte ich mich: „Wie kann es denn sein, dass es mir so sehr an Willenskraft fehlt und ich nicht in der Lage bin, es mir abzugewöhnen?" Ich übte mentale Kontrolle aus, indem ich mir sagte: „Ein spiritueller Mensch sollte niemals Alkohol trinken."

Heute habe ich gelernt, mich nicht schuldig zu fühlen, wenn ich ein Glas Wein trinke. Menschen, die mit dem Trinken aufhören, wenn sie dazu nicht bereit sind, übertragen ihre Sucht auf Zucker. Für mich ist das überhaupt keine Lösung! Wenn ich eins weiß, dann, dass mein Körper sehr wenig Zucker braucht. Wenn ich ihn aus Genuss zu mir nehme, tue ich es bewusst. Bei solchen Gelegenheiten lerne ich, mich selbst mehr zu lieben und mich nicht zu kritisieren. So kann ich damit aufhören, jemanden als „schlechten Menschen" abzustempeln, wenn ich sehe, dass er nicht auf seine Bedürfnisse hört.

Ich trinke immer mehr Wasser. Zu Hause habe ich destilliertes Wasser.[4] Im Büro haben wir osmotisch gereinigtes Wasser. Wenn ich woanders hingehe und es dort kein gereinigtes Wasser gibt, trinke ich das Wasser, das mir angeboten wird. Man sollte es nicht übertreiben und kein Wasser ablehnen, weil es nicht rein genug ist. Es ist besser, Wasser zu trinken, das nicht hundertprozentig rein ist, als es überhaupt nicht zu trinken. Zumindest ist das meine Philosophie.

Der Sinn des Lebens ist es, glücklich zu sein. Wir alle streben nach Glück. **Durch Akzeptanz harmonisiert sich alles von selbst.** Ich sage mir: Wenn ich schon nicht immer auf meinen Körper höre, kommt es mir viel mehr zugute, wenn ich die guten Seiten sehe, als wenn ich mich kritisiere. Erstens werde ich mir der Botschaft bewusst, die ich empfange, und zweitens lasse ich zu, dass ich den gegenwärtigen Moment in vollen Zügen genieße, und bedanke mich für das, was ich esse oder trinke. Die Verdauung funktioniert viel besser in einem Zustand der Liebe.

Die Akzeptanzphase folgt jedoch nicht automatisch auf die Bewusstwerdung, oft ist sogar das Gegenteil der Fall. Vie-

4 Anm. d. Red. für die deutsche Ausgabe: Regelmäßiges Trinken von destilliertem Wasser ist nach heutigen Erkenntnissen gesundheitsschädlich. Auch die Osmosefilter sind umstritten. Bitte informieren Sie sich dazu selbst.

le kritisieren sich selbst, weil sie etwas weiterhin tun, obwohl sie gelernt haben, dass es ihnen nicht guttut. **Es ist wichtig, Bewusstheit zu entwickeln, um uns selbst besser zu erkennen und anzunehmen, sobald wir uns erkannt haben.** Noch einmal: Uns selbst zu akzeptieren bedeutet, dass wir uns für den Moment das Recht geben, etwas Bestimmtes zu tun, obwohl es nicht das ist, was wir am liebsten täten, und wir ein anderes Ziel für später anstreben. Wenn wir uns vormachen wollen, wir wären anders, als wir in Wirklichkeit sind, ist keine Akzeptanz gegeben.

Als mich der Drang überkam, in ein Stück Fleisch zu beißen, sagte mir mein Körper, dass ich aufgestaute Wut in mir hatte – es gab jemanden, den ich beißen wollte. Mein Körper hat nicht von mir verlangt, kein Fleisch mehr zu essen, im Gegenteil: Es war wichtig für mich, es zu essen und dabei zuzugeben und zu akzeptieren, dass ich gegenwärtig noch nicht das zum Ausdruck bringen konnte, was ich innerlich empfand. Ich habe es lieber auf das Fleisch übertragen, statt es zu äußern. Ich wusste, dass es mein Ziel war, all meine Emotionen dann ausdrücken zu können, wenn ich sie empfand, um Wut nicht mehr bis zu einem Punkt aufzustauen, an dem ich jemanden beißen wollte. Als ich meinen Fleischkonsum immer mehr reduzierte, merkte ich, dass das mit Fortschritten beim Ausdrücken meiner Gefühle einherging. Mehrere andere Botschaften verschwanden zur gleichen Zeit: Halsschmerzen, die Leberprobleme und der Schiefhals.

Meine Vorliebe für Salz sagte mir, dass ich oft zu allem und jedem meinen Kommentar hinzufügen wollte. Sobald etwas nicht nach meinem Geschmack war, kritisierte ich. **Kritik ist niemals förderlich, wenn wir uns nicht auf unsere eigenen Belange beschränken und nicht nach unserer Meinung gefragt wurden.**

Ein Glas Wein zum Essen zu trinken, bedeutet für mich „Entspannung". Ich habe meine Eltern immer mit einem Glas gesehen, wenn sie feierten oder eine Pause in ihrem geschäftigen Tagesablauf einlegten. Dieser Glaube, ein Glas Wein sei gleichbedeutend mit Entspannung, ist bei mir stark ausgeprägt, da ich es schon seit Langem gewohnt bin, zum Entspannen ein Glas Wein zu trinken. Dass ich unbedingt keinen Alkohol mehr trinken wollte, lag daran, dass ich meinen Zuckerkonsum beenden wollte. Ich habe gelernt, dass durch den Verzehr von Zucker oder Alkohol der Körper übersäuert wird. Daraufhin wollte ich meinen Zuckerverzehr durch mentale Kontrolle beenden. Meine Motivation ist gut, ich mag meinen Körper. Solange ich aber nicht „süß und sanft" genug zu mir selbst bin, werde ich mir Süße und Sanftheit mit Zucker erkaufen müssen. Wenn mich die Lust auf Süßes überkommt, prüfe ich automatisch, ob mein Körper es braucht. Ich habe eine Vereinbarung mit ihm getroffen: Ich warte nach einer Mahlzeit zwei Stunden ab, und wenn ich dann immer noch Verlangen nach Süßem habe, gebe ich dem nach.

Ich finde es wunderbar, dass ich einen so wertvollen Wegweiser habe: meinen Körper, der mir fortwährend sagt, wo ich innerlich stehe.

Mit sechzehn habe ich eine weitere Vorliebe: Zigaretten. Ich arbeite einer Anwaltskanzlei in Richmond. Während mein Chef mir Briefe diktiert, raucht er, und es kümmert ihn nicht, wohin der Rauch weht. Ich bekomme ihn direkt ins Gesicht, doch aus irgendeinem Grund liebe ich den Geruch. Ich weiß noch, dass ich gedacht habe: „Ob es wohl so schmeckt, wie es riecht?" Bei uns in der Familie ist meine Mutter Nichtraucherin, und mein Vater raucht ein paar Zigaretten pro Woche, wenn er sonntags seine Zeitung liest oder sich ausruht. Zwei meiner älteren Schwestern rauchen heimlich, hinter dem Rücken meiner Eltern. Da ich ein Tatmensch bin, beschließe ich, eine Schachtel Zigaretten zu kaufen. Abends, zu Hause, öffne ich die Schachtel und zünde mir eine Zigarette an. Meine Mutter blickt mich sehr überrascht an und fragt: „Du rauchst? Seit wann?" „Seit heute", antworte ich. „Ich möchte wissen, ob ich es mag." Entsetzt sagt sie: „Ich bin sehr enttäuscht. Du bist die Einzige, die raucht. Du bist kein gutes Beispiel für die Jüngeren."

Diese Bemerkung ärgert mich und macht mich zornig, weil ich es als unfair empfinde, dass ich mir Streit einhandle, obwohl ich ehrlich bin. Meine Mutter sollte sich an diejenigen halten, die sie täuschen. Um mich zu rächen, erzähle ich ihr, dass meine beiden anderen Schwestern rauchen. Ich frage sie: „Wäre es dir lieber, wenn ich dich anlüge? Du weißt, dass ich rauchen kann, wann immer ich will, wenn ich nicht zu Hause bin. Ich will nicht mit einer Lüge und mit Schuldgefühlen leben müssen." Angesichts dieser Logik gibt sie auf, sagt nichts mehr und lässt mich machen. Danach durften meine Schwestern offen rauchen.

Ich habe geraucht, bis ich dreiundzwanzig war, also sieben Jahre lang. Was mich zum Aufhören motivierte, war ein Versprechen, das ich GOTT gegeben habe. Nach der Geburt meines ältesten Sohnes werde ich erneut schwanger, habe aber eine Fehlgeburt. Da ich ein weiteres Kind haben möchte, verspreche ich GOTT, dass ich mit dem Rauchen aufhören werde, falls ich erneut schwanger werde und das Kind ohne Komplikationen austragen kann.

Als ich wieder schwanger werde, höre ich auf zu rauchen, habe aber zwei Monate darauf erneut eine Fehlgeburt. Also sage ich mir: „Mein Wunsch wurde nicht erhört, also kann ich wieder anfangen." Unmittelbar danach wird mir jedoch klar, dass ich nicht GOTT bestrafe, wenn ich wieder anfange zu rauchen, sondern mich selbst. Ich gelange zu dem Schluss, dass es wirklich nicht klug wäre, wieder damit anzufangen. Meine Entscheidung ist also offiziell: Ich höre endgültig mit dem Rauchen auf. Diesmal ist meine Entscheidung nicht an eine Bedingung geknüpft. Ihre Motivation ist die Liebe zu mir selbst und die Tatsache, dass ich meinen physischen Körper und meine Gesundheit respektiere.

Wenn es meinem Körper nicht gutgeht, liegt das nicht daran, dass er mich bestrafen will oder mein Verhalten streng verurteilt, sondern **mein Verstand urteilt und will eine Situation oder jemanden nicht akzeptieren.** Ich nehme mir dann die Zeit, mich ein bisschen zu befragen. Im Allgemeinen entdecke ich, dass hinter meinen körperlichen Beschwerden Ängste stehen. Noch einmal: Danke, GOTT, dass du mir meine Ängste bewusst gemacht hast. **Sobald ich meine Angst akzeptiere, wird sie automatisch zu meiner Verbündeten und nicht zu einer Feindin, die mich überfällt.**

Unser innerer GOTT ist stets da, um uns zu führen. Er sendet alle möglichen Signale, um uns wieder auf einen leichteren, sanfteren Weg zu bringen. GOTT will überhaupt nicht, dass wir leiden. **Wir alle erzeugen unseren jeweils eigenen Schmerz, wenn wir uns unserem inneren GOTT widersetzen,** der nur will, dass wir in Liebe leben. Was GOTT für uns will – ausnahmslos – ist Gesundheit, Vollkommenheit, Harmonie, Leichtigkeit und Frieden.

Leiden bedeutet, dass wir nicht in Kontakt mit unserem inneren GOTT sind. Der Körper ist ganz einfach ein Spiegelbild dessen, was in uns vorgeht. Wenn ich mich also so ernähre, dass es meinem physischen Körper schadet, dann deshalb, weil ich Glaubenssätze in mir trage, die meinem Emotional- und meinem Mentalkörper schaden. Es liegt bei uns, diese Glaubenssätze zu finden, zu akzeptieren, dass wir sie haben, und dann zu entscheiden, was wir lieber wollen.

Heute (1991, Anm. d. Red.) bin ich froh, dass sich offenbar alles in meinem Körper eingependelt hat. Einige Beschwerden sind völlig verschwunden, wie Verstopfung, Rheuma, Vaginitis, Schiefhals, schlechte Leberwerte, Beinschmerzen, Menstruationsprobleme ... Hin und wieder habe ich beginnende Halsschmerzen, etwa einmal im Jahr. Inzwischen bin ich in der Lage, mich sofort darum zu kümmern. Manchmal setzen auch Rückenschmerzen ein, und ich sehe sofort, womit sie zusammenhängen. Ein Anzeichen, das sich gelegentlich bemerkbar macht, ist der Schmerz im Ellenbogen. Und wenn sich mitunter Kopfschmerzen zeigen, frage ich mich: „Warum zerbreche ich mir gerade jetzt den Kopf?" oder „Mache ich mir umsonst Sorgen?" Meistens lautet die Botschaft, dass ich mir wegen etwas Gedanken mache. Sofort erkenne ich, dass die Kontrolle die Oberhand gewinnen will, und sobald ich akzeptiere, dass auch dann etwas Gutes darin liegen kann, wenn es mir nicht gefällt, verschwinden meine Kopfschmerzen wie durch Zauberhand. **„Loslassen" wirkt Wunder!**

Auch wenn wir älter werden, kann der menschliche Körper immer besser in Form sein. Manche denken, ich würde mich nie entspannen, weil sie mich viele Stunden arbeiten sehen. Aus meiner Sicht arbeite ich nur, wenn ich die Dinge tue, die mir am wenigsten Spaß machen, wie zum Beispiel administrative Entscheidungen treffen. Das sind etwa zwei Stunden pro Tag. Alles, was mit der menschlichen Seite zu tun hat, wie Kurse abhalten und mich um andere kümmern, ist keine Arbeit für mich. Ich liebe alles, was ich lerne, und es verleiht mir Energie. Mehrmals pro Woche gehe ich um acht Uhr morgens aus dem Haus und komme erst gegen Mitternacht oder ein Uhr nachts zurück. Ich bin abends sogar noch energiegeladener als morgens.

Normalerweise bin ich fröhlich und topfit. Es fällt mir sehr leicht, mich zu erholen, weil ich Dinge tue, die ich liebe. Ich brauche nur wenige Stunden Schlaf, um wieder Energie zu tanken. Als ich jung war, brauchte ich viel mehr, weil ich häufiger emotional aufgewühlt war und mehr Erwartungen hatte. Erwartungen erschöpfen den Emotional- und den Energiekörper und wirken sich dann auf den physischen Körper aus. Die ideale Nahrung für den Emotionalkörper ist Liebe. So braucht er nicht vom physischen Körper genährt zu werden.

Gesund zu sein ist ein außergewöhnliches Geschenk des Lebens – und es ist für alle da. Ich habe jetzt, mit fünfzig, mehr Energie als mit fünfundzwanzig. Früher konnte ich nicht fünfzehn Stunden am Stück ohne Pause aktiv sein. Ich musste tagsüber einen Mittagsschlaf einlegen. Ich bin sehr froh darüber, dass ich die Redensart, derzufolge im Alter die Gesundheit abnimmt, nicht glaube. Ich habe nicht einmal das Gefühl, zu altern. Ich weiß jetzt: **Je mehr ich an meinen inneren GOTT glaube, umso mehr vertraue ich ihm im Hinblick auf die Ergebnisse in meinem Leben, und umso mehr nähre ich mich direkt von der Quelle.** Dadurch wird mein physischer Körper geschont und ist besser in Form.

Ich merke auch: Je mehr ich lerne, das zu lieben, was in mir ist, umso mehr respektiere ich meinen Körper, das äußere Gewand meiner Seele. Ich kümmere mich auf jede erdenkliche Weise um ihn. Ich hülle ihn in schöne Kleidung aus möglichst natürlichen Stoffen, nähre ihn mit der bestmöglichen Nahrung. Ich lasse ihn regelmäßig massieren (mein Mann ist mein privater Masseur, WOW!) und gehe einmal im Monat zur Kosmetikerin. Ich glaube aufrichtig, dass es nicht möglich ist, mich um meine Seele zu kümmern und dabei meinen Körper zu vernachlässigen. Beide gehen Hand in Hand und sind die Schöpfung GOTTES. Sie sind beide gleichermaßen wichtig.

Ich habe noch viele Träume zu verwirklichen, und es ist wichtig, dass mein Körper mithalten kann. Er weiß, dass ich ihn brauche, und ich danke ihm jeden Tag dafür, dass er mir so sehr hilft. **Danke, Körper!**

Kapitel 7

Ich bin GOTT – Wow!

„Ich bin GOTT" ist ein Bewusstseinszustand, der mit unseren menschlichen Worten nur schwer fassbar ist. GOTT ist eine Energie, die wir tief in uns spüren, wenn wir im gegenwärtigen Moment leben und das, was wir fühlen, wahrnehmen, ohne es zu analysieren. Es ist das erhabenste Gefühl, das Menschen überhaupt haben können.

GOTT drückt sich in allen nur erdenklichen Formen aus. Auf der Erde gibt es viele Ausdrucksformen GOTTES, und auf den anderen Planeten gibt es noch Tausende mehr. In unserem Inneren äußert sich GOTT in verschiedenen Aspekten, die man auch als „verschiedene Persönlichkeiten" bezeichnen kann. Jeder Mensch hat Dutzende Persönlichkeiten.[5] **Wir kommen wirklich in Kontakt mit unserem Wesen, unserer wahren Individualität, wenn wir lernen, jeden Teil von uns als zu GOTT gehörig anzunehmen.**

Was es uns von vornherein schwerer macht, ist der Umstand, dass wir durch unsere Erziehung nicht das Vorbild vollkommener Akzeptanz erhalten haben. In jungen Jahren lernen wir, dass bestimmte Dinge richtig und andere falsch sind. Für manche Verhaltensweisen werden wir gelobt, und für andere getadelt. Wenn unsere Art zu sein oder zu handeln lobenswert ist, dann muss es GOTTES Wille sein. Wenn wir ge-

5 Ich spreche hier nicht von der psychiatrischen Erkrankung der multiplen Persönlichkeit, bei dem die verschiedenen Persönlichkeiten einander nicht kennen und sich getrennt äußern. Ich meine vielmehr all die Aspekte in uns, die oft zusammen zum Ausdruck kommen und sich gegenseitig kennen.

gen das verstoßen, was als gut angesehen wird, dann ist es falsch, und GOTT wird uns bestrafen. So sind wir mit GOTT in Kontakt gebracht worden, und das hat dazu geführt, dass auf der Erde viele Ängste und Schuldgefühle geweckt worden sind. Aus Angst, bestraft oder abgelehnt zu werden, haben wir gelernt, bestimmte Teile unserer selbst abzulehnen.

Meine inneren Erkundungen haben mich im Lauf des Lebens alle zu demselben zentralen Punkt zurückgeführt: Es ist entscheidend, dass ich jede Persönlichkeit in mir akzeptiere. Wenn ich das nicht tue, lehne ich Aspekte ab, die für mich sehr nützlich sein könnten. Wenn ich Teile von mir kontrollieren oder zurückweisen möchte, die ich nicht zum Ausdruck bringen oder noch nicht einmal sehen will, kostet es mich enorm viel Energie, das alles in mir hermetisch unter Verschluss zu halten.

Heute genieße ich es, Teile meiner selbst wiederzuentdecken. Ich lasse sie an die Oberfläche kommen, trete in Kontakt mit ihnen, nehme mir die Zeit, sie willkommen zu heißen und ihnen Raum zu geben. Ich lerne, sie anzunehmen, auch wenn ich nicht mit ihnen einverstanden bin. Manche Teile sind so sehr abgelehnt worden, dass sie oft abrupt und unbeholfen hochkommen. Am Anfang ist das beängstigend, aber mit der Zeit fügt sich alles. **Ich bin zunehmend energiegeladen, weil ich mich selbst mehr annehme in dem, was ich bin, in meinen verschiedenen Aspekten.** Ich bin offen für die Vorstellung, dass ich immer wieder neue Aspekte an mir entdecken werde, die ich noch nicht kenne oder die ich tief in mir vergraben habe.

Das Geheimnis, wie man sie schneller akzeptieren kann, **besteht darin, beim Entdecken all dieser Aspekte deren gute Seiten zu sehen.** Hier einige Beispiele: Die stärkste Persönlichkeit in mir war die Kontrollierende. Dieser Aspekt war dazu da, mich vor meiner Verletzlichkeit zu schützen. Unsere Verletzlichkeit kommt von unserem inneren Kind. Am meisten Schwierigkeiten, das verletzliche Kind zu akzeptieren, hat der Mann in uns. Manche Menschen sind so sehr in Kontakt mit ihrer Verletzlichkeit, dass sie zu Opfern des Lebens werden. Es kommt jedoch darauf an, die richtige Balance zu finden.

Ich habe schließlich herausgefunden und akzeptiert, dass das Kind in mir ein sehr nützlicher Teil ist, selbst mit all seinen Ängsten. Es ist jener Teil von uns, den zu entdecken am wichtigsten ist. Die meisten von uns haben ihr inneres Kind verdrängt, seit sie fünf oder sechs Jahre alt waren. Wir haben uns von ihm abgekoppelt, um zu schnell erwachsen zu werden. Wir wollten schnell sehr vernünftige Erwachsene werden und vor allem unsere Verletzlichkeit nicht mehr spüren. Das Kind führt uns unter anderem und sagt uns, dass wir loslassen, nicht zu sehr kontrollieren und neue Dinge ausprobieren sollen, wenn eine Situation zu schwierig ist.

Ich habe erkannt, dass dieses Kind mir den Weg zeigen kann. Wenn ich mich für ein Projekt begeistere, dann kommt auch das Kind in mir zum Vorschein, übersprudelnd vor Elan und Lebensfreude. Genau von dort kommt auch meine Kreativität. Wenn ich versuche, all meine Ängste zu kontrollieren, um meine Verletzlichkeit zu verbergen, blockiere ich meine Kreativität und meine Begeisterung für das Leben.

Wie ich bereits in einem früheren Kapitel erwähnt habe, schickt mein Körper oft einen stechenden Schmerz durch meinen Ellenbogen, wenn ich Angst habe. Wer versteifte Ellenbogen hat, kann die Arme nicht beugen, um jemanden zu umarmen. Mein Körper sendet mir also ein Signal, um mich darauf aufmerksam zu machen, dass das Kind in mir gerade jetzt vom Elternteil in mir gehalten werden will. Es hat Angst und muss getröstet und bestärkt werden. Es hat Angst, unzulänglich zu sein, Fehler zu machen, nicht geliebt zu werden. Er hat Angst vor Ablehnung, vor dem Verlassenwerden, davor, vom Erwachsenen in mir zurechtgewiesen zu werden.

Ich gebe mir das Recht, Angst zu haben, indem ich das Kind in mir frage: „Welcher Wunsch verbirgt sich hinter dieser Angst?" Auf diese Weise kann ich es trösten, indem ich mich auf diesen Wunsch konzentriere und mir selbst vertraue. Früher hat die Erwachsene in mir dem Kind gesagt, dass es keine Angst mehr haben soll. Das war nicht richtig. Die Kontrollierende in mir entwickelte sich, um der Erwachsenen zu gefallen, indem sie vorgab, ich hätte keine Angst. So wurde das Kind unterdrückt, weil die Kontrollierende stärker wurde. **Zu diesem Unterdrücken kommt es durch die Maske, die wir tragen, wenn wir uns kontrollieren, um anders zu erscheinen, als wir wirklich sind.**

Um wieder mit diesem Kind in Verbindung zu treten, habe ich die folgende kleine Entspannung kreiert: Nimm dir im Sitzen oder Liegen einige Minuten Zeit, um jeden Teil deines Körpers zu entspannen, und achte darauf, dass du gut atmest. Sobald deine Muskeln entspannt sind, visualisiere ein kleines Kind im Alter von fünf oder sechs Jahren, das auf dich zukommt, und nimm es auf den Schoß. Bitte es, mit dir darüber zu sprechen, was es bedrückt, über seine Ängste, seine Befürchtungen … und dann tröste es, halt es fest an dich gedrückt und beruhige es. Lass das Gefühl tiefer Liebe für dieses Kind in dir aufkommen. Sag ihm, dass du immer für es da bist und ihm hilfst, seine Ängste zu überwinden und Lösungen zu finden.

Diese Entspannungsübung eignet sich hervorragend, um mit dem Kind in dir in Berührung zu kommen. Du kannst sie mehrmals wiederholen. Mithilfe dieser Übung kannst du mitfühlender dir selbst gegenüber sein, wenn dir deine Ängste bewusst werden. Anstatt also vor deinen Ängsten wegzulaufen und sie nicht sehen zu wollen, fällt es dir leichter, dich ihnen zu stellen. Ich habe festgestellt: Wenn ich die Verletzlichkeit des Kindes in mir akzeptiere, nehme ich meine Sensibilität bewusster wahr. Ich war schon immer sensibel, doch dieser Aspekt von mir war gut verborgen. Inzwischen lasse ich immer häufiger zu, dass ich weine, wenn etwas sehr Berührendes geschieht. Ich merke, dass mich glückliche Ereignisse – ob sie mich selbst oder jemand anderen betreffen – noch mehr berühren.

Die hart Arbeitende in mir, die von der Antreiberin unterstützt wurde, war ebenso wenig GOTT wie die Faule in mir. Solange die ersten beiden ersten das Sagen hatten, blieb die dritte unterdrückt. **Ich habe mir nicht das Recht zum Faulenzen zugestanden, sondern diesen Teil von mir völlig abgelehnt.** Doch in Wirklichkeit wollte meine innere Faulenzerin mir nur helfen, geistig neue Energie zu schöpfen und kreativ zu sein, indem ich körperlich faul war. Früher konnte ich nicht aufhören zu arbeiten, weil es immer eine kleine Stimme in mir gab, die mir sagte, es sei nicht vernünftig, nicht richtig. Ich fühlte mich schuldig, und in diesen Momenten des inneren Dialogs fiel mir am Ende immer etwas ein, das ich vergessen hatte zu erledigen, etwas Dringendes oder Wichtiges. Allein der Gedanke ans Faulenzen weckte in mir schon ein schlechtes Gewissen. Die Antreiber in uns schaffen es stets, uns wissen zu lassen, was wir noch zu tun haben. Ihre Liste ist endlos.

Heute erkenne ich an, dass ein Teil von mir gern faulenzt. Dieser Teil ist zwar nicht so stark wie der andere, aber seine Nützlichkeit ist mir bewusst. Es ist meine faule Seite, die mich dazu gebracht hat, zu lernen, wie ich mich besser organisiere. Ich vereinfache, ich finde alle möglichen Mittel und Wege, um mir die Arbeit zu erleichtern. Zum Beispiel ist in meinem Haus eine Treppe. Statt beim Aufräumen ständig die Treppe herauf- und herunterzulaufen, lege ich diverse Gegenstände auf dem Treppenabsatz ab und gehe nur ein Mal. Meine faule Seite erspart mir das mehrmalige Pendeln zwischen den Etagen. Dieser Aspekt meiner selbst hat sehr praktische Ideen.

Ich habe auch festgestellt, dass die Kritikerin in mir sehr hilfreich sein kann. Sie hilft mir zu beurteilen, ob bestimmte Entscheidungen für mich vorteilhaft sind, um mein Unterscheidungsvermögen zu entwickeln. Sie ist von Nutzen für mich, solange ich sie nicht dazu verwende, andere herabzusetzen oder sie verändern zu wollen. Ich nutze meine Kritikerin auch dazu, herauszufinden, ob ich im Zustand der Liebe bin oder ob ich mich in etwas einmische, das mich gar nichts angeht. Mit ihr lerne ich mich selbst kennen.

So sitze ich zum Beispiel vor ein paar Monaten in einer Personenrunde beim Abendessen, als ich plötzlich merke, dass ich eine Frau innerlich kritisiere, weil sie viel Nachtisch isst. Nach einigem Nachdenken wird mir klar, dass ich in diesem Fall aus Menschenliebe kritisiere – ich finde, es ist schade um die Gesundheit der Betreffenden. Ich habe also gesehen, dass meine Kritik sich auf Liebe gründete, denn ich wollte ihr helfen. Noch bei derselben Mahlzeit kritisiere ich dann das Verhalten eines Mannes gegenüber seiner Frau, das ich als inakzeptabel empfinde. Hier erkenne ich, dass ich mich in die Angelegenheiten anderer einmische.

Im ersten Fall ist meine Kritik nicht im Geringsten mit einer aufwühlenden Emotion verbunden. Ich bin eine Beobachterin der Situation. Im zweiten Fall empfinde ich Wut. Mir ist klar, dass ich den Mann dafür kritisiere, dass er seine Frau nicht respektiert. Ich nehme die Gelegenheit wahr, um mit der Spiegeltechnik zu erkennen, dass ich mich dann, wenn es mir an Respekt mangelt, selbst nicht akzeptiere. Anstatt mich also über diesen Herrn zu ärgern, bin ich ihm nun dankbar. Er ermöglicht mir, mich selbst besser kennenzulernen. So **hilft mir die innere Kritikerin immer wieder, Aspekte meiner selbst zu entdecken, die ich noch nicht akzeptiert habe.**

Die Perfektionistin in mir ist ein Teil, der mich dazu bringt, zu kritisieren. Vorher war mir nichts perfekt genug. Alles und alle fielen durch. Für mich waren meine Kinder und mein Mann nie diszipliniert genug, ordentlich genug, perfekt genug. Ich habe mich selbst und alle anderen kritisiert. Tatsächlich geht beides Hand in Hand, es funktioniert in beide Richtungen. Ich dachte, wenn ich etwas gut machte oder gut sagte, bedeute das automatisch, dass ich ein guter Mensch war. Ich erkannte, dass es nicht darauf ankommt, Perfektion im „Tun" zu erreichen, sondern eher im „Sein"; und dass **Perfektion auf der Ebene des Seins impliziert, Fehler zu machen und sich trotzdem gut fühlen zu können.**

Das Wesentliche ist, dass ich mich trotz meiner Fehler liebe und mich auch dann annehme, wenn ich etwas vergessen habe, wenn ich dieses oder jenes nicht so gut gemacht habe, wie ich es gern gehabt hätte. Es geht nicht darum, mich dann als schlechten Menschen zu verurteilen, sondern vielmehr darum, darauf zu achten, dass meine Fähigkeit zu lieben nicht geschmälert wird. Wenn ich mich trotz meiner Fehler liebe, weiß ich, dass ich auf dem richtigen Weg bin. Ich möchte keine Energie mehr damit verschwenden, mich schuldig zu fühlen, mich abzulehnen, mich zu schämen oder mir Vorwürfe zu machen. Derzeit verschwendet die große Mehrheit der Menschen ihre Energie auf diese Weise und kappt so selbst die Verbindung zu ihrem inneren GOTT. Anstatt meine Energie auf diese Weise zu verschwenden, habe ich mich entschieden, sie zu nutzen, um mir ein Leben voller Glück zu gestalten.

Um das zu schaffen, habe ich die Perfektionistin in mir gebeten, mich das Gute an mir sehen zu lassen. Sie kann mich auch weiterhin bei dem, was ich tue, unterstützen. Sie hilft mir fortwährend bei meinen Projekten, bei meiner Arbeit. Dank ihr vergesse ich bestimmte wichtige Details nicht und kann anstehende Aufgaben schneller erledigen. Ich muss nur sehr selten eine Arbeit noch einmal von vorn anfangen. Ich strebe zwar stets nach herausragenden Leistungen, habe aber gelernt zu akzeptieren, dass ich deshalb nicht ständig Spitzenleistungen erbringen muss.

Was den sinnlichen Teil meiner selbst betrifft, so konnte ich ihn erst in der Beziehung zu Jacques bewusst wahrnehmen und annehmen. Mein erster Mann sprach die ganze Zeit von Sex, weil er einen Aspekt von mir widerspiegelte, dem ich mich absolut nicht stellen wollte. Mich meiner Sinnlichkeit hingeben zu können, hat mir sehr gutgetan. Ich habe wirklich verstanden, was Loslassen bedeutet. Seitdem gelingt mir das auch in anderen Bereichen leichter.

Die Persönlichkeit, die anderen gefallen wollte, war in mir sehr stark ausgeprägt. Jedes Kind ist von Geburt an extrem verletzlich. Es schaut zu, beobachtet, hört auf alles, was gesagt wird, und entdeckt Mittel und Wege, keine Angst mehr zu haben und nicht mehr so unsicher und verletzlich zu sein, damit es nicht mehr so leiden muss. Es versucht nach bestem Vermögen, es allen recht zu machen. Alle Kinder entwickeln entsprechend ihren Bedürfnissen Abwehrmechanismen. Ich war erst ein braves kleines Mädchen und dann eine gute Klosterschülerin. Es anderen recht zu machen, bedeutete für mich, vernünftig zu sein.

Ich hatte es mir zur Aufgabe gemacht, eine gute Ehefrau, Freundin, Mutter, Angestellte, Chefin zu sein. Ich musste viel Kontrolle ausüben, um dem Bild, das ich mir selbst vorgegeben hatte, gerecht zu werden. Das raubte mir Energie. Ich hatte Angst, die Kontrolle zu verlieren, und tatsächlich habe ich bei den wenigen Malen, die ich aufgebracht war, die Kontrolle verloren, weil es einfach überbordete. Ich hatte mich vorher zu sehr zurückgehalten.

Es ist wichtig zu akzeptieren, dass es unrealistisch ist, es allen recht machen zu wollen. Oftmals, wenn wir versuchen zu gefallen, gefällt uns das selbst nicht, ebenso wenig wie unserem Gegenüber. Wenn ein Kind rebellisch ist, ist das oft ein Zeichen dafür, dass ein Elternteil zu sehr darauf aus ist, eine gute Mutter/ein guter Vater zu sein und dem Kind gefällig zu sein. So war es bei meinen beiden Söhnen. Ich habe den Teil von mir, der nicht immer eine gute Mutter sein wollte, nicht akzeptiert. Ich wäre von mir selbst enttäuscht gewesen, wenn ich zugegeben hätte, dass ich einen solchen Teil in mir trug. Für mich war es immer wichtig, meinen eigenen Ansprüchen an mich selbst gerecht zu werden. Andere Eltern wollen gute Eltern sein, damit ihre Kinder sie nicht kritisieren. Doch was dann passiert, ist genau das Gegenteil, weil wir nicht wir selbst sind. Als Eltern haben wir das Recht, nicht immer perfekt zu sein. Es ist sehr anstrengend, telepathisch herauszufinden, was dem einen oder der anderen jeweils gefallen könnte.

Ich erlaube mir zunehmend, offen zu sagen, was ich denke, wie zum Beispiel dann, als ich mir bei unangemeldeten Besuchen meiner Kinder erlaubt habe, es nicht allen recht zu machen. Wenn ich mich zwinge, gefällig zu sein, und mir das nicht bewusst ist, merke ich es hinterher an der Art, wie ich von anderen aufgenommen werde. Wenn sie meine Angebote ablehnen oder nachfragen – „Bist du dir sicher?" –, dann trägt das dazu bei, dass ich herausfinden will, was die Motivation für meine Angebote ist. Ein Angebot, das nicht von Herzen kommt, ist von Angst motiviert. **Das gibt mir also die**

Möglichkeit, mir dieser Angst bewusst zu werden und sie als etwas zu akzeptieren, das jetzt gerade ein Teil von mir ist. Das Wichtigste ist, mich mit beiden Facetten dieser Persönlichkeit zu akzeptieren: die, die gefallen will, und die, die dieses Bedürfnis nicht hat!

Fantastisch finde ich, dass unser innerer GOTT sich darum kümmert, uns mit den Aspekten unserer selbst in Kontakt zu bringen, die wir ablehnen. Er sorgt dafür, dass jemand aus unserem Umfeld uns einen verdrängten Teil widerspiegelt oder Ähnliches erleidet wie wir. Sobald wir sehen, was uns an anderen stört, erkennen wir, dass das, was wir ablehnen, ein Teil unserer selbst ist. Es ist wichtig, die guten Seiten aller Aspekte unserer selbst zu schätzen. So kommen wir in Kontakt mit unserer inneren Kraft. Wie gut und angenehm ist es doch, zuvor verdrängte Energie zurückzugewinnen!

Ich kann auch die gute Seite an der Dummen in mir sehen, die ich so sehr abgelehnt habe. Seit ich keine Angst mehr habe, dumm zu wirken, bin ich viel offener und klarer. Es fällt mir leichter, spontan und aufrichtig zu sein. Ich habe festgestellt, dass ich die Menschen, die zu mir kommen, schneller und effektiver erreichen und ihnen helfen kann, wenn ich offen und transparent bin.

GOTT zu sein bedeutet, sich sagen zu können: „Ich bin, was ich bin, und ich akzeptiere mich so, wie ich jetzt bin", und allen anderen mit derselben Akzeptanz zu begegnen. Manchmal begegne ich Menschen (oder höre von ihnen), die sich nicht mehr im Griff haben, wie zum Beispiel Kriminelle oder Gewalttäter, und inzwischen weiß ich, dass sie Aspekte ihrer selbst so radikal unterdrückt haben, dass sie die Kontrolle verlieren. Statt mit ihrem inneren GOTT in Kontakt zu sein und das Leben so zu lieben, wie es ist, sind sie nur in Kontakt mit ihrer niederen mentalen Ebene. Diese ist voller Glaubenssätze und unerfüllter Wünsche, die tiefe innere Wunden erzeugen.

Wenn ein Mensch sich wünscht, das Glück möge von außen kommen, dann ist er nicht in Kontakt mit GOTT. Je mehr wir glauben, etwas sei gut oder schlecht, umso mehr breitet es sich in unserem Leben aus. Je mehr Energie wir darauf verwenden, umso mehr bewirken wir, dass es am Ende eintritt. Dieser Prozess vollzieht sich zwar oft nicht auf einer bewussten Ebene, doch die Dinge, die wir fürchten oder verurteilen, gewinnen am Ende stets die Oberhand und überwältigen uns.

Die verschiedenen Persönlichkeiten in uns zu erkunden ist enorm hilfreich, um mehr Bewusstheit zu entwickeln. Um uns selbst besser kennenzulernen und zur Reife zu gelangen, ist es wichtig, unser Bewusstheitsniveau anzuheben, wach und offen zu sein. Wir *werden* nicht bewusst, sondern wir *entscheiden uns,* es zu sein oder nicht. Bewusst zu sein bedeutet, den gegenwärtigen Moment voll zu leben, das, was gerade passiert, bewusst wahrzunehmen. Sobald der Verstand die Kontrolle übernimmt, sind wir nicht mehr in der Erfahrung, sondern stattdessen in unseren Glaubenssätzen oder im gewünschten Ergebnis. **Bewusstheit bedeutet: Wir müssen handeln, dürfen aber nicht an den Ergebnissen hängen.** Jeden Tag zu üben, so bewusst wie möglich zu sein, macht das Leben viel einfacher und angenehmer.

Allerdings: Wenn du beschließt, das Niveau deiner Bewusstheit zu steigern, dann ist es wichtig, dich zu öffnen und zu akzeptieren, dass du dabei einiges zutage förderst, was nicht angenehm ist. Ein Mensch mit mehr Bewusstheit wird sensibler für das, was ist. Er sieht und fühlt die Dinge, wie sie sind, statt weiterhin die verstandesgeprägte Wahrnehmung zu akzeptieren. Wenn wir mit lange unterdrückten Teilen unserer selbst in Kontakt kommen und zulassen wollen, dass sie zum Ausdruck kommen, dann kann es passieren, dass sie sich unkontrolliert manifestieren. Es ist wichtig, dass wir uns annehmen und uns genug Zeit geben, ein besseres Gleichgewicht zu erreichen.

Unter den Gesetzen, die die Erde regieren, ist die Liebe das größte. Perfekt zu sein auf Erden bedeutet, unter allen Umständen zu lieben. Es ist wichtig, sich daran zu erinnern, dass „lieben" nicht gleichbedeutend mit Zustimmung ist, damit, derselben Meinung zu sein. Wir haben stets das Recht, mit einer Tat oder einer Aussage – ob sie von uns selbst oder von anderen kommt – nicht einverstanden zu sein. Wir sind alle nur aus einem Grund auf der Erde: um uns selbst und andere immer mehr anzunehmen, was zur Folge hat, dass unsere Liebe zum Leben wächst. Damit will ich nicht sagen, dass wir lauthals allen „Ich liebe dich" zurufen sollen. Lieben heißt, die Menschen so anzunehmen, wie sie sind, und zu akzeptieren, dass jeder sein Bestes tut. Zu akzeptieren, dass es Menschen gibt, die sehr leiden. **Manche haben mehr Schwierigkeiten als andere, aber alle gehen ihren Weg auf ihre jeweils eigene Weise und in ihrem eigenen Rhythmus.** Wenn alle Menschen eine solche umfassende Liebe erlangt haben, wird die Erde vollkommen sein, und die Menschen werden wissen und tief von innen heraus auch glauben, dass sie GOTT sind.

Es ist auch wichtig, die Vorstellung zu akzeptieren, dass es zu all unseren Aspekten einen Gegenaspekt gibt. Es genügt, all unsere dominanten Teile zu betrachten, um sich vorstellen zu können, welche anderen Aspekte ebenfalls vorhanden sind. **Bei den meisten Menschen kommt, wenn ein Aspekt überstrapaziert wurde, mit der Zeit sein unterdrückter Gegenaspekt mit aller Macht zum Vorschein.**

Eine weitere Möglichkeit, mehr in Kontakt mit unseren verschiedenen Anteilen, all unseren „Ich bin“, zu sein, besteht darin, unsere Emotionen zu beobachten. Sie kommen auf, sobald etwas einen Teil von uns berührt, den wir ablehnen. Beobachte dich selbst. Wenn diese Emotion auftaucht, beobachte, welcher Teil von dir gerade berührt wurde. Vielleicht ist es das angstvolle kleine Kind. Vielleicht fühlt sich die Faulenzerin unterdrückt. Solche Emotionen können sehr wertvolle Verbündete bei der Erforschung aller Teile deiner selbst werden.

Auch Träume sind hervorragende Werkzeuge, um die verschiedenen Persönlichkeiten, die in uns schlummern, bewusster wahrzunehmen. Auf meinem Nachttisch liegt immer ein Notizbuch, in dem ich alle Träume notiere, an die ich mich erinnere. Es gibt viele Kurse über Traumdeutung. Sie können äußerst hilfreich sein, um Teile von uns, die wir ablehnen, ausfindig zu machen. Da wir sie im Wachzustand zurückweisen, benutzen sie Träume, um an die Oberfläche zu kommen und sich zum Ausdruck zu bringen.

Rückblickend ist mir klar, dass all die Eigenschaften, auf die ich früher stolz war und die mir das Gefühl gaben, etwas Besonderes zu sein, all die Eigenschaften, an die ich mich klammerte, während ich ihre gegenteiligen Aspekte ablehnte, mich intoleranter, unflexibler und nervöser machten. All diese dominanten Teile in mir, die wollten, dass ich stets ein untadeliger, guter, fähiger, fleißiger, großzügiger, mutiger, arbeitsamer, vernünftiger, mitfühlender und ausgeglichener Mensch bin, hinderten mich daran, mich selbst und andere zu akzeptieren. Heute ist es mir klar! Was für eine innere Abmachung! Was ich für gut hielt, war es nicht unbedingt. Ich entwickle zwar weiterhin die Eigenschaften, die zu mögen mir leichterfällt, aber ich behalte immer im Hinterkopf, dass auch ihre gegenteiligen Aspekte von Vorteil für mich sein können.

Wie du siehst, gibt es mehrere Aspekte, die mich ausmachen. Das ist bei allen Menschen so. GOTT sein bedeutet zu lernen, die gute Seite aller Aspekte in uns zu sehen. Zum Beispiel klingelt der Wecker. Der Arbeitsame in dir will aufstehen, der Faule will liegen bleiben. Der Antreiber sagt dir alles, was du zu tun hast. Falls du einen sehr dominanten berufstätigen Elternteil hattest, schimpft dich die Mutter oder der Vater in dir aus, wenn du auf den Faulenzer hören willst. Um all diese Persönlichkeiten zu akzeptieren, sprich mit ihnen, dann wird dir eine nach der anderen mitteilen, wie berechtigt ihre Wünsche sind. Sie alle wollen dein Bestes. Wenn du ihnen dankst und sie akzeptierst, wird es für all diese Persönlichkeiten leichter, miteinander auszukommen, in dir zusammenzuleben und sich reihum zu manifestieren.

GOTT zu sein bedeutet nicht nur zu lernen, alle Aspekte unserer selbst zu lieben, sondern auch die der Menschen um uns herum. Dazu gehört zum Beispiel, in einer wütenden Person das kleine Kind sehen zu können, das Angst hat und die Kontrolle verliert. Auf diese Weise zu sehen, was um uns herum ist, trägt dazu bei, dass wir zuhören und Toleranz und Geduld entwickeln. Auf diese Weise kommen viel weniger aufwühlende Emotionen in uns auf!

GOTT zu sein bedeutet auch zu wissen: Alles, was mir passiert, soll mir helfen, dass mir meine Schönheit und meine innere Stärke zunehmend bewusst werden. Die göttliche Essenz ist immer da, und der perfekte Ausdruck GOTTES in mir ist Güte, Schönheit, Harmonie, Liebe, Frieden, Gesundheit und Fülle. Wenn das Gegenteil passiert, ist das ein Mittel meines Überbewusstseins oder meines inneren GOTTES, mir zu signalisieren, dass ich mich von Ihm entfernt habe. Je weiter ich mich von meiner Essenz entferne und je mehr Angst ich habe, desto mehr möchte ich alles kontrollieren.

Manchmal werde ich gefragt, was es bedeutet, loszulassen. Es geht darum, völliges Vertrauen in uns und andere zu entwickeln und zu wissen, dass zu gegebener Zeit etwas Gutes passieren wird. Es ist auch das Wissen, dass wir durch unsere Erfahrungen vieles entdecken können, das hilfreich ist, um uns als Mensch weiterzuentwickeln. Loslassen heißt auch, weiterhin bewusst zu handeln und nicht die Hände in den Schoß zu legen, nicht nachzulassen, nicht zu kapitulieren und gar nichts mehr zu tun oder zum Opfer zu werden. Es geht darum, weiterhin im Handeln zu bleiben, aber ohne sich um das Ergebnis zu sorgen. Es ist wichtig, zu planen, Ziele zu haben: „In sechs Monaten möchte ich dieses und jenes erreicht haben. Ich brauche dieses und jenes bis zu diesem und jenem Datum."

Es ist jedoch noch wichtiger, im gegenwärtigen Moment zu leben und in Bezug auf die Ergebnisse auf GOTT zu vertrauen. Das bedeutet, zwar alles zu tun, was wir für notwendig erachten, um das Ziel zu erreichen, aber in dem Wissen, dass GOTT in uns den Weg zum Glück besser kennt als unser Verstand. Es bedeutet, dass wir ihm vertrauen, indem wir offen sind für neue Ideen und bereit sind, andere Mittel als die geplanten einzusetzen, und vor allem, indem wir im Voraus akzeptieren, dass es vielleicht etwas Besseres für uns gibt. **Zu lernen, nicht an Ergebnissen festzuhalten, ist ein hervorragendes Mittel, um innerlich mehr im Frieden zu sein.**

Das kleine Kind in mir ist überwältigt angesichts dieses inneren GOTTES, der allgegenwärtig ist, stets da, um mich zu führen. Immer wieder sage ich: „Danke, GOTT!"

Und für dich, liebe Leserin, lieber Leser, was bedeutet es für dich, „GOTT zu sein"? Was war deine erste Reaktion auf den Titel dieses Buches? Fandest du ihn anmaßend?

Für mich ist **die Aussage „Ich bin GOTT" nur dann anmaßend, wenn ich nicht bereit bin zu akzeptieren, dass alles, was außer mir noch lebt, ebenfalls „Ich bin GOTT" sagen kann.** Das Wort GOTT ist das Symbol für Licht, Liebe, Glaube und Vertrauen. Sein Gegenteil, das Wort Satan, ist das Symbol der Finsternis, des Hasses, der Angst, des Zweifels. Letztere sind jedoch nur die Verleugnung, nicht die Abwesenheit von Licht, Liebe, Glaube und Vertrauen. Wenn du einen Teil deiner selbst verleugnest, schlägst du die Richtung der Dunkelheit, der Nicht-Liebe und der Angst ein. Wenn du dich dagegen in allem, was du bist, annimmst in dem Wissen, dass du einen Lernprozess durchläufst, dann schlägst du die Richtung der Liebe und des Lichts ein. Du kommst wieder mit GOTT in Kontakt!

Wenn du für alles, was auf der Erde lebt, tiefen Respekt empfindest, dann hast du die göttliche Präsenz in allem, was lebt, wirklich erkannt. Wenn du nicht mehr in der Lage bist, ein Insekt zu töten, wenn du eine Blume um Erlaubnis bittest, bevor du sie abschneidest, wenn du aufhörst, dich an der Umweltverschmutzung auf dieser Erde zu beteiligen, wenn du Tiere so sehr liebst, dass du sie nicht mehr essen oder als Kleidung benutzen willst, dann weißt du, dass du deiner göttlichen Essenz immer näher kommst. Du erkennst dann GOTT ebenso in dir wie außerhalb von dir. Ich sehe eine wunderbare Zukunft für den Planeten Erde, wenn wir uns dieser göttlichen Präsenz zunehmend bewusst werden und jede lebende Zelle auf dem Planeten mit unserer Liebe und unserem Licht durchdringen.

Um dieses Kapitel und dieses Buch noch einmal zu rekapitulieren und abzuschließen, hier die Wege, immer mehr in Kontakt mit deinem inneren GOTT zu sein, die ich entdeckt habe und mit dir teilen möchte:

Lass los, überantworte dich dem Willen GOTTES. Hör auf, GOTT als strengen Richter zu fürchten, der dich bestrafen will. **Seit dir dessen bewusst, dass alles, was dir zu einem Leben voller Glück, Freude, Gesundheit und Fülle verhilft, der Wille GOTTES für dich ist, solange es niemandem schadet.** GOTT ist dein Überbewusstsein, die universelle Energie, die nur Gutes für alle will. Wenn du tief im Inneren daran glaubst, wird dir all das Gute in dem, was dir widerfährt, bewusst.

Nimm dir die Zeit, dich zu fragen, was du wirklich willst. Visualisiere es, spür es, als wäre es schon da, und handle entsprechend. Aber denk stets daran: Vertrau auf deinen inneren GOTT und sei nicht unnötig besorgt.

Eine Begebenheit, die ich dir als Beispiel dazu erzählen kann, hat sich ein Jahr, bevor ich mit diesem Buch begonnen habe, ereignet. Schon seit mehreren Jahren hatte ich davon geträumt, in den Bergen, in der Natur und in der Nähe eines Flusses zu leben. Ich begann damit, dass ich meine Bleibe auf den Mont Royal, den einzigen Berg in Montréal, verlegte und dort zwei Jahre lang wohnte. Dann zog ich in die Laurentinischen Berge im Norden von Montréal. Ich wohnte in einem Vorort von Saint-Sauveur, einer hübschen kleinen Stadt, wo ich das oberste Stockwerk eines Hauses hoch auf einem Berg gemietet hatte. Die Aussicht war wundervoll. Dort habe ich mein zweites Buch *„Qui es tu?“* geschrieben. Da Jacques nicht morgens und abends jeweils sechzig Kilometer fahren wollte, hatte er sich eine kleine Wohnung in Montréal gemietet. Unter der Woche war ich manchmal dort, und er kam jedes Wochenende nach Saint-Sauveur.

Zwei Jahre später will mein Vermieter wieder in seine Wohnung zurückkehren. Ich bitte meinen inneren GOTT, den idealen Ort für uns zu finden, da Jacques inzwischen bereit ist, jeden Tag zu pendeln. Ich bitte um einen noch besseren

Platz, um in Ruhe zu schreiben. Es soll etwas Schönes sein, denn Schönheit gibt mir sehr viel Energie. Ideal wären Berge mit einem schönen Blick auf einen See. Da mein innerer GOTT genau weiß, was ich brauche, mache ich keine konkreten Pläne.

Ich bitte eine Immobilienmaklerin, etwas für mich zu suchen, und erkläre ihr, was ich am liebsten will. Sie besichtigt mit mir einige Orte, aber sie gefallen mir nicht. Das beunruhigt mich jedoch nicht weiter. **Ich vertraue meinem inneren GOTT. Ich sage ihm, dass ich zu beschäftigt bin und ihm die Lösung überlasse.** Meine Maklerin empfiehlt mir, die Lage am Wasser zu vergessen, weil so etwas in den Laurentinischen Bergen selten zu finden sei, und was verfügbar ist, ist sehr teuer.

Eines Tages erzählt sie mir, eine Freundin von ihr besäße ein 158 Jahre altes Haus. Es liegt auf einem Berg an einem hübschen kleinen See, und die Freundin sei vielleicht bereit, es an mich zu vermieten. „Du weißt, dass ich lieber etwas Modernes hätte!", sage ich. Sie antwortet: „Sie plant eine Komplettrenovierung des Hauses, und ich bin sicher, wenn es erst einmal renoviert ist, wird es dir gefallen. Es ist ein friedlicher Ort mit einem knappen Hektar Land, nur 35 Minuten von Montréal entfernt. Es wäre bestimmt ein idealer Ort zum Schreiben für dich."

Sie hatte recht. Es ist übrigens dieselbe Dame, die später das zukünftige Friedens- und Gesundheitszentrum von *Écoute Ton Corps,* das *Centre de Paix et de Santé,* findet. Jacques und ich besichtigen das Haus. Es ist zwar tatsächlich in einem erbärmlichen Zustand, aber die Lage und die Aussicht sind herrlich. Als ich es mir in renoviertem Zustand vorstelle, weiß ich im Herzen, dass ich hier wohnen möchte. Was für ein Geschenk des Himmels! Ursprünglich hatten die betreffende

Dame und ihr Mann geplant, ihren Lebensabend in diesem Sommerhaus zu verbringen, hatten es sich jedoch gerade erst anders überlegt.

Da die Renovierungsarbeiten noch kaum begonnen hatten, stimmten sie zu, diese an meinen persönlichen Geschmack anzupassen. Wir konnten in ein komplett renoviertes Haus einziehen, ohne dass es uns einen Pfennig gekostet hat. Wir wohnen seit Juli 1989 in diesem kleinen Paradies und haben es gemietet mit der Option, es zu kaufen. Obwohl es mein größter Wunsch ist, weiterhin dort zu leben, habe ich auch diesbezüglich losgelassen. Ich weiß: Wenn es für uns vorteilhaft ist, dieses Haus zu kaufen, wird sich uns die Gelegenheit bieten. Ein solches Loslassen ist möglich, wenn uns unsere Ängste bewusst werden.

In der Tat erzeugt Angst so viel Lärm und Verzerrung im Inneren, dass uns generell die sensible Wahrnehmung abhanden kommt. Die Sinne sind beeinträchtigt und verzerren das, was wirklich passiert. Erkenne, dass deine Ängste dich von GOTT und von dem glücklichen Leben, das du dir tief im Inneren wünschst, wegführen. Wenn du Angst hast, dann siehst, fühlst und hörst du die Realität nicht mehr so, wie sie ist. Du bist dann zu sehr damit beschäftigt, deinem Verstand zu glauben, der wegen deiner Ängste nicht mehr in Kontakt mit GOTT ist. Finde heraus, welcher Wunsch hinter dieser Angst steht, und tu alles Nötige, um glauben zu können, dass dieser Wunsch in Erfüllung geht, indem du dich wieder mit deiner inneren Kraft, mit GOTT, verbindest. Mit etwas Übung geht das ganz mühelos vonstatten.

Der Wille GOTTES ist dein eigener Wille, in uneingeschränktem Glück zu leben, das solltest du wissen. Wenn du merkst, dass du etwas Leidvolles durchlebst oder dass es dir an Spaß oder Lebensfreude mangelt, dann halt einen

Moment inne und mach dir bewusst, dass du GOTT in dir oder in den Menschen deines Umfelds vergessen hast.

Werde dir deiner Überzeugungen besser bewusst. Sieh, welche Folgen sie für dein Leben haben. Wenn sie nicht mit deinen Wünschen übereinstimmen, ist das ein Zeichen dafür, dass sich dahinter ein Glaubenssatz verbirgt, der nicht förderlich für dich ist. Handle anders, dann wirst du am Ende etwas anderes glauben. Wenn du beispielsweise glaubst, dass du dir keine Sorgen ums Finanzielle mehr machen wirst, wenn du sparst, gleichzeitig aber merkst, dass du dir trotz deiner Ersparnisse weiterhin Sorgen machst und fürchtest, das zu verlieren, was du hast, dann ist das ein Zeichen dafür, dass dieser Glaube nicht gut für dich ist. In Wirklichkeit beruhen alle Überzeugungen, die dir nicht guttun, immer auf einer Angst.

Lerne, ohne Erwartungen zu geben. Beobachte dich dazu selbst, wenn du jemandem etwas gibst oder wenn du jemanden um etwas bitten musst. Bist du enttäuscht, wenn die Person Nein sagt? Falls ja, hast du Erwartungen. Je mehr du gibst, weil es dir Freude macht, umso mehr öffnest du dein Herz und verbindest dich wieder mit GOTT, mit der Liebe, mit dem Licht. **Es heißt, wenn ein Opfer oder eine Gabe als unangenehm empfunden wird, dann deswegen, weil man in Wirklichkeit nicht geben will. Solches Geben basiert auf Angst.**

Lerne anhand der Menschen um dich herum, dich durch ihre Augen zu betrachten. Denk daran, dass alles um dich herum ein Spiegel ist, der dir dein eigenes Bild zurückwirft. **Halt dich nicht damit auf, in diesem Spiegel auf die Handlungen oder Worte deines Gegenübers zu schauen. Achte stattdessen darauf, was das für dich bedeutet.** Tu einmal so, als wärst du allein auf der Erde. Du lebst nur mit Spiegeln. Wenn dir nicht gefällt, was du in diesem oder jenem Spiegel siehst, mangelt es dir an innerer Akzeptanz. Je mehr du in Freude und Liebe lebst, desto angenehmer wird der Blick in die Spiegel. Wenn das, was du siehst, so schön ist, dass es dir unerreichbar erscheint, deutet auch das auf einen Mangel an Selbstakzeptanz hin.

Dein innerer GOTT sorgt stets dafür, dass du von den Spiegeln umgeben bist, die du brauchst, um dir all der Aspekte bewusst zu werden, die du in dir akzeptierst oder nicht. Jede Situation, jedes scheinbare Scheitern ist nur eine weitere Erfahrung, um dich auf den Weg der Liebe zu führen. Alles hängt von deiner Reaktion ab. Entscheidest du dich für den Weg der Liebe, oder schlägst du die entgegengesetzte Richtung ein, den Weg der Angst, des Zweifels, des Hasses oder der Verbitterung?

GOTT zu sein bedeutet auch, die göttliche Macht zu haben, unser Leben entsprechend unseren Gedanken, Überzeugungen, Handlungen und Worten zu gestalten. Wir ernten, was wir säen. Die Tatsache, dass ich ein bewusster Mensch bin und glaube, dass alles, was von mir ausgeht, zu mir zurückkommt – also das Gesetz von Ursache und Wirkung – hat eine große Last von mir genommen. **Ich brauche mich nicht mehr für jemand anderen verantwortlich zu fühlen, denn all meine Sorgen um diese andere Person nützen nichts.** Sie kann nur das ernten, was ihr zusteht, was sie gesät hat. Das große Gesetz des Säens und Erntens gilt und braucht kein äußeres Zutun.

Ich habe es nicht einmal mehr nötig, jemanden wegen seines Handelns oder seiner Denkweise bestrafen oder zurechtweisen zu wollen. Sobald dieser Mensch erntet, wird er schneller verstehen – und nicht durch Moralpredigten, die ich ihm in der Zwischenzeit halte. Mein Rat oder meine Hilfe bleibt denjenigen vorbehalten, die mich darum bitten.

Auch das bedeutet, den GOTT anderer zu respektieren und zu akzeptieren, dass wir oft unterschiedliche Wege wählen, aber dennoch alle eines Tages am selben Ort ankommen: an unserer Quelle, bei GOTT. Da alles, was von uns ausgeht, zu uns zurückkommt, wird ein Kompliment, ein Geschenk, eine Kritik, ein negatives Urteil irgendwann automatisch zu dir zurückkommen. Das kann sich auf verschiedene Weise manifestieren: Entweder wirst du selbst zu dem, was du kritisierst, oder du wirst für dieselbe Sache kritisiert, oder du lebst mit jemandem zusammen, der dem Objekt deiner Kritik immer ähnlicher wird.

All das ist gewollt. Es soll dir ermöglichen zu lernen, unter allen Umständen zu lieben. Ich zum Beispiel habe früher meine Mutter dafür verurteilt, dass sie mir keine Komplimente machte. Sie erzählte anderen Leuten, was sie an mir mochte. Auch ich verhalte mich heute oft so. Innerlich weiß ich zwar, dass ich aufrichtig bin, wenn ich jemanden vor Dritten lobend erwähne und dabei die gute Absicht habe, es auch der betreffenden Person selbst zu sagen, aber hinterher vergesse ich es. Inzwischen weiß ich nicht nur, was meine Mutter getan hat, sondern auch, was sie dabei empfand. Ich kann sie dafür nicht mehr verurteilen. Und wenn sie trotzdem hin und wieder anderen etwas Nettes über mich sagt, aber nicht mir selbst, macht es mir nichts mehr aus, ich verstehe sie.

Ich war auch sehr voreingenommen gegenüber Menschen, die sich selbst etwas vormachen, vor allem wenn es Männer waren. Ich habe jedoch erkannt, dass auch ich es schon getan habe und wahrscheinlich immer noch tue. Oftmals sind solche Täuschungen ein Ausdruck dessen, was wir gern sein wollen. Wir wollen nicht akzeptieren, dass wir es noch nicht erreicht haben. Wenn wir aufhören, in der Erwartung des gewünschten Ergebnisses zu leben, und die Schönheit im gegenwärtigen Moment sehen, ist es leicht, mit der Selbsttäuschung aufzuhören.

Zudem habe ich erkannt, dass Selbsttäuschung bisweilen fürs Überleben notwendig ist. Sie ist ein Ausdruck unserer Grenzen. Wenn ich mir vormache, dass alles in Ordnung ist, dann deshalb, weil ich – unbewusst natürlich – das, was nicht in Ordnung ist, nicht sehen will. Ich habe zu viel Angst davor oder weiß nicht, wie ich damit umgehen soll. **Es ist wichtig, dass wir unsere Grenzen akzeptieren.** Es ist, als sagten wir uns: „Ich weiß, dass ich GOTT bin, aber im Moment kann ich es nicht perfekt zum Ausdruck bringen, weil das meine Grenzen überschreitet." **Wir dürfen jedoch etwas Vorübergehendem keine dauerhafte Realität zumessen. Grenzen sind immer vorübergehend!** Da sich alles Lebendige verändert, sollten wir daran glauben, dass wir eines Tages in der Lage sein werden, GOTT in seiner ganzen Vollkommenheit zum Ausdruck zu bringen. Ebenso wie ein Pianist bei einem neuen Stück sagen kann: „Ich weiß, dass ich Musiker bin, ich spüre es tief in mir, aber ich kann das neue Stück nicht fehlerlos spielen, da stoße ich noch an meine Grenzen. Mit Übung werde ich es aber schaffen."

Ich empfehle dir, zu prüfen, ob eine Begrenzung real und echt ist, oder ob sie deinem Verstand oder deinen Ängsten entspringt. Sobald eine nicht-reale Grenze als solche akzeptiert und anerkannt wird, fällt es leichter, sie zu überschreiten und zunehmend Risiken einzugehen. Im Rückblick sehe ich, dass **jedes Risiko, das ich eingegangen bin, mich GOTT etwas nähergebracht hat. Jedes Risiko hat bewirkt, dass ich meine innere Stärke entdeckt habe.** Ich bereue keins dieser eingegangenen Risiken, auch wenn ich weiß, dass ich bei einigen Gelegenheiten an meine Grenzen gekommen bin. Das, was ich gelernt habe, und die langfristigen Ergebnisse haben alle Mühen aufgewogen.

Eine Möglichkeit, sich wieder mit GOTT zu verbinden, ist Meditation. Sich auf das innere Licht am Herzchakra (in der Mitte der Brust) zu konzentrieren und dabei den Atem zu beobachten – mindestens zwanzig Minuten am Tag –, das kann nur positive Ergebnisse bringen. Alle Meditationstechniken sind gut. Finde die für dich am besten geeignete Methode, also diejenige, die dir am meisten hilft, deinen Verstand innehalten zu lassen und dein Licht und deinen Atem zu beobachten. Auf die Beharrlichkeit kommt es an. Die Vorteile der Meditation sind anfangs nicht offensichtlich.

Wenn du merkst, dass du dich von GOTT entfernt hast, gibt es einen guten Weg, wie du wieder in Kontakt kommen kannst: Leg eine Pause ein und denk an eine Person, die du sehr liebst und bei der dir warm ums Herz wird. Spür einige Minuten diese große Liebe in dir. Die Wirkung zeigt sich sofort. Ein Gefühl großer Klarheit und inneren Friedens überkommt dich. GOTT liebt dich genau mit dieser Wärme. Glaub daran. Nach dieser Übung habe ich es sogar einmal erlebt, dass ich etwas wiederfand, das ich verloren und tagelang gesucht hatte.

Vergiss nicht, auch dankbar zu sein. Nutze jede mögliche Gelegenheit, um „Danke, GOTT!" zu sagen. Wie du siehst, besagt dieser uralte Ausdruck nicht „Danke, GOTT in der Höhe" sondern „Danke, mein GOTT". Leg dabei die Hände aufs Herz, auf deine Seele. Spür GOTT in dir, spür die Freude am Leben! Du wirst immer mehr Ereignisse bewusst wahrnehmen, die völlig unerklärlich sind, dir aber das Leben erleichtern.

Menschen, die zwar nicht akzeptieren, dass sie GOTT sind, aber glauben, sie seien ein Teil GOTTES, sagen damit, dass GOTT sich teilen könne. GOTT ist jedoch eine umfassende, unteilbare Energie, die ein Ganzes bildet. Wir sind alle wechselseitig miteinander verbunden, nicht nur auf der Erde, sondern auch mit allen anderen Planeten im Universum. Die Ausdrucksformen GOTTES unterscheiden sich nur in ihrer äußeren Erscheinung, so wie Ozeanwellen: Jede hat zwar eine andere Form, aber insgesamt ist es immer noch der Ozean. Sie bilden ein Ganzes. Alles, was auf der Erde lebt, hat auch verschiedene Formen, aber all diese Formen sind im Unsichtbaren miteinander verbunden. Jeder Mensch kann sagen, „Ich bin GOTT“, so wie ein Wassertropfen im Ozean sagen kann: „Ich bin der Ozean.“ Kann ein Tropfen mehr Ozean sein als der andere? Gäbe es einen Ozean, wenn die Tropfen nicht existierten? GOTT ist also die Gesamtheit alles Lebenden, so wie der Ozean die Gesamtheit der Tropfen ist, die ihn bilden.

Ich verwende auch gern das Beispiel der Rose. Die kleinste Rosenknospe kann mit Gewissheit sagen: „Ich bin eine Rose.“ Wir alle wissen, dass die Rose noch nicht zur Vollkommenheit gelangt ist, dass sie noch geschlossen ist. Aber mit Licht und Wasser wird sie es schaffen. Das gilt auch für die Menschen. Mit Liebe (Licht) und Kontakt zu dem, was wir fühlen (Wasser), bringen wir schließlich GOTT in seiner ganzen Vollkommenheit zum Ausdruck. Wir alle haben die Wahl zu sagen: „Nein, ich bin keine Rose, ich bin nur eine Knospe“ oder „Ja, ich bin eine Rose, und ich bin so perfekt, wie es mir im Moment möglich ist.“

Ob es uns gefällt oder nicht, ob wir es für ein Sakrileg halten oder nicht, wir sind GOTT! Wir können es nicht leugnen. Je früher wir uns dem stellen, umso eher werden wir es in seiner ganzen Schönheit zum Ausdruck bringen.

Manche wollen die Verantwortung, GOTT zu sein, nicht auf sich nehmen! Es ist in der Tat eine große Verantwortung.

Denn als GOTT akzeptiert man, Schöpfer des eigenen Lebens zu sein, mit allem, was es umfasst. **Wer leidet und nicht akzeptiert, dass dieses Leid seine eigene Schöpfung ist, und stattdessen glaubt, die Ursachen lägen im Außen, schafft sich weiterhin eine leidvolle Welt.** Doch seine Welt liegt voll und ganz in seinen Händen, und er erntet, was er kreiert hat. Das Gesetz besagt, dass wir für alles, was uns widerfährt, verantwortlich sind. Um es klarzustellen: Es besagt nicht, dass wir „schuld" sind an dem, was uns geschieht! Dieses Gesetz bedeutet, dass wir alle dafür verantwortlich sind, wie wir auf eine Erfahrung oder ein Ereignis reagieren. Wir müssen uns nicht den Kopf zerbrechen und herausfinden, warum uns diese Erfahrung widerfährt. Unser innerer GOTT weiß, dass uns diese Erfahrung helfen kann, spirituell zu wachsen. Unsere einzige Verantwortung ist unsere Reaktion. Diese (die Wirkung) wird dann zur Ursache einer anderen Erfahrung, und so weiter. Unser Leben ist eine Abfolge von Ursachen und Wirkungen.

Zu Beginn meiner inneren Suche war dies das erste Gesetz, das ich gelernt habe, und es ist meiner Meinung nach immer noch das wichtigste.

Ohne dieses Konzept der Verantwortung können wir weder wahre Liebe erfahren noch der wahre Herr unseres Lebens werden.

Was ist zum Beispiel von jenen Menschen zu halten, die außergewöhnliche Dinge tun, den Chopins, den Einsteins, den Newtons und vielen anderen, weniger bekannten, aber ebenso außergewöhnlichen Menschen? Woher kommt diese Kraft, etwas zu erschaffen? Aus derselben Quelle wie deine und meine. Es geht nur darum, daran zu glauben und unaufhörlich zu bekräftigen: **„Ich bin GOTT!"**

Mit dieser Affirmation wird das, was wir ein Problem, ein Hindernis nennen, offenbar zu etwas anderem. Wir erkennen, dass lediglich unser Verstand es ein Problem nennt. Wenn wir es wie eine Stufe benutzen, auf der wir höhersteigen können, ergibt sich die Lösung schnell. Viele Menschen nennen diese Lösung „Glück" oder „glückliche Fügung". Dieses „Glück" ist jedoch einfach das Sich-Öffnen für den göttlichen Ausdruck. Man darf nie vergessen, dass man immer erntet, was man sät.

Das, was manche als Glück bezeichnen, kann sich jedoch als genau das Gegenteil erweisen, wenn die Öffnung zu GOTT nicht stattfindet. Beispiele wären ein Lottogewinn oder eine Beförderung. **Wenn dieses Glück eher Angst als Liebe hervorruft, wird das freudige Gefühl, GOTT zu erfahren, verschwinden.** Wir alle wissen, dass Tausende Lottogewinner infolge dieses vermeintlichen Glücks unglücklicher oder kranker geworden sind. Das einzige Glück, das es gibt, besteht darin, alles, was uns passiert, zu nutzen, um GOTT näherzukommen.

Ein Problem kann mit einer Wolke verglichen werden. Wenn du dich darüber erhebst, gibt es nur noch Licht, Sonne: GOTT! Ich habe herausgefunden: Das größte Hindernis des Glücklichseins, der Gotteserfahrung – also der Liebe, des inneren Friedens, der Fülle, der Gesundheit – ist unser unterlegener Verstand, unser Intellekt. Sobald der Verstand, zu dem Wünsche, Gedanken, Ängste und Glaubenssätze gehören, die Oberhand gewinnt, sind wir nicht mehr im gegenwärtigen Moment, in der Erfahrung.

Unser Verstand ist durch all unsere Glaubenssätze und Überzeugungen vorprogrammiert. Wir sollten es ihm nicht verübeln, sondern es einfach anerkennen. Stattdessen müssen wir zu unserer eigentlichen Neigung zurückkehren, zu dem, was wir im Leben wollen. Im Allgemeinen schränkt uns der Verstand ein. Auf der physischen Ebene ist das leicht zu sehen. So möchte jemand vielleicht an einem Wochentag abends tanzen gehen, und der Verstand sagt: „Nein, geh nicht tanzen. Dann kommst du zu spät ins Bett und bist morgen müde!"

Wenn wir jedoch beschließen, über den Verstand hinauszugehen, ist es erstaunlich, wie viel körperliches Durchhaltevermögen wir haben. Wir nennen dieses Phänomen „noch einmal neuen Auftrieb bekommen". Wenn ein olympischer Läufer nicht mehr kann und denkt, er bricht gleich zusammen, dann ist es sein Verstand, der ihm sagt, dass er er es nicht mehr weiter schafft. Sobald er sich jedoch entschließt, trotzdem weiterzulaufen, findet er neuen Schwung, ist voller Energie. Er hört jetzt auf seine höheren Körper, die mit der universellen Energie verbunden sind. Unser Verstand spielt uns solche Streiche auf allen Ebenen. Deshalb **ist es so wichtig, nicht immer auf den Verstand zu hören, sondern auf das Herz, das die Schönheit im gegenwärtigen Moment sieht, das erlebt.**

Die Weiterentwicklung liegt in der Erfahrung. Das ist die nachhaltigste Art zu lernen, im Gegensatz zu anderen Wegen, wie Lesen, Analysieren oder sich mit Philosophie befassen. Sobald der Intellekt am Werk ist, lerne ich nur noch gedanklich. Es ist nicht integriert. Wenn ich zum Beispiel aus einem Buch lerne, wie man Bridge spielt, und es nicht ausprobiere, vergesse ich alles schnell wieder. Sobald ich jedoch das, was ich im Buch gelernt habe, praktisch umsetze, spüre ich es, verinnerliche ich das Wissen. Ich verstehe, was ich gelernt habe. Das nennt man Verinnerlichen, es wird für immer gelernt.

Das ist leicht zu verstehen, wenn man ein Kind beobachtet. Es lernt ständig hinzu, weil es seine Erfahrungen einfach macht, ohne sie zu analysieren. Sobald es sich allmählich an die Welt der Erwachsenen anpasst und lernt, vernünftig zu denken, ist es nicht mehr das glückliche, unbeschwerte kleine Kind, das es bei seiner Geburt war. Das heißt nicht, dass du nicht mehr denken sollst. Vielmehr ist es **wichtig, dir bewusst zu machen, wer das Sagen hat: dein Verstand oder dein Herz?** Wer entscheidet, wann der Verstand zum Einsatz kommt? Wenn der Verstand nur benutzt wird, um zu verstehen, dass das Leben, andere Menschen und wir selbst alle ein Ausdruck GOTTES sind, wird die niedere Verstandesebene mit der höheren verschmelzen.

Sobald wir mit etwas aufhören wollen, ist der Verstand am Werk. So zum Beispiel, wenn wir ein Verhalten, eine bestimmte Angst oder einen körperlichen Schmerz abstellen wollen: Dann sind wir nicht mehr in Kontakt mit GOTT. Das eigentliche Leiden setzt ein. Wenn wir jedoch stattdessen selbst erfahren, was unser Leid hervorruft, haben wir gerade einen Weg entdeckt, uns vom Leiden zu befreien. Das ist für Menschen, die sich mit Metaphysik befassen, leicht zu verstehen. Wenn wir ein physisches Leiden haben, sollten wir nicht einfach automatisch alles tun, um es loszuwerden, sondern ihm stattdessen danken, weil es dazu beiträgt, dass wir uns selbst besser kennenlernen. Die körperlichen Beschwerden werden verschwinden, sobald die damit verbundene schädliche Einstellung identifiziert und integriert worden ist. Diese Botschaft hilft uns, bewusster und liebevoller zu werden, und dafür können wir ihr dankbar sein.

GOTT zu sein bedeutet, dass wir aufhören, uns Konflikte zu schaffen, um andere Konflikte loszuwerden. Es bedeutet, präsent zu sein, auf das Leben zu vertrauen und keine Angst zu haben, immer wieder zu bekräftigen: „Ich bin GOTT, GOTT bin ich.“ Der Verstand ist auch dann am Werk, wenn wir nicht wollen, dass etwas aufhört, wenn wir dieselbe Erfahrung fortsetzen wollen. Durch diesen Wunsch verhindern wir echte Erfahrung. Stattdessen machen wir die Erfahrung von Verlangen. Die Entwicklung kommt zum Stillstand, und wir verschließen uns so dem Neuen.

Ich bin jetzt fünfzig (1991, Anm. d. Red.) und habe noch die Ewigkeit vor mir. Ob ich nur noch einige Monate, ein paar Jahre oder weitere fünfzig Jahre in diesem Leben bleibe, ist nicht wichtig. Alles, was ich durch eigene Erfahrung verstehe und integriere, habe ich mir für immer angeeignet, und es wird mir auf einer anderen Ebene als der irdischen und in meinen nächsten Leben auf der Erde dienen. Nichts ist jemals verloren.

Fürs Erste plane ich, alles, was ich weiß, mein restliches Leben hindurch weiterzugeben. Ich kommuniziere liebend gern, bin eine geborene Kommunikatorin. Kommunizieren ist für mich ein Mittel, mich selbst zu entdecken, und gleichzeitig hoffe ich, dass meine Worte denen, die mir zuhören, helfen. Ich empfinde es als sehr dringlich, hier auf dem Planeten Erde etwas für die Welt zu tun. Derzeit leben wir in einer verkehrten Welt.

Wir glauben weiterhin, Frieden sei die Abwesenheit von Krieg, und Gesundheit die Abwesenheit von Krankheit. In Wirklichkeit ist es jedoch genau umgekehrt: Krieg in all seinen Formen ist die Abwesenheit von innerem Frieden, und Krankheit ist die Abwesenheit von geistiger Gesundheit. Beides deutet darauf hin, dass es uns stark an wahrer Liebe mangelt.

Ich möchte meinen Teil dazu beitragen, dass die Gesellschaft ihre Energie und ihre Milliarden Dollar für Frieden und Gesundheit einsetzt. Es wird wunderbar sein, wenn wir in Québec neben einer „Krankenversicherungskarte" auch eine „Gesundheitsversicherungskarte" haben werden. Mein Ziel ist es, dass die Lehre von *Écoute Ton Corps* überall in Schulen, Krankenhäusern, Gefängnissen, im Radio und im Fernsehen verbreitet wird. Wir könnten unserer Regierung Tausende

Dollar an medizinischen Kosten sparen. Dieses Geld könnte dazu verwendet werden, die Menschen zu lehren, glücklich zu sein und an ihr großes Potenzial zu glauben, statt sie weiterhin ihren Glaubenssätzen zu überlassen und sie finanziell zu unterstützen, als wären sie unfähig.

Ich hatte schon immer eine große Liebe zum Leben und möchte den Menschen helfen, sich bewusst für das Leben zu entscheiden und nicht nur einfach dafür, nicht sterben zu wollen. Die Angst vor dem Sterben mit all den Entscheidungen, die damit einhergehen, ist eine fortwährende Blockade der Freude am Leben.

Für mich ist es sehr leicht, Menschen zu verstehen, Zusammenhänge zu erkennen und sie zu kommunizieren. Seit dem Beginn von *Écoute Ton Corps* **fällt es mir immer leichter, etwas tief in mir zu wissen und zu fühlen.** Ich kann es kaum erwarten, es weiterzugeben. Das ist der Grund, warum ich weiterhin lehre und schreibe. Ich weiß, dass ich die Menschen nicht gleichgültig lasse, wenn ich „meine" Wahrheit sage. Ob man mich kritisiert oder liebt, wichtig ist für mich nur, dass meine Arbeit dazu beiträgt, die Lebensqualität der Menschen zu verbessern.

Ich gehe oft Risiken ein, da ich keine wissenschaftlichen Beweise für das habe, was ich postuliere. Wenn ich zum Beispiel sage: „Wahre Liebe kann alle Krankheiten heilen!", kann ich nur feststellen, dass Tausende Menschen tatsächlich geheilt worden sind, indem sie ihr Herz geöffnet und vergeben haben. Wie? Ich weiß es nicht, aber was ich weiß, ist, dass ich daran glaube. Das Wort *unheilbar* macht vielen Menschen Angst, aber für mich bedeutet es nur „unheilbar mit äußeren Mitteln". Wir müssen uns also nach innen wenden, um uns selbst zu heilen. Wer sich dagegen sträubt, will seine große Macht, sein Leben zu kreieren, noch nicht akzeptieren.

Ich selbst lerne weiterhin überall. Ich habe keinen bestimmten spirituellen Meister oder „Guru". Mein wahrer Meister und mein Vorbild ist Jesus. Mit großer Freude lese ich etwas über sein Leben und seine Lehren. Ich weiß, dass er das größte Vorbild für Liebe ist, ebenso wie für die Macht, die diese Liebe denjenigen bringen kann, die sich ihr öffnen. Dennoch bin ich gern in der Gegenwart von Gurus oder anderen großen Persönlichkeiten, die ich bewundere. Es gibt immer etwas zu lernen.

Wirklich verinnerlicht habe ich all dieses Wissen jedoch durch Erfahrungen mit meinen Ehemännern, Kindern, Mitarbeitern, Familienmitgliedern und Freunden. Da lernen, verstehen und mich verbessern integrale Bestandteile meines Lebens sind, will ich weiterhin die nicht akzeptierten Aspekte an mir entdecken und lernen, sie zu lieben. So **lerne ich, das zu sein, was ich bin, statt das aufrechterhalten zu wollen, was ich zu sein glaubte.** Je mehr ich ich selbst werde, umso mehr lasse ich das los, was ich nicht bin, also meine falschen Glaubenssätze, meine irrealen Ängste, und umso mehr Raum schaffe ich, um in meinem Leben nur Schönes zu kreieren. Das ist der Grund, warum ich immer mehr Energie habe. Die spirituelle Entwicklung der Menschen zu lehren ist ein großes Privileg.

Ein Projekt, das mir seit einigen Jahren (1991, Anm. d. Red.) im Kopf herumgeht, ist, fünfundzwanzig Jahre lang um die Welt zu reisen, am liebsten mit dem Schiff. Ich möchte genug Zeit haben, um jeden Winkel des Planeten und seine Bewohner kennen und schätzen zu lernen. Während dieser Jahre sehe ich mich selbst, wie ich mich auf der Ebene der Planeten mit Astronomie und Astrologie befasse. Ich sehe mich malen und weiter schreiben. Ich möchte auch weiterhin alles studieren, was als geheimnisvoll oder unerklärlich gilt. Und natürlich habe ich vor, die Lehren und Ziele von *Écoute Ton Corps* auch aus der Ferne im Auge zu behalten.

Ich sehe den Tag kommen, an dem eines meiner Kinder in der Lage sein wird, die Leitung von *Écoute Ton Corps* zu übernehmen. Auf diese Weise werden Jacques und ich diesen schönen Traum verwirklichen können. Ganz am Anfang, als ich von dieser Reise träumte, dachte ich, das sei nicht möglich, und ich erinnere mich, dass ich noch lange so dachte. Das ist nur ein Wunschtraum, sagte ich mir. Aber der Traum begleitet mich immer noch. Ich erhalte ihn aufrecht, handle entsprechend, aber ich lasse meinen inneren GOTT entscheiden, ob dieser Wunsch für mich günstig ist. Wenn nicht, wird mir etwas Besseres passieren. Genau das bedeutet es, zu wissen, dass GOTT in uns gegenwärtig ist: ihn die letzte Entscheidung treffen zu lassen.

Ich bin sehr froh, gerade jetzt in dieser Welt zu sein und dazu beizutragen, dass sie besser wird. Was die Zukunft des Planeten betrifft, bin ich optimistisch. Ich möchte nur die gute Seite der Dinge sehen. Ich spüre eine große Bewegung auf dem Planeten, die auf eine bessere Welt ausgerichtet ist.

Ich bin sehr zuversichtlich, dass bald das Ende der gegenwärtigen Welt, wie wir sie geschaffen haben, gekommen ist. Ich meine nicht das Ende des Planeten Erde und der Menschen, sondern das Ende der von Menschen geschaffenen Welt. Was auch immer geschehen mag, ich weiß und glaube, dass es zum Besten sein wird. Wir werden dann das Wassermann-Zeitalter insgesamt in Liebe, Frieden, Gesundheit und Fülle leben können. Das Wichtigste ist, dass wir alle unseren Teil dazu beitragen und GOTT nicht vergessen.

GOTT zu sein bedeutet, GOTT voll und ganz zu leben. Es bedeutet, Ziele für die Zukunft zu haben und gleichzeitig den gegenwärtigen Moment mit Freude und Dankbarkeit zu leben. Es bedeutet, daran zu glauben, dass das, was uns widerfährt, immer eine gute Seite hat, und keine Angst zu haben, fortwährend mit voller Überzeugung zu sagen:

„Ich bin GOTT, GOTT bin ich!"

Zum Schluss

Mit dem Schreiben dieses Buches habe ich mir selbst ein großes Geschenk gemacht. Über ein Jahr habe ich dafür gebraucht. Es begann mit 170 Seiten und endet nun mit doppelt so vielen. In diesem Jahr habe ich mehr Bewusstheit entwickelt als in den zehn vorhergehenden.

Um mein Leben aufzuschreiben, musste ich tief in mich gehen und bei jedem Ereignis, von dem ich erzählte, nachspüren, was ich empfand. Es war ein großes inneres Reinemachen.

Dieses Vorgehen hat mir ermöglicht zu sehen, wie sehr der Mann in mir mich liebt. Durch das Schreiben ist mir klar geworden, wie sehr mich all die Männer in meinem Leben geliebt haben und immer noch lieben. All diese Männer waren da, um mir zu sagen: „Wann erkennst du endlich, wie sehr ich dich liebe?" Sie waren das Echo des Mannes in mir, dem ich seit meiner frühen Jugend so viel abverlangt habe. Er war natürlich weiterhin für mich da, tat aber nie genug, um mich zu beeindrucken.

Inzwischen spüre ich tief in mir viel Liebe. Wenn ich mit ihnen in Kontakt bin, ist es nach meinem Empfinden ein deutlicher Unterschied im Vergleich zu früher. Was für ein schönes Geschenk!

Ich schließe mit folgendem Rat: Mach eine Bestandsaufnahme all dessen, was du beim Lesen an mir abgelehnt oder bewundert hast. Nutze es, um zu lernen, einen verdrängten oder abgelehnten Aspekt deiner selbst zu akzeptieren. Gib ihm die Chance, zum Ausdruck zu kommen, und du wirst erleben, welche Freude es macht, die Ergebnisse zu ernten.

Liebe dich selbst in allem, was du bist, und gib dir die Erlaubnis zu bejahen: **Ich bin GOTT!**

Dank

Ich danke allen, die bis heute Teil meines Lebens waren und sind. Euch allen – auch denen, die in diesem Buch nicht erwähnt werden – habe ich es zu verdanken, dass ich ein so erfülltes Leben habe und hatte.

Besonders denjenigen, die mir geholfen haben, dieses Buch zu verwirklichen, möchte ich danken: Odette Pelletier, Sylvie Besnard, Francis Leroux, Pierrette Taillefer, Marc Chevanelle, Élianne Leroux, Nicole Dumont, Christiane Tremblay und Diane Miller.

Ein ganz besonderer Dank gilt meinem inneren GOTT.

Abbildungen

(Frühjahr 1951) Mit zehn Jahren: links neben meiner Schwester, die eineinhalb Jahre älter ist als ich, bei unserer feierlichen Erstkommunion

(1954) Mit 13 Jahren: Im Hof des Klosters in Richmond

(Herbst 1956) mit 15 Jahren. Aufgenommen während meines 12. kaufmännischen Schuljahrs in Richmond.

(Februar 1957) Bei der Party, die zu meinem 16. Geburtstag für mich organisiert wurde. Ich bin die Erste links, zweite Reihe.

(1958) Ich bin 17 Jahre alt. Ich habe gerade begonnen zu arbeiten und gönne mir den Luxus eines Fotografen.

(Sommer 1957) Ich stehe links neben meiner Freundin, die wie ein Mannequin aussieht.

(Sommer 1958) Ich stehe rechts neben zwei meiner älteren Schwestern.

(Mai 1960) Ich mit neunzehn

(Februar 1961) Familienfoto, aufgenommen bei meiner ersten Heirat

(Mai 1969) Reise zum Lake Louise (Alberta) mit meinem ersten Mann

(August 1971) Vortrag bei einem *Tupperware*-Kongress in Montréal

(Dezember 1971) Weihnachten in der Familie. Meine Kinder sind die drei auf der linken Seite.

(März 1972) Ich, rechts, mit meiner Schwiegermutter und meiner Schwägerin

(August 1972) Meine drei Kinder vor dem Haus in Pierrefonds. Alan ist neun, Tony sechs, Monica vier.

(1973) Familienfoto

(1973) Die Familie auf Reisen auf Prince Edward Island

(1974) Mein Vater spielt bei einer Familienfeier Mundharmonika.

(1974) Meine Eltern an ihrem 40. Hochzeitstag

(Sommer 1975) Mein Sohn Tony wäscht meinen Kombi von *Tupperware.*

(Winter 1976) Mit meiner Tochter Monica in ihrem Zimmer in Pierrefonds

(1978) Mit meinem Vater

(Herbst 1979) Eröffnung des *Alpha-Metalcraft*-Büros

(Januar 1980) Reise nach Paris für den *Alpha-Metalcraft*-Kongress

(1980) Mit einem Teil meines Teams bei einem *Alpha-Metalcraft*-Kongress

(Herbst 1981) Meine Familie. Ich bin die vierte von links in der zweiten Reihe.

(1984) Mit meinem zweiten Ehemann Jacques

(1984) Bei einem Seminar mit Dr. Herbert L. Beierle in Montréal.
Ich bin die zweite von links in der zweiten Reihe.

(1985) Ich bin als Rednerin zu einem Kongress in Montréal eingeladen.

(Herbst 1985) Ich mache die Erfahrung, den Kurs *Écoute Ton Corps* mit Kindern im Alter zwischen sechs und zwölf Jahren abzuhalten.

(1986) Ferien mit meinen Kindern in der Dominikanischen Republik

(Februar 1987) Das Team bei der offiziellen Eröffnung des Gesundheitszentrums Sainte-Agathe-des-Monts

(Sommer 1990) Jahresparty des Teams *Écoute Ton Corps* bei mir

(Dezember 1990) Mit drei meiner Schwestern bei mir in Prévost

(Dezember 1990) Mit meinem Mann Jacques

(Dezember 1990) Weihnachten mit meinem Enkel David

(Dezember 1990) Weihnachtsparty bei mir mit dem Team *Écoute Ton Corps* und Partnern

(Dezember 1990) Teamfoto bei einem Wohltätigkeitsbrunch im Restaurant *Le Rustik de Châteauguay*

(Juni 1990) Im *Hotel Méridien* bei einer Feier anlässlich des 100.000sten verkauften Exemplars von *„Höre auf deinen Körper"*

(Februar 1991) Überraschungsparty, vom Team *Écoute Ton Corps* zu meinem fünfzigsten Geburtstag organisiert

(Mai 1991) Meine Eltern auf Maui bei unserer Hochzeit. Sie sind 78 und 76 Jahre alt.

(Mai 1991) Mit Jacques bei meiner zweiten Hochzeit, die wir auf Maui (Hawaii) gefeiert haben

(Sommer 1991) Mit meinen Kindern bei mir

(Sommer 1991) Blick auf den See bei mir in Prévost. Es gibt keine bessere Inspiration!

© privat

Die Autorin

Lise Bourbeau hat bisher viele Bestseller geschrieben. Sie alle tragen im Kern die zentrale Botschaft: „Höre auf deinen Körper…", die Lise Bourbeau mit diesen Worten fortführt: „… deinen besten Freund auf Erden".

Lise Bourbeau zählt zu den bedeutendsten spirituellen Lehrerinnen unserer Zeit. 26 Bücher hat die Kanadierin bisher geschrieben, darunter zahlreiche ins Deutsche übersetzte Bestseller wie „Dein Körper sagt: »Liebe dich!«" und „Höre auf deinen Körper, deinen besten Freund", die weltweit über 3,5 Millionen Mal verkauft wurden. Bereits 1982 gründete sie das heute größte Seminarzentrum Québecs: *„Écoute Ton Corps"*, das von Menschen rund um den Erdball besucht wird. Ihre praktische Ausbildung und die Botschaft, die sie vermittelt, haben mehr als einer Million Besuchern geholfen, konkrete Veränderungen in ihrem Alltagsleben zu bewirken. Ebenso zupackend wie einfühlsam versteht es Lise Bourbeau, ihren Lesern zu zeigen, wie sie Grenzen, die das Leben zu setzen scheint, überschreiten können, um Lebensziele wie Glück, Frieden, Gelassenheit und Selbstverwirklichung zu erreichen.

Les Editions E.T.C., Inc.
1102 Boulevard La Salette
J5L 2J7 St-Jérôme (Québec) / Canada
www.ecoutetoncorps.com